JEAN-PAUL
OLLIVIER

Un peu de mémoire,
beaucoup de souvenirs…

© 2014. Éditions Palantines
ISBN 978-2-35678-100-0

JEAN-PAUL
OLLIVIER

Un peu de mémoire,
beaucoup de souvenirs…

Palantines

AVANT-PROPOS

J'ai toujours été un admirateur inconditionnel du sport cycliste et du Tour de France, en particulier, lors de mes années d'adolescent puis à mon arrivée en presse écrite et durant mon activité dans l'audiovisuel. J'ai été amené à jouir grandement de ma passion. Humblement, j'admets que les épreuves cyclistes m'ont beaucoup apporté sur le plan humain, notamment. C'est pourquoi je ne me connais qu'un âge, celui de ma passion.

Ayant donc épousé le métier de journaliste par vocation, j'ai connu, de surcroît, une double chance. Dès ma venue dans cette profession, j'ai eu à cœur de me rendre chez les anciens champions, ceux-là mêmes qui avaient enchanté mon adolescence et peuplé mes rêves de gamin. Je connaissais leurs palmarès par cœur. Je les avais fixés dans ma mémoire grâce à *Ouest-France*, au *Télégramme de Brest* et surtout aux magazines illustrés, *le Miroir des Sports* ou *Miroir-Sprint*, que ma mère m'autorisait à aller acheter, chaque jeudi, au café-tabac Gohiec, lieu-dit Douric-ar-Zin, dans la banlieue de Concarneau. Elle y mettait une condition : que cette lecture ne nuise pas à mes études. De bonne foi, je l'avais rassurée. Mais qu'elles étaient pesantes ces modestes études face à l'envol gracieux de ces géants cyclistes à la personnalité affirmée ! Et je suivais le Tour de France, par quotidien interposé, étape après étape, savourant la ferveur qui s'attachait à cette transhumance et heureux que cet événement mêle les classes sociales dans le creuset d'une même passion.

Tout en savourant, aussi, le cyclisme très contemporain, j'allais en reportage chez mes chers anciens, recueillant au micro, la joie, les peines, les souffrances qui les avaient habités. J'ai vécu à leur rythme, qui devenait plus lent avec l'avancée de l'âge mais dont les événements restaient vivaces dans le miroir sans tain du souvenir. J'ai admiré leur tendresse retenue, j'ai participé à leur fol appétit de vivre. S'ils exprimaient de la tristesse à l'évocation de telle ou telle grande épreuve où ils avaient connu l'échec, j'entrais effrontément dans l'anarchie de leur âme. J'avais soif de regards, de poignées de main, de dialogue. J'étais en totale osmose avec ces compagnons de plein vent dont je décrivais la carrière comme si je les eusse connus de toute éternité.

C'est d'ailleurs une part d'éternité que ces champions m'ont livrée, sans retenue, une part éminemment française, en allant au plus profond des racines de l'amitié. Avec eux, je suis resté glouton d'horizons nouveaux. Outre mes propres souvenirs, je tente de vous livrer ici le secret de leur grande personnalité et une part de leur aventure humaine toute simple et, somme toute, glorieuse. Alors, plongeons avec un respect courbé dans ces histoires belles et graves.

Permettez-moi de commencer par Bernard Hinault, ce Breton qui s'attachait, mais que l'on n'attachait jamais. J'ai assisté à ses évolutions depuis leur début et y ai pris un réel plaisir.

1. UN CADET QUI S'AFFIRME

Et Bernard Hinault vint.

Jeune coureur, ce sociétaire du C.O. Briochin m'avait été signalé par un confrère et ami du journal *Ouest-France*, René Rocfort, qui œuvrait à la rédaction de Saint-Brieuc et avait ainsi toute latitude pour observer le phénomène. Le jeune Hinault raflait tous les bouquets, dans la catégorie des cadets. Je m'étais déplacé pour le voir, en 1971, à Melrand, dans le Morbihan, une localité où j'avais couru avec mon ami Jean-Pierre Le Bihan, dix ans plus tôt, dans les rangs amateurs. Il l'avait emporté avec autorité. Et l'année suivante, il devenait champion de France des débutants.

Il possédait un sacré tempérament, déjà ! J'aurais bien aimé suivre sa progression, mais voilà, je devais repartir comme correspondant de l'ORTF à Djibouti, pour deux nouvelles années. Je le suivrais donc à distance en recevant, avec quelques jours de retard, mes journaux bretons.

Quand je reviens d'Afrique de l'Est, en juin 1974, il s'illustre encore, durant un été, chez les amateurs. Comme on lui donne la possibilité de participer, en fin de saison, à l'Étoile des Espoirs, en Bretagne, j'effectue le déplacement à Fougères, en Ille-et-Vilaine, pour assister à cette course en quatre ou cinq étapes où professionnels et amateurs sont confrontés. Une étape contre-la-montre figure au programme. C'est essentiellement cette phase qui m'intéresse. Je me suis toujours plu à observer les concurrents dans l'exercice du chronomètre. Le champion, pour moi, se mesure à sa capacité à vaincre dans l'effort solitaire.

Comment va se comporter le jeune Hinault face aux professionnels ? Il se montre tel qu'en lui-même. D'ordinaire, un jeune coureur confronté à l'élite pour la première fois adopte une position d'observateur. Pas Hinault. Impétueux, il se bat chaque jour dans les *sprints* sans le moindre complexe et, dans le contre-la-montre plus qu'ailleurs, de façon éclatante : il termine 2ème de l'étape derrière le Hollandais Roy Schuiten qui, quelques jours plus tard, remportera le grand prix des Nations. Prometteur, tout cela.

Sa licence professionnelle en poche, il lie son destin à la firme Gitane dont le directeur sportif n'est autre que l'ancien champion de France et du monde, Jean Stablinski. Gitane est une belle petite équipe avec le Nordiste Alain Santy pour *leader*. Dès les premières courses, sur la Côte d'Azur, Hinault se montre au-dessus du lot mais commet souvent des erreurs de jeunesse. Les échappées-fleuves ne l'effraient pas. Il a 21 ans. Comment s'étonner de cette prodigalité ?

Ses rapports avec Jean Stablinski vont très vite s'envenimer. Hinault ne veut, en aucun cas, brûler les étapes mais son directeur sportif le plonge immédiatement dans le grand bain. Hinault est partout dès sa première année professionnelle. Il comprend rapidement qu'à ce rythme, il va se casser les reins. Le point de rupture est très vite atteint entre le directeur sportif et son jeune coureur. Hinault décide de quitter l'effectif de Gitane à la fin de la saison. Il le fait savoir.

Un homme providentiel intervient alors : Cyrille Guimard. Le Nantais accomplit sa dernière année de course et vient d'être approché par la régie Renault qui vient de racheter les cycles Gitane. Stablinski étant écarté, Guimard souhaite ardemment enrôler Hinault dans la formation. Celui-ci accepte.

Avec Guimard, tout va changer. L'ancien *sprinter* a eu le loisir d'observer le jeune Costarmoricain. Il connaît son affaire. Avec lui, il va dresser un programme, comportant des idées novatrices, qui sera respecté à la lettre et va lui permettre de monter en pression, autrement dit, de se former à affronter tous les écueils. Le tandem est appelé à durer. Guimard tient son homme, possède de bonnes méthodes, un excellent suivi médical au C.H.U. de Nantes, de grands tests de matériel en soufflerie et, enfin, se montre excellent pédagogue. Il ne se trompe pas. Insensiblement, Bernard progresse.

Une anecdote révèle toute l'étendue de sa classe. Elle m'a été racontée par deux Normands, Charly Rouxel et Raymond Martin, ce dernier étant le coéquipier du Breton.

La scène se passe à Châteaulin, au célèbre circuit de l'Aulne qui constituait alors le plus grand critérium français. Hinault était un tout jeune professionnel qui n'avait pas encore affronté les rigueurs du Tour de France.

« Pour la tournée des critériums, raconte Raymond Martin, Bernard et moi n'avions pas énormément de contrats, il faut le reconnaître. Nous faisions alors voiture commune. Autrement dit, nous partagions les frais. À Châteaulin, alors que nous enfilions notre tenue de coureur, Jacques Esclassan, le plus rapide des routiers français de l'époque, vient me proposer d'entrer dans le clan des meilleurs pour rafler les primes et les partager ensuite. Je réponds par la négative étant déjà lié à Bernard Hinault. En revanche, si ce dernier entre dans le *pool*, tout devient possible. Refus. J'explique la chose à Bernard et celui-ci, avec son sourire carnassier, me dit : *Tu vas voir ce que je leur réserve !* »

Premier *sprint*, Bernard démarre de loin et laisse Merckx à trois longueurs. Même chose pour le deuxième et troisième *sprint*. De plus, il pousse l'insolence à leur faire « pouet-pouet » de la bouche et de la main posée sur le derrière de la selle. Là, Eddy Merckx, vainqueur du Tour de France et porteur du Maillot arc-en-ciel, vient, en personne, demander d'arrêter les frais. « Tu es dans le coup, ça suffit ! », lui a-t-il dit. C'était du jamais vu dans le peloton et tous les gros bras ont ravalé leur salive…

Je dois avouer que j'avais beaucoup d'affection pour Bernard. Je l'ai conservée. À l'époque de sa gloire, je l'examinais souvent à la dérobée. J'analysais, sans le vouloir vraiment, ses gestes, ses attitudes. On le disait vindicatif, méchant. Rien de tout cela. C'était un grand timide qui s'ignorait. Il possédait cette allure bourrue qui ne cherche qu'à masquer bien des richesses qui ont peur de se laisser piller. Il ressentait toujours l'appréhension d'être trahi car il avait un caractère bâti tout d'une pièce et ne tolérait pas l'injustice. J'ai passé avec lui de bons moments et les souvenirs se bousculent.

2. ET L'ITALIE COURONNA HINAULT

En 1980, Bernard Hinault, 25 ans et quelques mois, déjà vainqueur de deux Tours de France, a placé la barre de ses ambitions à une belle hauteur. Il souhaite réaliser le doublé victorieux Tour d'Italie – Tour de France.

Durant l'hiver, il s'est un peu attardé en festivités, s'accordant à la fin de l'année précédente quarante-cinq jours de décompression totale. Il convenait de ne pas être trop tôt en forme, le programme établi par son directeur sportif, Cyrille Guimard, se révélant particulièrement exigeant. Hinault prend donc le départ de Paris-Nice dans une forme assez précaire, espérant trouver, au cours de cette épreuve qui commençait le 3 mars, des conditions atmosphériques clémentes afin de perdre les kilos superflus. Mais la pluie, la neige, le froid vont tout bouleverser. Rien ne va. Le Breton souffre. Vient s'ajouter à sa méforme un mal au genou droit occasionné par le heurt avec sa manette de dérailleur. Il veut abandonner dès la 4ème étape, Villefranche-sur-Saône / Saint-Étienne, courue dans des conditions atmosphériques dantesques à travers les monts du Forez. Il craint la chute et un refroidissement. Guimard lui conseille de poursuivre, estimant qu'il doit accumuler les kilomètres. Ce peut être suicidaire. Dans certains passages, les coureurs ne tiennent plus en équilibre sur la route tant la chaussée se transforme en patinoire. Ils doivent parfois frôler le sol avec la pointe des chaussures pour conserver l'équilibre. Les muscles sont durs, ne répondent plus à leurs sollicitations. Bernard Hinault terminera dans les dernières places de l'étape à près de 50 minutes du vainqueur, le Bordelais Pierre Bazzo auteur d'une courageuse échappée en compagnie de Gilbert Duclos-Lassalle. Il conservera un doigt littéralement gelé durant deux jours. Le soir, à l'hôtel, il se pique volontairement avec une aiguille… mais n'éprouve aucune sensibilité.

Il n'ira pas au bout de ce Paris-Nice : lors de l'avant-dernière étape, Digne-les-Bains / Madelieu-La Napoule, il tire sa révérence, dès le 42ème kilomètre, dans le froid et la neige.

L'équipe Renault-Gitane se retire à l'hôtel *la Tour d'Opio*, dans les Alpes-Maritimes, afin de préparer la suite de la saison. Au sein de la troupe, aucun signe de désolation ni de désespérance. En revanche, les médias s'inquiètent. Des magazines vont même jusqu'à prédire qu'Hinault ne gagnera pas le Tour de France cette année-là et qu'il paie ses dérives de l'inter-saison.

Au service des sports d'*Antenne 2*, tout cela me fait rire.

Je vais encore rire, mais jaune cette fois. Peu après ce Paris-Nice, sur la foi de quelques articles de journaux, la rédaction en chef me demande, lors de la conférence du journal, le matin, d'aller interviewer Hinault sur sa méforme, en enfonçant le clou, en « l'assassinant » au besoin. Les propos sont violents, méprisants, désinvoltes, à son égard. Je ne comprends pas. J'essaie d'apporter quelques explications, griffant au passage ces quelques journaux qui manient le poison de la polémique. J'affirme qu'il est bien trop tôt pour porter un quelconque jugement sur le personnage, que la saison est longue, qu'il va très vite retrouver la condition, que c'est un coureur de grande classe, qui se connaît bien… L'ensemble de la rédaction ne m'écoute pas. Le seul mot d'ordre : « Tu vas interviewer Hinault et lui rentrer dans le chou ! »

Dans un premier temps, l'injonction me révolte. Je ne comprends pas que les Jean-Marie Cavada, Claude Manuel, Christian Guy… responsables du journal télévisé, puissent prendre des positions aussi tranchées avec une connaissance aussi limitée dans le domaine. Dans un deuxième temps, une idée me vient.

Me voilà parti rapidement à *Opio*. À mon arrivée, Hinault est absent. Il satisfait à l'entraînement avec ses coéquipiers, mais ne va pas tarder à rentrer. Par téléphone, j'ai déjà informé Guimard, la veille, de ma venue.

Face à Bernard, quelques minutes plus tard, j'explique ma déconvenue. Je lui dis d'entrée : « On va monter un numéro ! » J'ai préparé les questions les plus vachardes qui soit : « Est-ce le crépuscule de Bernard Hinault ? », «A-t-on assisté à vos derniers et malheureux soubresauts ? » Bref, des questions de ce genre toutes aussi iconoclastes les unes que les autres.

« Maintenant, lui dis-je, on va installer le matériel, je vais prendre un café, au bar, avec Guimard et toi tu prépares des réponses qui seront, je te le demande, de la plus grande violence. » Hinault sourit de toutes ses dents. On va rigoler. Je crois qu'il aime bien ce genre de conspiration. Le ton de l'interview est enlevé. On s'envoie presque des horions à la figure et l'on y prend du plaisir. Le clap de fin terminé, on range le matériel, on prend congé de tout le monde. Merci Hinault.

L'interview, aux yeux de la rédaction en chef, est une parfaite réussite. Il reste à attendre la suite de la saison. On me fait remarquer au passage que Bernard Hinault ne participe pas à Milan-San-Remo. Décidément, mes chefs se mettent à suivre l'actualité cycliste. Je leur réponds : « Vous savez, l'impasse sur cette Classique était prévue dès l'élaboration du programme de la saison, alors… »

Le 23 mars, lors du Critérium national de la route, en trois étapes, Michel Laurent s'impose au classement final. Hinault continue à tester sa condition et ne concourt pas pour la victoire mais, surprise, remporte l'épreuve contre-la-montre. Tiens, tiens ! Il n'est pas encore en parfaite forme physique. C'est trop tôt, mais quelque chose l'inquiète : il souffre légèrement de la cheville droite et d'un début de bronchite. Une belle cinquième place à l'*Amstel Gold Race* et une quatrième place au Paris-Roubaix le rassurent. On peut y ajouter une troisième place à la Flèche Wallonne. Petite déception, il aurait aimé remporter une Classique avant toutes les courses à étapes qui se préparent pour faire taire certaines rumeurs. Ah ! ces satanés rumeurs.

Il lui reste Liège-Bastogne-Liège. Mais, une fois de plus

les choses se présentent mal. Décidément, il est écrit que cette année 1980 sera l'année du mauvais temps persistant. La tempête est au cœur de la course. Le temps est froid, glacial, les chutes de neige se multiplient quand ce n'est pas un vent violent. La route devient dangereuse. Ces conditions atmosphériques désastreuses vont durer 6 heures 30 sur les 7 heures de course.

Au départ, « le Blaireau », comme on l'appelle, reste silencieux. Le mauvais temps est pour tout le monde et, depuis une dizaine de jours, il se sent bien. Il aime aussi s'aligner dans une course où s'opère une impitoyable sélection, sélection à laquelle il entend contribuer. Il s'échappe avec Henk Lubberding, Silvano Contini, Dietrich Thurau et Ludo Peters, dans le mur de Stockeu. Quelques kilomètres plus loin, au pied de la côte de la Haute-Levée, il rejoint le seul coureur qui caracolait en tête, Rudi Pevenage, le lâche irrémédiablement et continue seul sa course alors que la neige tombe de plus belle et à gros flocons, rendant la route très dangereuse. Quelle gageure ! Il reste encore 85 kilomètres à couvrir et la belle mécanique est déclenchée comme aux plus beaux jours du grand Eddy Merckx. Il porte deux maillots épais, un bonnet de laine sous son casque, des protège-chevilles, et roule sans se retourner, encouragé sans cesse par Cyrille Guimard. Jamais il ne fléchira, repoussant les limites du courage et de la souffrance.

Il faudra attendre plus de neuf minutes sur la ligne d'arrivée pour voir arriver le deuxième, le valeureux Hennie Kuiper. Il n'y aura que 21 arrivants sur 174 partants. Tout cela montre la sévérité de cette épreuve courue sous les yeux d'Eddy Merckx, admiratif. Hinault restera marqué dans sa chair ; mais il est l'homme le plus fort du peloton.

Désormais, il aspire (et on le comprend) à retrouver la tiédeur du foyer avant le grand rendez-vous du Tour d'Italie où il retrouvera ses équipiers Jean-René Bernaudeau, Maurice Le Guilloux, Lucien Didier, Hubert Arbes, Bernard Quilfen, Pierre-Raymond Villemiane, Claude Vincendeau.

Cyrille Guimard et Bernard Hinault vont se rendre au départ de ce fameux *Giro*, qui se déroule du 15 mai au 8 juin, sans être totalement rassurés. Ils craignent les débordements des *Tifosi*.

On leur a raconté de bien tristes épisodes dans ce sens. Ils ont, certes, reçu des assurances de la part de Vicenzo Torriani, directeur de l'épreuve. Mais on ne sait jamais… Les coéquipiers d'Hinault ont offert à Guimard une méthode courante d'italien, en cassette. Depuis lors, il est en progrès constants. Il a déjà dépassé sa cinquantième leçon.

« Au fait, lui demande Pierre-Raymond Villemiane, comment dit-on *blaireau* en italien ?

Cyrille, malin, y a déjà pensé. Goguenard, il demande :

– De quel *blaireau* parlez-vous ? De l'animal ou du pinceau à barbe ? Pour la barbe, ça se dit *pennello* !

– Il ne va quand même pas nous raser, avec son italien ! conclut Bernard Quilfen. »

Antenne 2 ne retransmettra pas l'ensemble du Tour d'Italie. Nous nous contenterons d'une dizaine d'étapes, mais cela nécessite la présence permanente d'un journaliste sur l'épreuve. Je suis désigné pour y suivre les premiers pas de Bernard Hinault. Je possède une bonne connaissance de la langue de Dante et cela peut servir…

Tout commence à Gênes, lors d'un prologue qui se déroule autour du port. Sans surprise Francesco Moser, qui excelle dans ce genre d'exercice, ne manque pas ce rendez-vous avec le premier Maillot rose. Hinault termine en troisième position. Mais tout cela n'est que feu de paille.

Il est bientôt 18 heures, ce soir-là. Le soleil a décidé d'effectuer quelques belles heures supplémentaires. Avec mon fidèle pilote Roger Herman, j'ai décidé d'aller rendre visite à l'équipe Renault dont je n'ai encore vu aucun des membres en raison de mon arrivée tardive au prologue, consécutive à une grève de la compagnie *Alitalia*, ce qui m'a contraint à prendre un train au dernier moment.

L'hôtel Milano se situe via Balbi, sur les hauteurs du grand port. Devant l'établissement, des gamins stationnent écrasant leur nez contre les vitrines pour tenter de chiper un moment de la vie d'Hinault. Ce dernier m'apparaît radieux, dans une forme presque provocante. Il parle d'abondance. Soudain, par manière d'acquis, je lance :

« Nous allons aller sur la tombe de Coppi, à Castellania !

Bernard semble intéressé :

– C'est loin ?

– Une soixantaine de kilomètres…

– J'aimerais bien partir avec toi, mais il faut que je me fasse masser…

– Je peux t'attendre, si ce n'est pas trop long.

– Une vingtaine de minutes.

– Pas de problème.

– Tu pourras prendre une gerbe de fleurs ? »

Je me flatte qu'il ait pensé à ce genre de détails. Justement un fleuriste se tient à dix mètres de l'hôtel…

Je souhaite, dans l'intervalle, redescendre à la salle de presse qui se trouve dans les bâtiments de la capitainerie du port afin de prévenir mes collègues au plus vite pour qu'ils alertent les gazettes. Henri Besson, photographe du *Miroir du Cyclisme*, dont je suis le collaborateur occasionnel, m'accompagnera à Castellania et assurera le reportage. Je souhaite aussi (et surtout) informer mes confrères italiens et je me rends auprès de Rino Negri, le plus célèbre chroniqueur de cyclisme italien, qui officie pour le journal organisateur *la Gazzetta dello sport*. Rino me présente à l'un de ses collègues, Gian-Maria Dossena, qui commente traditionnellement l'athlétisme, mais qui est envoyé spécial… « spécialement » chargé de suivre Hinault durant ce *Giro*.

« Peux-tu l'emmener avec toi ? me demande-t-il. Ce serait formidable… »

Et nous voilà lancés, après avoir récupéré Hinault, sur l'autoroute Gênes-Milan. La voiture quitte la grande route à Tortona, bifurque à Villalvernia et s'engage dans une petite route cernée par les collines. Quand la route commence à descendre, le champion français regarde avec tendresse l'autre versant de la vallée.

« La terre, les paysans, c'est ce qu'il y a de plus vrai », jette-t-il soudain. Pense-t-il déjà à sa reconversion ?

La voiture s'arrête devant la maison de Livio Coppi, frère aîné de Fausto. La maladie le retient chez lui. Une mauvaise grippe, sans doute. Le temps de lui expliquer qu'Hinault est avec nous et ses forces reviennent, soudain, comme par enchantement. Son visage s'éclaire. Personnage attachant que Livio. Le portrait de Fausto à s'y méprendre : un Fausto vivant au visage chargé d'une grande bonté.

« Je viens de vous voir à la télévision, dit-il au champion. Je vous souhaite tout le bien que les Français souhaitaient à Fausto. »

Et nous voici devant la tombe du *Campionnissimo*. Bernard a sorti la gerbe de lys orange. Livio lui a pris le bras. Scène attendrissante. Le monument où repose Fausto Coppi se dresse là devant le champion français. Celui qui envisage de réaliser le doublé *Giro*-Tour de France est venu se recueillir auprès de celui qui, le premier dans l'Histoire, réalisa cet exploit. Instant émouvant.

Il faut rentrer. Livio voudrait encore garder Bernard près de lui. À l'instant présent, il insiste pour que le jeune Français entre un instant dans sa maison. Un souci le préoccupe. Que va-t-il boire ? Du vin ? Non, Livio le sait. Il a affaire à un grand sportif qui ne doit se permettre aucun écart. Il insiste cependant :

« C'est le vin de la *Garibalda*, la vigne qui appartenait à Fausto. »

Puisque c'est ainsi, Bernard se laisse tenter.

Ah, qu'elle était touchante cette fugitive soirée au pays de Coppi. Un miracle s'était opéré. La maladie avait, soudain, capitulé et le grand frère de Fausto retrouvait toute sa verve discrète, aiguillonné par Rosina, son épouse, qui courrait partout dans la maison en jetant, affolée : « Hinault, Hinault, non è possibile ! »

Si, c'était possible et en les quittant, ce soir-là, pour regagner Gênes, me revenait en mémoire cette scène décrite par Alphonse Daudet dans les *Lettres de mon moulin* et que je traduisais ainsi :

« 5 heures. L'heure où tous les vieux se réveillent.

– Tu dors, mamie ?

– Non, Livio.

– N'est-ce pas que ce petit Hinault est un brave garçon ? »

L'hommage du champion français au *Campionissimo* va émouvoir l'Italie tout entière. Le surlendemain de la visite paraîtra sur trois colonnes dans *la Gazzetta dello sport* le reportage de Gian-Maria Dossena sous le titre : « Un soir à Castellania pour connaître Coppi ». À Parme, au soir de la 3ème étape, le maire de la ville, en personne, gravit les marches qui mènent au podium et, avant tout autre protocole, s'empresse de féliciter Hinault : « Votre geste, en allant sur la tombe de Coppi, est particulièrement émouvant.

Ni Moser, ni Saronni ne l'ont fait avant vous… »

Les photographes de presse, prévenus trop tard, ne possédaient pas les photos de la visite au pays de Coppi. Mais Maurice Vidal, directeur du *Miroir du Cyclisme*, fut chevaleresque. Comme son collaborateur Henri Besson était le seul photographe venu en notre compagnie, Maurice accepta de distribuer les clichés à toute la presse. Un seul fut servi par mes soins : Pierre Le Bars, envoyé spécial du *Télégramme*, qui avait eu l'habileté de me confier son appareil. Pour un confrère breton, que n'aurais-je accompli ? La photo paraîtra à la *Une* et en couleur.

Pour Bernard Hinault et ses équipiers, le Tour d'Italie 1980 commençait donc sous les meilleurs auspices. Le Breton semblait d'ailleurs détendu et se prêtait aux facéties les plus diverses : pour les photographes avides d'insolite il s'emparait tantôt d'une parure de *bersaglieri*, tantôt s'essayait à jouer du trombone à coulisse. On était encore loin des joutes qui s'annonçaient. Il portait déjà le Maillot rose après sa victoire dans l'étape contre-la-montre, le sixième jour, entre Pontedera et Pise. Les organisateurs avaient prévu ensuite, au programme, une étape dans l'île d'Elbe.

Trouver 120 kilomètres de parcours dans ce qui fut l'un des derniers refuges de Napoléon, où il avait installé son royaume dérisoire, relève de la gageure. On tourna et retourna par de petites routes et nous arrivâmes enfin au but après avoir admiré une dernière pancarte qui disait : « Vas-y Saronni, allez Moser. Que Hinault en bave ! ».

Ce soir-là, nous revînmes sur le continent, en bordure de mer, dans la coquette station de Castiglione della Pescaia et Hinault accepta une petite coupe de champagne. Je fêtais, ce jour-là, mes 36 printemps.

Hinault souhaitait s'emparer du Maillot rose le plus tard possible. Mais il le portait déjà sur les épaules. Intelligent, il comprenait fort bien qu'il lui fallait épargner son équipe, moins structurée que celle de la Bianchi, par exemple, et ainsi subir le moins possible le poids de la course.

Dans la 8ème étape qui arrivait à Orvieto, Hinault laissa faire. Enfermés dans un petit peloton, Moser et Saronni, ses éternels rivaux, l'accompagnaient sous une pluie battante alors que, devant, Roberto Visentini entamait un règne peuplé de rêves roses.

Dès lors, il convenait de passer à la seconde partie de la programmation qui projetait l'équipe Renault, au quatorzième jour de course, sur les pentes du col de Macerone, dans la chaîne des Apennins. La veille, Cyrille Guimad réunit ses hommes.

« Il faudra attaquer là ! À Isernia, au pied du col, à 40 kilomètres de l'arrivée ! » déclarait-il.

Le directeur sportif indiquait les difficultés à vaincre : le Rio Sannitico (1052 mètres), puis l'arrivée à Roccaraso (1236 mètres). Deux montées qui n'apparaissent pas très pentues mais où il convient de demeurer vigilant. Guimard a tout noté, presque jusqu'au moindre virage.

Isernia ! Une localité au fond d'un entonnoir. Une rivière serpente dans le bas. Une banderole est en vue : le traditionnel et quotidien trophée Fiat Panda que Pierre-Raymond Villemiane met un insolent plaisir à gagner pour totaliser, chaque jour, le plus grand nombre de points qui lui donneront, en prime, une voiture. Un Renault *sprintant* pour Fiat, le tableau apparaît pour le moins cocasse. Le Girondin possède désormais une telle avance qu'il ne peut plus être rejoint. C'est lui qui, au final, embarquera la machine.

Pour l'heure, même les coureurs italiens s'en amusent et « charrient » littéralement le coéquipier de Bernard Hinault : « Allez, Villemiane, c'è la Panda ! ».

Et Villemiane, emmené, par ses équipiers s'exécute.

Ah ! si les adversaires avaient pu savoir…

Deux cents mètres après la banderole, alors que le peloton reprend son souffle, après l'accélération du *sprint*, Hinault tire un coup de fusil. Pan ! Ça claque sec comme le vent violent dans un oriflamme. Derrière ? Une envolée de moineaux. Saronni est lâché, Moser aussi. Baronchelli ne peut suivre, Visentini non plus.

Dans la marche en avant du Breton, un seul homme répond présent : le vétéran du peloton, Wladimiro Panizza, 35 ans, le visage boucané par treize longues années de professionnalisme. Heureux de se retrouver en si bonne compagnie, ce dernier calcule déjà qu'il va s'emparer du Maillot rose. Il le prend en effet, Hinault remportant l'étape. Mais le Tour d'Italie n'est pas fini. Il reste encore, six jours plus tard, à gravir le redoutable col du Stelvio. Dans cette dernière difficulté, Hinault pourrait se contenter de contrôler la course, en pensant au contre-la-montre du lendemain. Mais cette victoire-là apparaîtrait trop dévaluée, trop calculée, trop millimétrée pour lui. Alors ?

Au départ de Clès, ce vendredi 6 juin 1980, se présente la 20ème étape, à trois jours de l'arrivée. Hinault s'enferme dans la camion-nette Renault. Quand on lui parle, il apparaît évasif. Pourtant, à plusieurs détails, on le sent déterminé : il réclame une paire de gants tout neufs. C'est un signe. Le Stelvio ? On l'a trop évoqué devant lui pour qu'il reste passif. Et voilà que son coéquipier Jean-René Bernaudeau retrouve la forme. Il est à ses côtés, ce solide Vendéen auquel un destin brutal vient de ravir son frère.

« Aujourd'hui, ça passe ou ça casse ! », dit-il avec ce sourire radieux dont il sait nous gratifier.

Dans le premier col, le Palade, il se balade. Il vient alors vers son chef de file et, en guise de confirmation, lui assure : « Tu peux compter sur moi ! »

C'est alors l'épisode du Stelvio qui culmine à 2757 mètres. Bernaudeau a démarré. Le voici seul. Derrière, Hinault revient sur lui. Quelle tactique ! Dans la descente, alors qu'au sommet, Panizza, toujours Maillot rose, est passé avec plus d'une minute de retard sur Hinault, le Breton et le Vendéen se retrouvent. Il faut avoir vu ces 80 derniers kilomètres pour comprendre qu'entre le sommet du Stelvio et l'arrivée à Sondrio, un véritable exploit s'est accompli.

Désormais, Hinault, Maillot rose, acclamé par une Italie qui aime cette race de champion, n'a plus qu'à assurer sa domination dans le contre-la-montre entre Saronno et Turbigo. Une victoire est à sa portée sur les 50 kilomètres de l'étape mais le Stelvio lui pèse encore dans les jambes. Qu'importe ! Battu de peu par un Saronni, très loin au classement général, il reprend du temps au valeureux Panizza pour l'emporter au classement final avec 5'43 d'avance sur lui.

Hinault n'avait pas de rival à sa mesure dans ce Tour d'Italie.

Il a gagné avec la manière, et cela compte ! Milan, la place du Dôme, le triomphe, les acclamations de tout une Italie conquise… Hinault avait en ce 7 juin 1980 le sourire des gens heureux, ceux qui n'ont pas d'histoire, mais qui créent l'Histoire.

3. LE PIÈGE DU CROCE DOMINI

En 1982, Hinault remporte un deuxième Tour d'Italie. Une nouvelle fois, je l'accompagne. *Antenne 2* a prévu plusieurs retransmissions en direct. Pas assez à mon goût, car l'aventure du champion méritait mieux. Il est désigné comme le grand favori mais va devoir faire face à la formation italienne Bianchi-Piaggio, l'une des meilleures du monde, comprenant un trio maître : Silvano Contini, le Suédois Tommi Prim et Gianbattista Baronchelli. La formation d'Hinault, Renault-Gitane, semble quant à elle un peu plus fragile mais compte tout de même des éléments de valeur dont certains en devenir, tels le néo-pro Laurent Fignon, qui a remporté cette année-là le Critérium international de la route, Marc Madiot, Patrick Bonnet, Charly Bérard, Bernard Becaas, Lucien Didier, Jean-François Rodriguez et Alain Vigneron.

Et cette formation Renault-Gitane cause la surprise, d'entrée, lors du prologue contre-la-montre par équipe dans les rues de Milan, sur 16 kilomètres. D'entrée de jeu, Hinault s'empare du Maillot rose mais n'envisage pas, pour autant, de le défendre.

Au lendemain du prologue milanais, le départ de la première étape, en ligne, est donné, à Parme, et l'arrivée jugée à Viareggio. Saronni l'emporte mais il faut de savants calculs pour parvenir à désigner le nouveau Maillot rose. Tout se joue à la seconde, compte tenu du prologue, la veille, et des bonifications du jour. La parure va d'abord passer sur les épaules du Suisse Robert Dill-Bundi, puis on désignera Saronni. Enfin, le Montpelliérain

Patrick Bonnet, coéquipier d'Hinault (mieux classé au *sprint* que son chef de file), va lui succéder. Le *Giro* en est encore à ses balbutiements. Le premier temps fort se déroule, le lendemain, entre Pérouse et Assise, après la victoire de l'Australien Michael Wilson, la veille, sur la colline de la ville étrusque de Cortona où Laurent Fignon s'est paré de rose.

Sur les 37 kilomètres contre-la-montre, Hinault l'emporte de 26 secondes sur Tommi Prim. Contini revêt le Maillot rose. Les Bianchi dominent. En revanche, personne ne discute plus la supériorité individuelle de Bernard Hinault. Elle s'accentue encore sur les treize kilomètres de côte qui mènent au centre touristique de Campitello-Matese. L'équipe Bianchi a choisi ce final montagneux pour déclencher une première offensive véritable, celle que réclame avec insistance la presse italienne. Mauvais calcul : Hinault lâche tout le monde, se retrouve seul et s'empare du Maillot rose. Nous étions au terme de la 12ème étape, un peu plus de la moitié du *Giro* était couvert. On se trouvait dans le contexte d'une course de mouvement. Les différentes équipes tentaient d'user Bernard Hinault et ses coéquipiers, ces derniers se retrouvant parfois à la peine dans les montées. Hinault, en *leader* intelligent, évita de courir après tout le monde et permit souvent à quelques-uns de ses coureurs lâchés de revenir. Les Renault-Gitane en effet serraient les dents pour rejoindre les sommets. Contini porta une violente attaque dans l'étape de Pescara, mais Hinault tenait les rênes. Il allait cependant connaître une rude journée lors de la 17ème étape Fiera di Primerio / Boario Terme, province de Brescia.

Cette étape comportait un piège : le col de Croce Domini (1892 mètres). Malgré son classement en première catégorie par les organisateurs, sa pente semblait sous-évaluée sur les cartes d'état-major, ce qui contribua dans un premier temps à fausser le jugement d'Hinault et de ses hommes. Sur le plan matériel, leur pignon de 22 dents ne correspondait pas exactement à l'exigence de cette pente abrupte où d'autres usaient du 23 et parfois même du 24 dents.

L'étape se déroulait dans une atmosphère étouffante, sur une route étroite et de forte élévation. Il restait une cinquantaine de kilomètres à parcourir. Au Tour d'Italie, comme dans toutes les courses transalpines, les voitures de presse sont poussées loin devant les coureurs. Dans ce col, la voiture d'*Antenne 2* se positionnait à environ deux kilomètres du sommet et nous pouvions suivre la course en dominant tous les lacets. On entendait même l'écho des injonctions de Bernard Hinault qui incitait ses coéquipiers à monter à l'assaut. Durant les trois premiers kilomètres de l'escalade, Marc Madiot et Laurent Fignon imprimèrent un train extra-rapide dans le dessein de « durcir » la course. De nombreux concurrents lâchèrent prise rapidement ; même les coéquipiers d'Hinault, surpris par la pente, furent en proie à un lâchage en règle. Une vingtaine de kilomètres restaient à gravir. Là où le Breton s'attendait à une montée régulière, il trouva une pente pleine de relief, de fractions en déclivité. Il fut surpris et, avec son trop grand braquet, commença à ressentir des lourdeurs dans les jambes. C'est alors que Gianbattista Baronchelli donna le ton de la Bianchi en se portant allègrement cent mètres devant le petit groupe du Maillot rose. La course devenait pénible, les coureurs haletaient dans le grand silence de la montagne. Aux injonctions d'Hinault, au début, succédait un long silence que nous percevions de notre position élevée. Avec mes confrères Pierre Chany, de *l'Équipe*, Jean-Yves Donor, du *Figaro*, je m'interrogeais sur ce qu'il allait advenir de Bernard Hinault car Tommi Prim, encore un Bianchi, venait de découvrir d'un regard furtif que le porteur du Maillot rose n'était pas à la fête. Il alerta son coéquipier Contini et tous deux attaquèrent simultanément, le Suédois assurant le premier risque. Hinault ne réagit pas. Bientôt il fut lâché tandis que les *leaders* de l'équipe Bianchi s'envolèrent.

La fin de l'escalade se révéla bien pénible pour le Maillot rose. Au sommet, il affichait un retard de 1 minute 15 sur le Belge Van Impe et concédait 1 minute tout juste au trio Contini-Prim-Groppo, Baronchelli passant quelques secondes plus tard sous la banderole. Il restait une trentaine de kilomètres à parcourir, dont treize sur le plat, avant d'arriver à Boario Terme. Ces derniers kilomètres, couverts par un vent de face, multipliaient la difficulté pour Hinault qui devait lutter seul contre quatre adversaires.

Il s'acquitta cependant fort bien de cette tâche, lâchant seulement 54 secondes à Contini qui, avec les bonifications, endossait le Maillot rose avec 2 minutes 14 d'avance sur son rival.

C'était l'explosion de joie chez les Italiens. Mais je me doutais que ce n'était pas fini. Il m'avait dit aussitôt après l'arrivée, avec son visage fermé : « Ne t'en fais pas, demain tu vas voir ! ».

Le lendemain, en effet, dans la montée du Monte-Campione, difficulté unique et finale d'une étape réduite à 85 kilomètres, il pulvérisa Contini qu'il laissa à 3 minutes 27 et reprit son bien. Nous allions le voir gravir la pente, mâchoires serrées, joue creuse, œil vitriolique et pédalée assassine. Il termina en solitaire, lâchant quand il le voulut son dernier adversaire, le grimpeur Lucien Van Impe. Hinault avait le champ libre jusqu'à Milan malgré une dernière offensive, avortée, de Contini dans le col de l'Izoard, lors de l'avant-dernière étape, Cuneo / Pinerolo, promise à la légende mais qui ne tint pas ses promesses.

Il gagnera un troisième Tour d'Italie, réalisant un deuxième doublé : Tour d'Italie – Tour de France.

En 1984, Bernard Hinault revient à la compétition après une dizaine de mois d'inactivité suite à une intervention chirurgicale sur une tendinite. Ces mois de retraite l'ont transformé. Il a rêvé d'un autre cyclisme. Alors que l'automne s'installe sur la lande bretonne, il dévoile ce qui sera désormais son univers. Il s'est séparé de Cyrille Guimard. L'ex-routier nantais dirigeait sa carrière depuis huit ans ; Hinault sait ce qu'il lui doit, mais les temps changent. Le champion breton n'admet plus le ton autoritaire, voire cassant, du Nantais. Il n'est plus un débutant et Guimard l'indispose. Le conflit revêt donc un caractère relationnel et leurs routes divergent. Hinault va prendre en main son destin, monter sa propre équipe, recruter ses hommes. Son entraîneur (il n'utilise plus le vocable de « directeur sportif ») sera le Suisse, ancien routier, Paul Koëchli, adepte de méthodes toutes nouvelles sur l'entraî-nement avec une préparation personnalisée, programmée par ordinateur. Bernard Hinault souhaite donc vendre clé en mains sa formation et un *sponsor* y répond : Bernard Tapie, qui affilie l'équipe à l'une de ses sociétés, *la Vie claire*.

Hinault commence sa saison doucement. Il a roulé beaucoup plus qu'à l'accoutumée durant l'hiver et pense qu'il peut jouer un grand rôle dans le Paris-Nice.

La 5ème étape, Miramas / La Seyne-sur-Mer, emprunte le col de l'Espigoulier. Je m'y suis posté avec mon pilote Roger Herman. Chaque jour, nous assurons le film de l'étape, grâce aux moyens de la SFP, pour présenter, hors journal télévisé, un résumé de quelques minutes. Le caméraman est un technicien confirmé, Pierre Disbeaux, qui assure également les reportages en direct du Tour de France.

Je m'aperçois, au sommet de l'Espigoulier, que rien ne s'est encore décanté. Il y a bien une échappée de six hommes qui a porté aux avant-postes (Andersen, Vichot, Levavasseur, Garde, Yates et Lubberding) mais rien de bien inquiétant pour le *leader* Robert Millar. Hinault figure dans les premières positions du peloton. Je l'aperçois, les mâchoires serrées. Mais il faut vite prendre du champ car la descente par le versant sud est très rapide, sinueuse, effrayante dans son décor lunaire. Nous roulons vite, très vite. Les coureurs nous collent à la roue. Ouf ! Enfin, nous les devançons… La localité de Gémenos est passée ; il faut maintenant franchir la route nationale et entamer le col de l'Ange. Il reste une cinquantaine de kilomètres avant l'arrivée. Par la radio de la course, nous apprenons qu'une cassure vient de se produire. Une quinzaine de coureurs précède le peloton à l'instigation de Kelly, d'Hinault et de Chappuis. Dans ce groupe se démènent aussi Anderson et Roche. L'avance grimpe et atteint la minute. La course entre dans une phase décisive.

Soudain, notre voiture, comme les autres véhicules de presse, se trouve bloquée par une horde de manifestants surgis de la garrigue. Des banderoles sont brandies au beau milieu d'une chaussée rétrécie. C'est le début du col de l'Ange. Bien entendu, nous sommes contraints de nous garer mais nous pensons aussitôt aux concurrents, à l'échappée qui vient de se former. Nous les attendons avec effroi. Les échappés, d'abord, butent sur une cinquantaine d'hommes en colère. Qui sont-ils ? Des ouvriers des chantiers navals de La Ciotat et de La Seyne-sur-Mer, auxquels se sont joints les mineurs de Gardanne, tous réduits au chômage en raison de la crise.

Cela fait déjà quelques années que les courses cyclistes sont « prises en otage » par ce genre de manifestations mais là, tout va dégénérer. Hinault, dans son élan et sa volonté de faire basculer la course, veut franchir le barrage coûte que coûte. Un gréviste le précipite à terre. Il est frappé, reçoit des coups de pied dans les côtes. Il se relève, furieux, et, sans attendre, expédie à son agresseur une de ces droites meurtrières qui aurait pu le ranger au rayon des gloires du sport pugilistique français. Comme si Dieu lui avait prêté la foudre. Il cherchait le punch et l'avait retrouvé.

Les esprits sont surchauffés. On n'arrête plus Bernard Hinault. Un délégué syndical intervient et lui lance d'une voix grave et étouffée : « Bernard, tu sais, nous crevons de faim ! »

Il comprend en un instant, s'émeut, détourne son regard. Les barrages s'ouvrent. Mais la course est faussée.

Bien entendu, le soir, lorsque j'achèverai le montage de l'étape, le journal télévisé ouvrira les informations sur l'incident. Le coup de poing d'Hinault sera montré à vitesse normale puis au ralenti. Bernard m'en voudra un peu d'avoir « grossi » l'événement. Je n'étais pas l'auteur du ralenti. Cela ne m'a pas empêché dire que son coup de poing relevait du « noble art ».

4. LES TRIBULATIONS DU POPULAIRE « DÉDÉ »

Remontons le cours de l'Histoire.

Je garde un souvenir ému d'André Leducq, double vainqueur du Tour de France dans les Années folles, de ses histoires truculentes, de son accent faubourien, de ce rire qui partait du plus profond des entrailles. Avec lui, on touchait au naturel, à l'amour de la vie ; avec lui, c'était la jeunesse que l'on pensait éternelle. Tourné vers le présent et l'avenir, il n'acceptait de parler du passé que si on l'interrogeait. Alors, il devenait intarissable et vous conduisait, par la pensée, à remonter le fil du temps où il avait embrassé la carrière d'acteur de cinéma. Alors que son père était devenu chauffeur de M. Gaumont, président-directeur général de la société cinématographique à laquelle il avait donné son nom, la famille s'était déplacée, rue des Alouettes, tout près des studios que l'on appellera, plus tard, studios des Buttes-Chaumont.

Le papa Leducq venait, de temps en temps, chercher ses enfants, André et Georges, à l'école communale de la rue Fessart, dans le XIXᵉ arrondissement, et les surprises ne manquaient pas. Chez Gaumont, en effet, on manquait de jeunes garçons pour la figuration dans les films. Et voilà les deux petits Leducq engagés comme « mini-frimants », selon l'appellation de l'époque. Ils vont s'illustrer dans des superproductions dirigées par le réalisateur Louis Feuillade, directeur artistique de Gaumont : *Napoléon, Bébé et les Cosaques*, en 1912. Il s'agit de la série des « Bébé », commencée en 1910 : *Bébé apache, Bébé fume, Bébé pêcheur*,

Bébé agent d'assurances, Bébé a le béguin, Bébé est socialiste, Bébé fait chanter la bonne… Ils joueront ensuite dans *le Petit Poucet* et dans *Un Mari à l'essai*, avec René Navarre, où André jouait l'enfant terrible cassant des assiettes, soufflant dans une trompette, crevant les tableaux. On devine l'effarement de sa mère lorsque, rentré à la maison, il voulait répéter son rôle. Pour le film *Napoléon, Bébé et les Cosaques*, les jeunes figurants s'étaient rendus, pour tourner les « extérieurs », durant huit jours en forêt de Fontainebleau avec des bonnets à poils et toute la panoplie du grenadier d'Empire. Tout comme son frère, André n'éprouvera pas le grand frisson pour la vocation artistique. Celui qui, en revanche, effectuera une belle carrière, s'appelle René Dary. Tout juste âgé de cinq ans, il joue le rôle de Bébé et va tourner en trois ans près de soixante-dix films. Avec sa sœur, sous le nom de Fanfan, ce seront les premiers enfants prodiges du cinéma français. Avec Dary et les petits Leducq figuraient aussi une mignonne fillette qui allait se faire un nom et une jolie place de comédienne : Suzy Prim. « Mais il était trop tôt, à huit ans, pour lui faire un brin de cour », confessera André, malicieux.

Des années plus tard, Leducq sera l'une des grandes gloires du sport cycliste.

L'année 1930 constitue une date charnière dans l'histoire du Tour de France avec une innovation de taille : l'apparition des équipes nationales. Une innovation qui va contribuer à donner au Tour un succès populaire et sportif sans précédent. Dans l'équipe de France, par exemple, les sociétaires se retrouvent libres, égaux et… sans directeur sportif ! Arborant un maillot bleu blanc et rouge, les voici investis d'une mission, chargés de tracer une voie nouvelle dans un esprit nouveau. On peut penser que Charles Pélissier et André Leducq jouent les capitaines de route d'une équipe qui inclut aussi Antonin et Pierre Magne, Maurice Archambaud, Marcel Bidot, Victor Fontan, Léon Le Calvez, Jules Merviel, René Le Grevès, Georges Speicher et Roger Lapébie.

Dans les Alpes (étape Grenoble / Évian), les affaires tournent mal pour André Leducq, sitôt franchi le tunnel du col du Galibier. Une pédale brisée lui a fait perdre quelques minutes et, pour tenter de rattraper son retard, il descend sans retenue vers Valloire, premier village rencontré. Une seule pensée l'anime : rattraper l'Italien Learco Guerra qui le menace au classement général. Leducq prend des risques considérables sur cette route étroite, caillouteuse. Sitôt passé la cité de Valloire, c'est le drame : une chute contre les rochers à 70 km/h.

Les frères Magne, arrivés quelques secondes plus tard, relèvent celui que tout le monde appelle « Dédé » et l'adossent au talus. Il ne réagit que mollement, littéralement sonné. Son visage ne réfléchit plus que de l'incohérence, comme un miroir qui en a trop vu. Et tandis qu'Antonin Magne joue les infirmiers, son frère Pierre arrête les autres membres de l'équipe. Durant un quart d'heure on réconforte Leducq, sévèrement blessé au genou, notamment, qui prononce des paroles inaudibles, tient des raisonnements incompréhensibles. Tant pis. On le remet en selle et la chasse recommence.

Dans la vallée de la Maurienne, les spectateurs stupéfaits voient passer avec seize minutes de retard Antonin et Pierre Magne, Marcel Bidot, Jules Merviel, Charles Pélissier et… André Leducq, toutes sensations retrouvées, qui assure même les relais avec un courage indomptable. Tous hurlent comme une tribu en folie, s'encourageant les uns et les autres. Après soixante kilomètres d'une incroyable chevauchée, Guerra est rejoint. L'Italien n'en croit pas ses yeux. Miracle ! C'est André Leducq qui remporte l'étape devant un peloton médusé.

Une photo montrant le désespoir du sociétaire de l'équipe de France au moment de sa chute, pleurant, assis sur une grosse pierre, s'affiche le lendemain dans les journaux et quelques jours plus tard dans les magazines.

Un sculpteur allemand, Arno Breker, venu en France en 1925, qui fréquente Jean Cocteau, Foujita, Brancusi et d'autres artistes du Paris bohème de l'époque, descend un matin de juillet 1930, afin d'acheter son lait et quelques journaux. Il tombe en arrêt devant la photo du magazine *Vu* qui représente Leducq prostré, la tête dans le creux du coude droit en appui sur le genou ensanglanté. « Quelle pose formidable ! » s'exclame-t-il, devant la photo du champion désemparé.

Les années passent. André Leducq se retrouve, sous l'Occupation, appliqué à effectuer quelques mouvements natatoires à la piscine Deligny en compagnie de Jean Marais. Celui-ci lui présente Jean Cocteau quelques jours plus tard : « Savez-vous, lui demande ce dernier, qu'un sculpteur allemand célèbre a réalisé une statue de vous ? »

Intéressé et un peu troublé, Leducq se met en quête de retrouver quelque information sur cette œuvre d'art. Peine perdue. Ce n'est que de nombreuses années plus tard, en 1958, que la confidence d'un ami le met sur les traces d'une exposition des œuvres d'Arno Breker dans un dépôt d'Aubervilliers. Leducq s'y rend. En entrant dans la cour d'exposition, la première statue, bien en vue, qu'il aperçoit, est celle du « Guerrier blessé », « sa » statue, lourde de huit tonnes. Leducq ne songe pas à l'acquérir. Qu'en ferait-il ? En revanche, il achète une tête en bronze qu'il conservera chez lui, toute sa vie, en souvenir de cet artiste, élève d'Aristide Maillol, qui l'avait surnommé « le Michel-Ange de l'Allemagne ».

André Leducq fut davantage qu'un très grand champion. À l'égal d'un Carpentier, d'un Ladoumègue, d'un Borotra, il marqua aussi le sport français par sa personnalité hors normes et son immense popularité.

Plus que tous ses compagnons de route et de piste, celui qu'on avait surnommé le « joyeux Dédé » savait plaire aux foules par la générosité de son tempérament, la lumière de son sourire, le pittoresque faubourien de son verbe.

Il restait intarissable sur les histoires dont il avait été le témoin. Combien de fois, alors qu'il était devenu consultant-journaliste au Tour de France, s'était-il glissé vers la table de l'équipe de France et, voyant Marcel Bidot, son ancien coéquipier devenu directeur sportif, en proie aux turbulences de ses hommes, avait-il raconté des anecdotes pour détendre l'atmosphère ? Celle touchant à l'un de leurs anciens équipiers provoquait l'hilarité.

« Tu ne te souviens pas de notre pauvre Maurice Archambaud ! demandait-il à Bidot. Il n'y avait pas une ville-étape où il n'eût un oncle ou un beau-frère. Je me souviens qu'à Digne, en 1936, il avait retrouvé son grand-père qu'il n'avait pas vu depuis des années. Ils se sont mis à pleurer tous les deux et Maurice, entre deux sanglots, a eu ce mot extraordinaire : *Grand-Père ! Ne fais jamais le Tour de France !* ».

Il évoquait aussi son premier Tour de France, en 1927, sa difficulté dans les cols mais, aussitôt, ses faits divers déviaient vers des histoires étonnantes et toutes simples dont il riait avant même de les raconter.

À Nice, lors de la journée de repos de ce Tour 1927, il reçut une visite pour le moins insolite. Un inconnu entre dans sa chambre et lui saute au cou : « Ah, cher ami, heureux de vous revoir ! ».

André ne l'avait jamais vu, mais il tenait par-dessus tout à rester sociable. Et le quidam poursuivait :

« Comment va ta sœur, ton frère, ta petite amie, ta petite nièce ?

Leducq, toujours interloqué, bredouille :

– Ben… Très bien, merci.

– Au fait, tes parents vendent-ils toujours des couronnes mortuaires ?

Là, le personnage allait trop loin. Leducq s'enflamma :

– En fait de couronnes, je ne connais que les boyaux et ils sont en caoutchouc. Ce sont eux qui crèvent mais je ne les enterre pas. Je les répare. »

Et tandis que le *manager* du Tour, Henri Manchon, alerté par les éclats de voix de Leducq, pénétrait dans la chambre et jetait l'intrus hors de sa vue, celui-ci murmura : « Dommage ! tu as pourtant une bonne gueule ! ».

Leducq appris plus tard que l'individu en question était un pauvre gars échappé de l'asile et qui y retourna en disant : « Il est quand même gentil, ce monsieur Archambaud ! ».

Incontestablement le plus grand champion cycliste français des quinze années qui précédèrent la Seconde Guerre mondiale, Leducq fait à jamais partie de l'histoire du sport français.

5. UNE VIE EN DANGER

Parmi les confrères qui m'ont fasciné se trouvait un journaliste de *l'Aurore* : Jean Leulliot. Je lui dois beaucoup. Il était non seulement un homme de presse mais aussi un organisateur d'épreuves, notamment directeur de Paris-Nice et de courses pour amateurs : la Route de France (en plusieurs étapes) et le grand prix de France (contre-la-montre).

Il est aussi l'un des meilleurs techniciens que le sport cycliste ait engendrés et semblait réunir en lui tous les arcanes de la vélocipédie avec sa personnalité bouillante, tapageuse et somme toute émouvante. J'aimais sa vitalité créative. Il mêlait et confondait le farfelu, l'inédit et l'audace.

Alors que j'entrais dans le journalisme, je m'appliquai à lui écrire une lettre de ma Bretagne natale pour lui dire mon admiration ainsi que la passion dévorante du cyclisme qui m'animait et que j'exprimais, déjà, dans *Vélo-Journal*.

Comble de bonheur, il me répondit le 30 novembre 1962 et me proposa un rendez-vous, un jour de la semaine, entre 18 et 19 heures, au siège de *l'Aurore*, 100 rue de Richelieu. « Si je le peux, m'écrivait-il, je vous aiderai volontiers… »

Je revins donc à Paris. Jean Leulliot m'accueillit agréablement (il avait la réputation d'un personnage plutôt bougon et impétueux) et m'informa qu'il avait précisément besoin d'un jeune connaissant parfaitement le sport cycliste qui puisse intégrer l'organisation de l'épreuve Paris-Nice. Je buvais ses paroles. Quel personnage ! Parmi ses fonctions, l'une d'entre elles me faisait rêver : directeur technique de l'équipe de France.

À ce titre, il fut d'ailleurs le témoin d'un ignoble sabotage.

Les faits se sont réellement passés et la victime en a été le coureur Tricolore, Roger Lapébie.

En 1937, Henri Desgrange avait intégré au règlement du Tour de France un certain nombre d'innovations, comme il l'avait d'ailleurs déjà fait à plusieurs reprises. Pour la première fois, un directeur sportif (que l'on appelait « directeur technique ») dirigeait chacune des équipes. Pour l'équipe de France, ce rôle était dévolu à un jeune de vingt-six ans, Jean Leulliot, rédacteur cycliste à *l'Auto*.

Le directeur du Tour, que les journalistes de *l'Auto* appelaient le « patron », avait apporté une autre innovation au règlement : pour la première fois dans le Tour, l'utilisation du dérailleur était autorisée. Un événement d'importance…

Chez les Belges, le directeur technique s'appelait Karel Steyaert, journaliste flamand de très flatteuse réputation.

« Chez les Français, c'était moi, raconte Jean Leulliot, qui ajoute : à cette époque, peu de voitures suivaient le Tour. Peut-être une douzaine car les équipes n'étaient suivies auparavant d'aucun véhicule. C'était encore le cas en 1937, malgré la nomination des directeurs techniques. Il n'y avait donc pas de roues de rechange en cas de crevaison et les accidentés devaient réparer eux-mêmes, aidés de leurs équipiers. Chaque directeur technique était dans la voiture de son journal. Karel Steyaert était dans celle du *Sportwereld* et moi-même, suprême honneur, dans le véhicule d'Henri Desgrange. Notons que j'étais déjà dans la voiture du "patron" l'année précédente.

Nous étions passés cette année-là au sommet du Tourmalet dans le sillage d'Antonin Magne. Ayant franchi la ligne entre deux murs de neige, "Tonin", comme tous les autres concurrents, avait alors retourné sa roue pour mettre le grand braquet avant de se lancer dans la descente.

Hélas… dans sa précipitation, il l'avait mal remontée… n'ayant pas suffisamment tendu sa chaîne. Je me suis écrié : *"Patron",* *"Tonin" est fou, sa chaîne n'est pas assez tendue et elle va sauter.* *Ce sera une double perte de temps.*

J'avais dit vrai et, cinq cents mètres plus loin, "Tonin" dut freiner et descendre de machine pour remettre sa chaîne. *Jean, vous* *aviez prévu cela ?* me disait alors Desgrange. Il semblait avoir été très impressionné par mon jugement, pourtant très simple et très ordinaire. C'est pour cela qu'il m'avait nommé, en 1937, directeur technique de l'équipe de France, en déclarant : *Vous avez été* *champion de France scolaire, vous avez couru au V.C.L. tout* *récemment encore, j'ai pensé à vous pour ce poste… Vous connaissez* *bien le vélo… Je vous donne votre chance.* »

Jean Leulliot se montre très fier de cette nomination et prend son métier très à cœur. Il décide, avant le départ du Tour, au début du mois de juin, d'aller à vélo reconnaître les cols pyrénéens avec plusieurs membres de l'équipe de France. Essai concluant, dans une très bonne ambiance. Il poursuit la préparation en réunissant tous les membres de la formation Tricolore dans un hôtel, à Connelles, en Seine-Maritime, établissement tenu par le champion cycliste Fernand Cornez, ancien vainqueur d'étapes au Tour de France, au Tour d'Italie et à Paris-Nice, notamment.

Il avait été décidé que tous les sociétaires de l'équipe partageraient les prix. C'était sans précédent. Les journalistes, rendant compte de l'événement, avaient titré malicieusement : « Le serment de Connelles ».

Jean Leulliot n'avait omis aucun détail pour galvaniser ses hommes, allant même jusqu'à offrir à chaque Tricolore une médaille de la vierge qu'il avait fait bénir à Lourdes, lors de la reconnaissance des cols pyrénéens.

L'équipe était formée de Pierre Cloarec, Georges Speicher, Émile Gamard, Robert Tanneveau, Sylvain Marcaillou, Roger Lapébie, Maurice Archambaud, Charles Pélissier, Paul Chocque et Louis Thiétard.

« Je passe sur les détails des premières étapes, raconte le directeur technique. Nous avions mal commencé et, à la sortie des Vosges (nous tournions dans le sens est-ouest), Roger Lapébie, grâce à une échappée solitaire avant Digne, était devenu notre *leader*. Il était troisième du classement général derrière le Belge Sylvère Maes et le grand rouquin italien Mario Vicini. Par suite de chutes, nous n'avions plus que six équipiers depuis l'étape de Genève, mais, dans les derniers kilomètres, sur le plat, avant l'étape de Montpellier, Maes avait eu la malchance de crever. J'avais alors fait "donner" mes Français à fond. Hurlant dans mon mégaphone, le torse sorti de la conduite intérieure du "patron" : *Allez les gars, à fond, allez, allez… Sylvère est lâché, allez !…* Et Gamard, Cloarec, Lapébie, Marcaillou s'étaient défoncés et avaient regagné près de deux minutes sur Maes, à Montpellier.

C'était un prêté pour un rendu car, à cette époque, on n'attendait pas les adversaires quand ils crevaient et nous en avions fait l'expérience à plusieurs reprises. Le "patron" n'avait dit mot… Mutisme complet. Ce duel relançait, en effet, l'intérêt du Tour avant les Pyrénées. Cela allait faire vendre davantage de journaux. Car chacun savait que le fort de Roger Lapébie n'était pas la montagne. Routier *sprinter* et bon rouleur, il n'était hélas qu'un escaladeur très moyen. »

Le Tour stationne à Luchon, au terme de la 14ème étape, venant d'Ax-les-Thermes, et se retrouve donc au pied de la grande étape des Pyrénées avec, dès le départ, le lendemain, l'ascension du col de Peyresourde puis celles d'Aspin, Tourmalet et Aubisque. Roger Lapébie se trouve bien placé au classement général à 1 minute 23 secondes du Belge Sylvère Maës. Mais à l'approche des grands cols, le doute s'installe au sein de l'équipe de France. On craint que si les Belges attaquent d'entrée, Lapébie ne perde pied dans le premier col. C'est pourquoi, la veille, durant le dîner de l'équipe de France, Jean Leulliot réussit à convaincre ses hommes, en leur affirmant : « Les gars, si Roger entame Peyresourde sans s'être échauffé, cela peut s'avérer dangereux. Si vous voulez m'écouter, nous irons demain matin, avant le départ de l'étape, pédaler dans la vallée pendant trente kilomètres ». Dès 6 heures du matin, le lendemain, les sociétaires de l'équipe de France se retrouvent tous devant l'hôtel pour une partie de manivelles. C'est une petite révolution dans la méthode. Le groupe quitte la cité thermale en direction de Saint-Gaudens, en accélérant progressivement.

Quelques *sprints* permettent de tester la condition des uns et des autres. Soudain, tout le monde s'arrête. Un accident vient de se produire. Roger Lapébie s'est écroulé dans le fossé herbeux. Vite on le relève. Il ne souffre que de petites plaies superficielles et insignifiantes. Son jeune frère Guy, champion olympique, venu de Bordeaux, le réconforte. Le vélo de Roger est intact. Si l'on peut dire. Car on s'aperçoit très vite que le guidon a quitté le cadre et pend lamentablement du haut des câbles de freins. On le tourne, on le retourne et à l'évidence, on se rend compte que la potence a été sciée au ras du collier de direction. On voit nettement sur le métal la trace de la scie ! Roger Lapébie est fou de rage ainsi que tous ceux qui ont assisté à l'accident. « Qui m'a fait ça ? hurle Roger. Amenez-le moi, je le tue… »

Roger Lapébie tend le vélo à son frère et la petite troupe regagne Luchon, perdue dans ses pensées vengeresses et, d'abord, sa soif de vérité.

L'équipe de France, quelques minutes plus tard, prend le départ. Les Français apparaissent plus que jamais motivés, mais Roger Lapébie semble tout de même déstabilisé par cet acte scélérat. De plus, il n'a pu se ravitailler et la mise en route ultra-rapide des Belges et du Maillot jaune lui-même l'a handicapé. Il est pointé avec cinq minutes de retard sur Maes, au pied du Tourmalet. La rage de Lapébie ne s'est pas éteinte et il se surpasse dans les ascensions aidé par quelques mains amies, notamment celles de Félix Lévitan, journaliste et futur directeur du Tour de France, grâce également aux bidons passés par son jeune frère Guy, au détriment du très restrictif règlement de l'époque. Les Belges sont furieux. Ils n'ont pas réussi à détrôner leur ennemi numéro 1.

À cinq jours de l'arrivée, avec les deux premiers, Maes et Lapébie, séparés seulement de 1 minute 33 secondes, l'indécision est totale. Le suspense demeure d'autant plus, que le jury des commissaires de course décide d'infliger une pénalité de 1 minute 30 à Lapébie. La journée de repos se passe en réclamations, palabres et invectives, avant que les Français, d'abord résolus à abandonner la course, décident de continuer vers Bordeaux. La traversée de l'Aquitaine est électrique. Les spectateurs chauffés par une presse régionale qui hurle à l'injustice, apostrophent violemment commissaires, organisateurs et adversaires de leur vedette. Henri Desgrange, consterné, écrit dans *l'Auto* : « Débarqua à Hostens, étrangère à cette charmante cité, une bande d'abominables voyous qui souillèrent nos voitures et menacèrent de nous faire un mauvais parti ».

L'ambiance est donc délétère et, quand Maes crève, à 35 kilomètres de l'arrivée bordelaise, les Français se déchaînent. Bloqués à un passage à niveau, leurs poursuivants concèderont 2 minutes 33. Pénalisé de 15 secondes pour avoir bénéficié de l'aide illicite de concurrents individuels, Maes voit même son avance réduite à 25 secondes au classement général…

C'est alors que, dans la nuit girondine, à bout de nerfs, loin de la forme qui lui avait permis de s'imposer en 1936, sentant le succès lui échapper, d'autant que la formule de plusieurs étapes à venir, initialement prévues par équipe, a été modifiée afin de gommer l'avantage lié à la force collective de son « Escadron noir », Sylvère Maes et ses partenaires décident de rentrer chez eux, laissant le champ libre à Lapébie qui inscrit ainsi facilement son nom au palmarès du Tour de France. C'était, au demeurant, un véritable athlète du vélo, capable de tous les exploits, lion féroce et instable lorsqu'il est survolté.

Il n'y eut pas de plainte déposée pour le guidon scié, ce qui n'empêcha pas Jean Leulliot d'effectuer une enquête d'une implacable rigueur. Il découvrira que l'auteur du sabotage n'était autre qu'un mécanicien appartenant, en dehors du Tour, à l'équipe Alcyon et qui avait été choisi comme mécanicien de l'équipe de France. De nationalité belge. Ceci explique cela.

Roger Lapébie avait donc remporté l'épreuve, interrompant la longue série des victoires étrangères. Jean Leulliot restait loin d'être étranger à son succès. Quel technicien ! Pourtant, la disgrâce le frappait aussitôt après l'arrivée pour avoir, sans doute, trop bien conseillé son champion.

Il raconte : « La veille de l'arrivée au Parc des Princes, se déroulait une étape contre-la-montre entre Vire et Caen. J'avais reconnu, dans la nuit, les cinquante-neuf kilomètres du parcours et, sur la route, je pus indiquer par mégaphone, à Roger Lapébie, les variations de terrain : *Roger, mets le 15, attention passe le 19, faux plat maintenant, dans cent mètres virage dangereux...* »

Le lendemain, Henri Desgrange écrivait dans *l'Auto* : « Avec Leulliot, le coureur a été transformé en robot. Il a tué l'intelligence de l'athlète... »

Il lui avait reproché, auparavant, d'avoir contourné le règlement en faisant fabriquer des moyeux arrière à double filetage, ce qui avait permis aux Français de profiter de 2 x 3, soit 6 vitesses. Les Belges n'y avaient pas pensé ; Desgrange, pour son règlement, non plus.

Jean Leulliot allait ainsi perdre sa fonction honorifique et se consacrer à son métier de journaliste et d'organisateur de courses nationales et internationales.

Quant à Roger Lapébie, l'omnipotent Desgrange, marqué par ces déchaînements de haine et décidé à donner des gages à ses amis belges, fera en sorte que le vainqueur du Tour 1937 ne soit plus sélectionné pour la Grande Boucle. Après la potence, c'est la branche qu'on lui sciait.

Roger Lapébie est décédé le 12 octobre 1996, à Pessac. Il est resté jusqu'au bout d'une lucidité rare dans l'analyse du sport cycliste, notamment. J'étais souvent à ses côtés dans Paris-Nice.

Quant à Jean Leulliot, il repose depuis le début de l'année 1982 au cimetière d'Achères-la-Forêt. Lors de ses obsèques, une voiture noire couverte de fleurs s'arrêta devant la petite église. Parmi ces fleurs, accroché à l'arrière, également couvert d'une floraison multiple, du guidon aux roues : ce vélo qu'il avait tant aimé. On avait l'impression que sa machine de rêve lui dictait le chemin qui fut toute sa vie pour le conduire à son dernier refuge. Ce n'était, en somme, que pure vérité.

Le vélo l'accompagnera dans sa tombe.

6. *RECORDMAN* À PERPÉTUITÉ

Il s'appelait Albert Bourlon. Je l'ai rencontré plusieurs fois à l'occasion du banquet des anciens du cyclisme et interviewé au cours d'une conférence à Saint-Amand-Montrond. À la question « Comment ça va, Albert ? », il répondait invariablement, après s'être fait répéter la question en raison d'une surdité de plus en plus accentuée : « Toujours communiste ! ».

Son nom s'est inscrit dans l'histoire du Tour de France pour une chevauchée fantastique réalisée en 1947 entre Carcassonne et Luchon. L'exploit mérite d'être conté comme mérite d'être contée la carrière de ce Berrichon, né à Sancergues, dans le département du Cher, le 23 novembre 1916.

À douze ans il était berger, puis allait devenir apprenti tourneur aux usines Renault, à Billancourt. Mais l'appel de la terre était le plus fort. Il revenait alors vers les larges espaces de sa campagne berrichonne. La fée du cyclisme veillait. Dès 1933, il connaissait des succès d'importance, acquis lors du Tour de la Vienne 1937 et de Paris-Châteaumeillant (vainqueur de la 2ème étape) notamment, épreuves marquées par une forte participation de coureurs nationaux. En 1938, après avoir terminé 3ème du Tour de l'Est central, en huit étapes, il se voyait sélectionné au Tour de France qu'il terminait à la 35ème place, s'emparant d'une très belle place d'honneur à Strasbourg (la 7ème) et follement acclamé par les Alsaciens qui saluaient sa qualité de régional.

Ce fut bientôt la guerre. Néanmoins, en 1939, alors qu'il effectuait ses obligations militaires, il obtenait encore le titre de champion du Bas-Rhin sur route, remportait le championnat de la 43ème D.I. et se classait 5ème du championnat de France, le Breton Jean-Marie Goasmat en étant le vainqueur. Mais ensuite Albert Bourlon passa, impuissant, dans les fermes allemandes et les stalags, de longues années de prisonnier. Il parvint à s'évader, traversa la Pologne, la Slovaquie, puis la Hongrie et, enfin, la Roumanie où il allait demeurer jusqu'à la fin du conflit et où, en 1944, avec l'aide de sportifs roumains, il parvint à reprendre le chemin de la compétition. Il avait déjà 27 ans. Il connut les courses pédestres, puis cyclistes. Il gagna, en cyclisme, la course Bucarest-Ploesti et retour.

Rapatrié en janvier 1945, il reprit la route avec sa machine d'avant-guerre. Il s'en alla en Bretagnc où les courses de kermesses permettaient de subsister. Il remporta le grand prix des Montagnes noires, à Leuhan, dans le centre du Finistère et termina troisième du grand prix de Gourin (Morbihan), derrière Robic qu'il allait retrouver l'année suivante dans l'épreuve Monaco-Paris, appelée « Petit Tour de France ». Il se manifesta dans les cols alpestres passant en tête au sommet du col d'Allos, devant Jean Robic cette fois.

En 1947, il remporte Paris-Bourges devant tous ses supporters, ce qui lui ouvre les portes du grand Tour de France qui prend son essor le surlendemain. Il officie dans l'équipe du Centre-Sud-Ouest (dossard 82) en compagnie de Raphaël Géminiani, Antoine Latorre, Camille Danguillaume, Jo Dessertine, Roger Lévêque, Alfred Macorig, Jo Néri et Yves Pieracci. Marqué par la malchance en début de Tour, il se comporte ensuite avec brio dans les Alpes et termine, notamment, 3ème de l'étape Besançon / Lyon, derrière Teisseire et Fachleitner, au terme d'une folle chevauchée le sixième jour. Il était à la recherche d'une victoire d'étape, mais celle-ci se faisait attendre.

Lors du tracé Montpellier / Carcassonne, un groupe se détache mais Albert rate le wagon. Profitant d'un petit col, il part seul et lutte durant trente kilomètres sans pouvoir rejoindre les premiers, prenant une modeste minute au peloton principal. Ce qui fait dire à Pierre Gallien, directeur sportif d'une autre formation, qu'il allait payer cher, le lendemain, cette folle débauche d'énergie toute gratuite.

Le lendemain ? Les coureurs entamaient la 14ème étape Carcassonne / Luchon (253 kilomètres). La veille au soir, l'un de ses équipiers qui avait abandonné, était venu annoncer à l'équipe du Centre-Sud-Ouest, à l'hôtel du Commerce, rue Armagnac, qu'une prime de 20 000 francs figurait au programme, à Couiza-Espéraza, 38 kilomètres exactement, après le départ. C'était une belle somme qui équivalait au prix du vainqueur d'une étape.

Au sein de la formation, il avait été décidé que les sociétaires attaqueraient, à tour de rôle, dès le départ officiel, donné lancé, à 8 heures, route de Limoux. Après les coups de boutoir de Roger Lévêque, Antoine Latorre et autres, le sort désigna Bourlon pour conclure et aller ainsi glaner cette prime offerte par l'industrie de la chapellerie, alors très florissante dans cette région d'Espéraza. Le plus dur était de creuser un écart. Les foules de Rouffiac d'Aude, de Cepie, de Limoux, d'Alet virent passer Bourlon qui augmentait progressivement son allure pour finalement rafler la mise. Un ancien se manifestait dans la « cité des dinosaures ». Il n'y avait là rien que de très naturel.

Quelques kilomètres plus loin, se présentait le petit col du Portel qui surplombe la ville de Quillan. Bourlon décida de continuer sur sa lancée et monta cette aspérité à une allure soutenue, ne souhaitant, en aucun cas, attendre la meute qui devait désormais en avoir terminé avec ce que l'on pouvait considérer comme l'échauffement des premiers kilomètres. Il gravit ensuite allègrement le petit col de Babourade. L'ardoisier, bien vite, lui annonça qu'il possédait plus de 16 minutes d'avance sur le peloton. Il comprit, dès lors, qu'il pouvait aller au but et remporter l'étape. Aucun affolement dans sa conduite : il prit soin de se ravitailler au contrôle de Tarascon-sur-Ariège et reprit son allure ferme mais pondérée. Après de longues pédalées, un motard de service vint l'informer qu'il possédait, désormais, 29 minutes 30 d'avance. Il gravit le col de Port à son rythme, concédant quelques 8 minutes aux poursuivants, minutes qu'il reprenait aussitôt dans la portion plate, après la descente.

Au col de Portet-d'Aspet, alors que, de l'Ariège, il entrait dans le département de la Haute-Garonne, il gravit la pente en pleine possession de ses moyens avec une avance de 22 minutes. Le modeste col des Ares ne fut ensuite qu'une formalité et les 30 kilomètres de plat restant, avec une brise complice dans le dos, le conduisirent, enfin, à la victoire sur les allées d'Étigny, à Luchon, après une chevauchée de 253 kilomètres sans la moindre défaillance. Une foule en délire l'accueillit, ainsi que le boxeur Marcel Cerdan. Les bains-douches étant à côté de la ligne d'arrivée, il put, après avoir fait ses ablutions et vêtu sa tenue civile, voir arriver, 16 minutes 30 plus tard, ses poursuivants : Norbert Callens, Giordano Cottur, Joseph Tacca et Jean-Marie Goasmat. Le peloton, comprenant le Maillot jaune René Vietto et Jean Robic, franchissait la ligne avec un retard de 24 minutes 30.

À l'arrivée, il apostropha les commissaires de course, leur criant : « Alors, vous m'avez vu, cette fois ? » Explication : deux étapes auparavant il avait dû porter réclamation car les officiels l'avaient oublié dans le classement[1], puis il gagna sans hâte l'hôtel de France, à quelques mètres de là, l'allure dégagée, fier de l'exploit accompli.

Quoi qu'il en soit, Albert Bourlon devenait ainsi le *recordman* de la plus longue échappée solitaire dans le Tour de France. Il le restera à vie car l'Union cycliste internationale n'autorise plus de telles distances lors des étapes du Tour. Avec 16 minutes 30 d'avance, il est également, aujourd'hui, sur les tablettes, le sixième écart le plus important de l'histoire. Il termina ce Tour de France à la 21ème place et demeura dans les rangs professionnels jusqu'en 1951. Il se contenta, dès lors, de courir des épreuves régionales, remportant à 40 ans et demi, le 8 mai 1957, le grand prix de l'aéroport de Bourges.

Il se retira ensuite définitivement des pelotons. La relève était assurée par des coureurs berrichons qu'il avait vus entrer dans le métier, tels Jean-Marie Cieleska ou Jean Graczyk, encadrés par

---

[1] Alors qu'il avait terminé au 5ème rang, très nettement, les juges à l'arrivée le classèrent 5ème *ex-aequo*, ce qui constituait une injustice flagrante.

un routier chevronné : le Vierzonnais Georges Meunier.

En octobre 2014, à l'âge de 96 ans, victime d'un accident vasculaire cérébral, Albert Bourlon décidait à l'hôpital de Bourges. Il était, jusque là, le doyen des coureurs français, encore en vie, à avoir participé au Tour de France d'avant-guerre.

7. UN SI LOURD FARDEAU

Mûr-de-Bretagne se situe en plein cœur de l'Armorique et reste la terre de la tranquillité et du silence. Même en 1947, un certain 18 juillet, le public y trouva son compte. Cette fois, pourtant, le silence se transforma en vacarme. Le Tour de France, pour la première fois de son existence, franchissait la côte de Mûr, au cours de l'une des dernières étapes. Il s'agissait d'un tracé se déroulant contre-la-montre, individuellement, entre Vannes et Saint-Brieuc (139 kilomètres) ; l'une des plus longues étapes que les concurrents du Tour aient eu à affronter dans cet exercice.

Il s'agit, ici, de l'ancienne route royale Lannion-Vannes qui, soucieuse de la ligne droite, attaque hardiment la pente du sud au nord. Elle semble avoir été tracée pour les quadriges romains. C'est au duc d'Aiguillon, commandant en chef de la Bretagne durant quinze ans, sous le règne de Louis XV, qu'on doit le tracé de cette grande artère qui fit partie d'un vaste réseau de grands chemins. La pente générale est de 11 % et, à son beau milieu, au ressaut de Kermur, elle atteint 14 %. Au sommet, on peut contempler l'agglomération mûroise dans son cadre de collines boisées.

En 1947, Robic était porté par une foule en délire dans la côte de Mûr. Là où les concurrents éprouvaient le besoin de souffler un peu et de baisser de rythme, le Breton accélérait la cadence, ce qui lui valait de passer à la deuxième place du classement derrière le Belge Raymond Impanis et troisième du classement général. Il poursuivait ainsi une belle progression qui allait lui permettre, le dernier jour, de remporter l'épreuve. Cette étape de Vannes à Saint-Brieuc, il l'avait bien préparée, la veille, lors de la journée de repos. Sans ménagement, il était allé rouler derrière la moto d'un ami, nez dans le cintre. Il se payait des *sprints* d'une violence inouïe.

Sa femme, épousée quelques jours avant le départ, était venue le voir dans la cité vannetaise où elle possédait de la famille. Bien entendu, elle avait décidé de partager la chambre de son mari et celui-ci racontera la scène : « J'éteins la lumière, Raymonde rallume. Je lui ordonne d'éteindre. Elle finit par s'incliner, mais elle se met à siffler avec des roulades de gorge énamourées… C'en était trop ! J'explose, je hurle et lui délivre une bourrade qui excluait toute perspective de tendresse. Elle a fini par s'endormir de son côté, moi du mien. Le Maillot jaune d'abord. À Paris, après l'arrivée, nous aurions tout le temps pour la bagatelle ».

Puisque nous évoquons le Tour de France 1947, inutile d'ajouter que le paysage français, à cette époque, pansait doucement ses plaies. Le pays reprenait vie. La France retrouvait ses vieux démons en matière de partis politiques et syndicaux. Des conflits ouvriers prenaient naissance dans les entreprises mais le Tour apportait une telle part de rêve que Paul Ramadier, alors président du Conseil, proclamera, un jour : « Faites des économies sur tout sauf sur le Tour de France ! ».

Parallèlement, l'infrastructure hôtelière connaissait encore des faiblesses lacunaires. Au Sables-d'Olonne, au terme de la 17ème étape et à quelques jours de l'arrivée du Tour, quelques établissements n'avaient pas totalement rénové toutes leurs chambres. C'était le cas du Grand Hôtel, quai Wilson et de l'hôtel Jouet, rue Chanzy. Il fallut déplacer deux équipes qui connurent alors le confort sommaire et austère d'un monastère.

Les moines accueillirent avec un étonnement ravi deux formations : l'équipe hétéroclite des « Hollandais et étrangers de France », comprenant le Belge Victor Joly, le Polonais Édouard Klablinski, et l'Italien de Beaulieu-sur-Mer, Fermo Camellini, notamment.

Avec eux, entrait au monastère l'équipe de l'Ouest, à laquelle appartenaient Jean Robic, futur vainqueur du Tour, l'Alréen Pierre Cogan et son ami Jean-Marie Goasmat. On notait aussi la présence du plus jeune de l'équipe et du Tour, Gaston Rousseau, vingt-deux ans, originaire de Bléville-en-Auge, dans le département du Calvados. C'était un coureur petit de taille, mais solide, à la musculature fine, doté d'une grande résistance éprouvée par la pratique du métier de scieur de long.

Fruit du hasard, Camellini et Rousseau se retrouvèrent côte à côte au petit-déjeuner. Le jeune garçon regardait avec envie l'Italo-Français qui avait remporté durant ce Tour deux belles étapes de montagne, dans les Alpes : la 8ème étape, Grenoble / Briançon, et la 10ème, Digne / Nice. Sa force tranquille semblait, pour le Normand, dissiper les malédictions.

Fort de ces deux succès, Camellini se permettait d'élever la voix lorsqu'il le jugeait bon. Au monastère, dont le service était assuré par les moines, Fermo trouva le café trop fade, le pain un peu dur, le beurre quasi inexistant, les compotes ou les confitures trop rares. À plusieurs reprises, il s'insurgea. Chaque fois, les moines accouraient pour tenter de le calmer. Chaque fois aussi, il prenait à témoin le jeune Gaston Rousseau qui, par admiration pour l'Azuréen, allait un peu dans le sens de son prestigieux aîné.

Au milieu des agapes, Camellini haussa un peu plus le ton et le supérieur du monastère, en personne, se déplaça. « Mais enfin vous n'avez pas besoin de vous emporter de la sorte comme un tribun. À ce que je sache, vous n'êtes pas Voltaire, vous n'êtes pas Rousseau ! ».

Mais Camellini eut le mot de la « faim » : « Justement, monsieur le Curé, Rousseau aussi réclame sa confiture ! ».

Jean Robic avait su se bâtir une légende. Il y avait en lui quelque chose de surnaturel, dans son énergie, son courage physique et moral, qui fascinait le public. Il était obstiné, cabochard. Jamais il n'illustra mieux l'image du Breton têtu. « Vas-y, Robic ! » Cet encouragement affectueux, il l'entendit toute sa vie, depuis sa victoire au Tour de France 1947, jusqu'à ce dernier Tour où il fut éliminé sans gloire, à Chalon-sur-Saône, à quelques heures de l'arrivée de l'édition 1959. Tous ceux de ma génération comme ceux de la précédente, ont crié « Vas-y, Robic ! » en apercevant n'importe quel quidam courbé sur un vélo. Ce fut un véritable cri de guerre et le Breton me raconta un jour, lors d'un reportage, que, gravissant en compétition une côte de la vallée de Chevreuse et enregistrant les « Vas-y, Robic ! » qui le portaient comme une vague immense, il entendit un « Vas-y, Bobet ! » et pensa alors : « Jean, ton étoile pâlit ! ». Le fait que tout coureur cycliste ait pu se trouver, dans l'esprit populaire, identifié à Jean Robic, suffit à montrer l'extraordinaire célébrité de ce petit Armoricain.

Même lorsque Louison Bobet atteignit le sommet de son art, rien ne permettait de prétendre qu'il avait battu sur son propre terrain, c'est-à-dire en Bretagne, Jean Robic, en matière de popularité. Bobet était un champion. Robic avait lui aussi été un champion dans son genre mais il était devenu avant tout un phénomène.

Il refusait la souffrance comme il balayait la défaite. C'est là, le plus souvent, ce que l'opinion retenait de lui. Beaucoup ignoraient que Robic connaissait une passion immodérée pour la bicyclette et la mécanique en général. S'il avait mis en pratique tout son savoir, la technique du vélo aurait progressé de manière stupéfiante. Son exploit le plus singulier relève cependant du domaine de la technique automobile. Il fut en effet amené à réparer une boîte de vitesses, en pleine nuit, seul sur la route, à trois cents kilomètres de Paris, et parvint à s'aligner au départ du championnat de France, quelques heures plus tard à Montlhéry.

La grande gloire de celui que l'on surnommait « Biquet » (sobriquet que lui avait un jour décerné le routier Eloi Tassin, qui l'avait d'abord appelé « Robiquet ») était d'avoir remporté, en 1947, le premier Tour de France de l'après-guerre. Il ne l'avait pas volé. Sur l'ensemble de l'épreuve, il s'était révélé le routier le plus complet. La dernière étape est entrée dans la légende : Robic démarre dans la côte de Bonsecours, à la sortie de Rouen, rejoint Édouard Fachleitner, sociétaire de l'équipe de France. Pierre Brambilla, porteur du Maillot jaune, est lâché. Robic et Fachleitner finissent ensemble au Parc des princes et Robic gagne l'épreuve.

Jamais plus, par la suite, il ne sera en mesure de l'emporter, mais au crépuscule de sa carrière sportive, il continue de se battre, malgré des chutes qui n'ont de cesse de le handicaper.

Il restera un personnage qui ne laissait jamais indifférent et jamais il ne passait inaperçu, avec sa tête casquée, ses oreilles d'éléphanteau, son visage tavelé. On l'aimait ou on ne l'aimait pas, mais sa popularité ne prenait pas une ride. Il déconcertait par sa mauvaise foi, mais, l'instant d'après, devenait touchant de sincérité, comme en témoigne cette anecdote qu'il avait plusieurs fois évoquée devant moi.

Un jour, dans un train, il se mit à raconter à un vieux monsieur ignorant de la chose cycliste ce qu'était son métier : « Il ne savait pas ce que signifiait prendre un relais dans un peloton, expliquait-il. Regardez, lui ai-je dit, les canards quand ils sont en groupe. Il y en a toujours un qui mène puis, ensuite, il s'écarte, passe à la queue, et c'est au tour d'un autre canard de passer devant. Eh bien, nous, nous faisons comme le canard parce qu'il est difficile de rouler toujours seul devant, face au vent qui souffle ! »

Je l'ai fréquenté durant de nombreuses années, je peux même dire jusqu'à sa mort accidentelle, près de Claye-Souilly, en Seine-et-Marne, le 6 octobre 1980. Il menait à Paris, dans les années 1970, une existence de vagabond, traînant d'hôtel en hôtel, mais ne se lamentait jamais sur son sort. Il entra ensuite au service de l'ancien coureur normand Eugène Letendre, qui l'engagea dans l'entreprise qu'il dirigeait comme monteur de bureaux dans différentes administrations. « Gégène » n'eut qu'à se louer de son travail tant Robic se montra génial dans cette tâche, affichant une belle virtuosité dans ses doigts voltigeurs. Il était resté un technicien hors-pair.

Je lui avais demandé à plusieurs reprises de me raconter l'histoire du bidon de plomb qu'il avait un jour adopté, dans le Tour de France 1953, afin de peser plus lourd dans la descente des cols. Son directeur sportif Léon Le Calvez l'avait aussi évoqué devant moi mais je craignais que mon ami Léon n'oubliât quelques détails. Je souhaitais donc y ajouter la version de « Biquet ». Puis, avec tous les recoupements, je pensais pouvoir livrer la narration définitive car le sujet avait été particulièrement galvaudé dans la presse et dans différents écrits.

En 1953, donc, le Tour de France campe dans le sud-ouest, au terme de la 8ème étape Nantes / Bordeaux, étape-marathon de 345 kilomètres, mais qui s'avère une course monotone. Le géant Hollandais Jan Nolten l'a emportée, lâchant ses compagnons d'échappée dans les faubourgs de la cité bordelaise.

Les coureurs de l'Ouest se montrent satisfaits. Au sein de l'équipe, Jean Malléjac a déjà gagné la 5ème étape, Dieppe / Caen, François Mahé et Bernard Bultel ont terminé à l'honneur, à Bordeaux…

Porte-drapeau de cette équipe en maillot blanc, Robic annonce la grande forme. Malgré quelques avatars, il s'affiche plus vindicatif que jamais. Les cols sont proches et il se sent revivre. Avec Léon Le Calvez, il échafaude des projets. Dans la montagne (il en est sûr), il va lâcher ses rivaux. Mais Le Calvez le taquine sans cesse :

« Dans les cols, lui dit-il, tu te montreras le meilleur, mais dans les descentes tu es trop léger. Tu ne feras pas… le poids.

Jean tempête.

– Cela ne m'a pas empêché de triompher, auparavant, dans les étapes montagneuses…

– Peut-être. Mais tu vieillis, comme tout le monde…

– Je fais le même poids qu'en 1947 !

– D'accord ! Mais, crois-moi, il faut un "truc" pour t'alourdir. »

Robic approuve. Tout cela est cependant facile à dire…

L'idée jaillit au cours de l'étape suivante, Bordeaux / Pau. Le soir, dans la chambre, avant le dîner, Robic et Le Calvez sont à nouveau face à face. L'un d'eux lance une idée étonnante : pour alourdir le vélo et vaincre la légèreté physique du routier breton, il faut remplir de plomb l'un des bidons. Les récipients des coureurs, à cette époque, sont encore en duralumin (ils ne seront en plastique que l'année suivante).

Je n'ai jamais pu savoir qui de Robic ou de Le Calvez fut à l'origine de ce bidon-miracle, chacun revendiquant l'idée pour son propre compte. En tout état de cause, les deux y avaient contribué et décidèrent que l'opération aurait lieu à la fin de l'escalade du col du Tourmalet, au cours de l'étape Cauterets / Luchon.

Pour l'heure, le Tour de France stationne à Pau et le directeur sportif s'est déjà informé de l'atelier qui pourrait assurer l'éventuelle réalisation. Il quitte très vite la table de restaurant de l'hôtel du Commerce et se rend à l'adresse indiquée. Hélas, un premier essai de plomb fondu s'annonce désastreux, car le fond du bidon aussitôt se détache.

Dans une entreprise de chauffage central où il existait de vieux bouts de tuyaux en plomb, on lui conseille de tremper le bidon dans une bassine d'eau.

« Mais l'opération restait dangereuse, soulignera Le Calvez car, je ne sais trop pourquoi, le bidon risquait d'exploser sous la pression des gaz. L'ouvrier ayant refusé d'accomplir ce travail, je m'en étais chargé, sans être autrement rassuré. Il restait encore du vide. Pour le combler, je fis rapidement le tout de plusieurs armureries afin de rafler, à leur profonde stupéfaction, tout ce que je pouvais trouver comme plombs de chasse. Le travail achevé, mon bidon arrivait au poids respectable de 9,850 kg[1] et possédait une apparence tout à fait normale… »

Le lendemain, à Cauterets, à la veille de la grande étape pyrénéenne, Robic termine deuxième derrière le grimpeur basque Jesus Lorono. Le soir, il se montre d'un optimisme qui déconcerte presque : « Demain, assure-t-il, je gagne l'étape, je prends le Maillot jaune et je conforte mon Maillot vert ». Quelle assurance !

Tous ses équipiers se déclarent prêts à se dévouer corps et âme. Il n'y a plus qu'à attendre cette 11ème étape, Cauterets / Luchon, par les cols du Tourmalet, d'Aspin et de Peyresourde.

Robic recommande à Le Calvez avant le départ :

« J'ai l'intention d'attaquer dès le pied du Tourmalet. Tâche de passer au plus vite, devant, avec ta *jeep*, tu sais pourquoi… »

Mais les plans du chef de file se trouvent déjoués par le Suisse Fritz Schaër qui, avant Barèges, pied du Tourmalet, démarre en compagnie de Lorono et de José Mirando. Les fugitifs n'ont pourtant qu'une mince avance quand on aborde le redoutable col. Le mauvais temps s'accentue. Il ne pleut pas mais le froid s'appesantit. Un épais brouillard, de plus en plus

---

[1] Ce poids m'a été communiqué par Léon Le Calvez, lui-même, mais selon certains techniciens interrogés, le poids ne pouvait dépasser 7 à 8 kg !

dense à mesure que l'on s'élève vers la cime, enveloppe la montagne d'un manteau hostile. Atmosphère sinistre. On se croirait dans un film d'épouvante.

Robic, que l'on devine farouche et déterminé, rejoint bientôt le fantomatique cortège et prend la tête en commençant son œuvre de destruction. Il monte puissamment, implacablement, sans modifier sa cadence, sans se retourner non plus et, derrière lui, les hommes décrochent un à un. Bientôt, il ne reste plus dans son sillage que Jean Le Guilly et Louison Bobet, tous deux sociétaires de l'équipe de France. Avant le sommet, Bobet lâche prise. Léon Le Calvez apparaît serein dans sa *jeep* directoriale en compagnie du commissaire de course qui lui a été désigné, un dénommé Lavallé, personnage peu complaisant, à l'œil pervers, bras droit du président du collège des commissaires, Henri Boudard. Près de Léon se trouve également le mécanicien Vaslin, plus connu sous le sobriquet de « Que-Que » en raison de son fort bégaiement.

La difficulté consiste alors à passer le « ravitaillement » à Robic juste avant la descente du Tourmalet, à un endroit où il est justement interdit par le règlement, et donc en déjouant la vigilance du commissaire. Le Calvez paraît soudain nerveux. En effet, il avait dit à Robic, la veille, puis le lui avait rappelé au départ : « En montant le col tu feras semblant de montrer une ou deux fois que ton cintre est desserré car "Que-Que" va mettre le bidon dans sa combinaison et descendra de voiture pour te le placer dans le porte-bidon. Tout en jouant avec une clé à molette ! ».

Mais Robic, dans le feu de l'action, oublie la consigne. Qu'importe ! Le Calvez a plus d'un tour dans son sac. Il raconte :

« À plusieurs reprises, je dis à voix haute, afin que mes propos soient bien perçus : *Robic a quelque chose qui ne va pas dans son vélo !* Et, m'adressant plus spécialement au commissaire de course (il y en a un dans chaque voiture) :

– Regardez ! Il vient de taper sur son guidon…

– Je n'ai rien vu.

Je recommence un peu plus loin :

– Mince ! Robic vient de taper encore. Son guidon est sûrement desserré. Vous avez vu ?

– Je n'ai pas fait attention, mais c'est possible.

À un kilomètre du sommet, afin que le commissaire Lavallé l'entende bien, je déclare avec autorité au mécanicien Vaslin, placé bien entendu dans la confidence : *Nous allons passer devant. Tu vas prendre une clef, tu descendras après la banderole en voltige et tu donneras quelques tours de vis au cintre.* »

Le mécanicien se montre très adroit et tout se passe à merveille. Robic est passé en tête au sommet devant Le Guilly. Quelques secondes plus tard, l'opération est réalisée.

Mais l'histoire ne s'arrête pas là. Robic, non plus, qui va gagner l'étape, à Luchon, en passant en tête au sommet des deux autres cols : Aspin et Peyresourde.

Le soir, à table, à propos du bidon, il apporte quelques détails croustillants. Ainsi, vers le troisième ou quatrième virage de la descente, alors que le brouillard était particulièrement dense, il freine trop brusquement, dérape sur le gravier et tombe, sans aucun mal d'ailleurs. Dans la chute, le lourd bidon sort de son alvéole et les rares spectateurs qui se trouvaient là peuvent alors assister à cette scène insolite : Robic, abandonnant son vélo sur le côté de la route, se met à galoper pour récupérer son bidon qui dévale rapidement la pente. Il le confie ensuite à un spectateur avec mission de le donner à sa *jeep* suiveuse. « L'opération-bidon » aura vécu.

L'énigme sera élucidée par le journal *l'Équipe*, trois jours plus tard grâce à une confidence de Léon Le Calvez au journaliste Jacques Augendre. Ce dernier titre, en page trois, lors de l'étape Béziers / Nîmes : « Pour descendre le Tourmalet, Robic pesait dix kilos de plus !... »

Après le Tour paraît un nouveau point au règlement du Tour de France, stipulant qu'en aucun cas les vélos ne doit connaître de surcharge de quelque nature que ce soit.

Robic, devenu Maillot jaune du Tour 1953, à Luchon, passera son trophée, le lendemain, à Albi, à son coéquipier François Mahé, lequel le cèdera à son ami Jean Malléjac dans l'étape Albi / Béziers.

« Biquet » sera quant à lui victime d'une chute au col de Fauredon, dans cette étape biterroise et, blessé, amer, se retirera de l'épreuve le lendemain.

Désormais, Robic connaîtra au Tour de France des accidents à répétition. En 1954, par exemple.

8. AU FER ROUGE DU MALHEUR

Un drame va se jouer à l'issue de la deuxième fraction de la 4ème étape Rouen / Caen du Tour de France 1954. Le Hollandais Wim Van Est remporte l'étape en solitaire puis le peloton, composé de soixante-dix huit hommes, se présente. Robic s'apprête à *sprinter* sur le circuit de la Prairie. Il se trouve en 9ème position à l'extrême gauche de la chaussée que l'on a rétrécie aux abords de la ligne d'arrivée, la séparation étant assurée par un piquet de fer sur un socle de béton. Lorsque le dernier CRS, tout près de la ligne d'arrivée, aperçoit le peloton gigantesque, écarté en éventail sur toute sa longueur, il prend peur et, dans un réflexe, croit bon d'élargir la route en écartant le dernier piquet de délimitation. Le peloton lancé dans un *sprint* étourdissant, s'étend donc davantage. Mais, en laissant le champ libre aux concurrents, le CRS est loin de penser aux photographes et cameramen qui, jouant sur le rétrécissement de la route, l'œil rivé à l'objectif, n'ont pas le temps matériel de s'écarter... L'accident survient. Jean Robic percute de plein fouet Jean Forgue, un opérateur de prises de vues engagé par la société du Tour pour réaliser, quotidiennement, le film de l'étape patronné par Nescafé. Visage ensanglanté, le cameraman bascule en arrière, tandis que Robic s'écroule lui aussi sur l'asphalte.

La suite, qui prend un tour tragi-comique nous est révélée en partie par Félix Lévitan, dans *le Miroir des Sports*, qui nous livre quelques détails.

Dans la 203 Peugeot blanche de Léon Le Calvez, qui ouvre la route à grands coups de klaxon dans les rues de Caen, Robic, la tête sur l'épaule de son directeur sportif, grimace de douleur.

« Alors, où est-il, ce médecin ?

– Là, à droite… »

C'est un habitant de la ville qui parle. Il s'est offert de conduire le champion breton chez le praticien le plus proche et se perd dans sa cité : « C'est là… non à droite… »

Le chauffeur a passé la rue : marche arrière, virage trop sec, et Robic, projeté sur Le Calvez, lance un cri de douleur :

« Doucement, bon Dieu ! rage Le Calvez : t'es complètement fou ! »

Est-ce là ? Non, plus loin… Le chauffeur d'occasion s'affole : il n'y est plus du tout. Il interroge les passants. « Quoi ? La deuxième après le passage ? Ah ! oui, c'est vrai… » Ils sont enfin dans la bonne voie, mais le docteur recherché n'est pas là…

« Allons à l'hôtel Saint-Michel. C'est là que la Croix-Rouge attend les coureurs pour d'éventuels premiers soins ! »

Il eut fallu commencer par là et Le Calvez regrette d'avoir écouté ce spectateur qu'il a débarqué sur le chemin du retour.

« Le docteur Berthy te soignera.

– Non ! »

C'est net, catégorique, sans appel. C'est du Robic tout pur. Une idée à lui.

Le Calvez insiste : « À l'hôtel de la Croix-Rouge ».

Rue de Vaucelles. L'ambulance est là, au bord du trottoir. Les infirmières sont à pied d'œuvre, étonnées de n'avoir pas vu encore arriver le blessé qui leur a été signalé. Le voici, ensanglanté, geignant, la bouche mauvaise : « Ne me touchez pas… ».

Elles en ont vus d'autres, ces infirmières de la Croix-Rouge attachées au Tour de France, et un blessé, ça s'aborde de plein front :

« Qu'est-ce qui se passe, mon ami ?

– Ne me touchez pas… Je ne veux pas qu'on me touche. Trouvez-moi un médecin de la ville. Léon, partons, j'ai mal, partons, Léon.

– Le docteur va arriver.

– Non, non…

– Qu'est-ce qui vous arrive, vous êtes fou ? Pourquoi ne voulez-vous pas être soigné par notre docteur ? C'est un homme de grande valeur et d'un dévouement exemplaire. Vous déraisonnez, monsieur Robic, vous déraisonnez… »

C'est presque ça ! Le voici lancé dans un long discours : « L'an dernier, vous comprenez, à Béziers, après ma chute, j'avais… »

Quelqu'un l'interrompt. On ne saura jamais les griefs qu'il porte à l'encontre du bon docteur Berthy.

Léon Le Calvez est pris de pitié : « Viens, partons… »

Les voici à leur hôtel (hôtel Bazile, rue Promenade-du-Fort). Le directeur de l'établissement a fait venir le docteur Mabile, médecin à barbiche, nœud papillon sur la poitrine. Il se penche avec ses grosses lunettes d'écaille sur le patient, promenant ses mains sur le blessé.

« Pas de fracture, conclut-il, mais vous allez souffrir énormément… »

Robic le sait. Mais pour lui, la médecine traditionnelle ne suffit pas. On lui parle d'un « guérisseur ». On ne sait guère qui lui a suggéré la chose. Lui-même en a sans doute parlé car on l'entend dire, convaincu : « Il me sortira de là !… » Comme si le fluide du guérisseur le plus doué était susceptible de redonner vie à des muscles écrasés. « Et surtout, a dit le guérisseur en partant, surtout que tout cela ne voie pas la lumière : demain ce sera fini… »

Demain !

L'opacité de la nuit n'a rien arrangé. L'aube s'est levée sur un blessé grelottant de fièvre, à l'épaule gauche pétrifiée. « Que «tout cela» ne voie pas la lumière… » Cette recommandation eût dû éveiller les soupçons : elle n'a fait qu'endormir les inquiétudes. Une nuit a été perdue.

« Comment te sens-tu, Jean ?

– Mal, très mal. Je ne peux pas bouger le bras, Léon. Je crois bien que c'est fini encore une fois. »

Le Calvez a envie de dire : « Tu ne crois pas que le docteur du Tour… ? » Il n'ose pas. La médecine orthodoxe et Robic sont fâchés. Quant au rebouteux, il ne s'est plus montré…

« Qu'est-ce que tu décides ?

– J'abandonne. »

Coureurs, journalistes, photographes… tous sont venus faire leurs adieux au vaincu. Il n'a pas pleuré, il ne s'est pas plaint. Il a longuement contemplé le Maillot jaune de Bobet. « Tu as de la chance de continuer… » Les reporters présents ont pieusement enregistré cet aveu de détresse, et certains, dans l'éclat des flashes, ont cru discerner une larme au coin de l'œil de « Biquet ».

Les ans ont creusé ce grand front lourd de sombres pensées. Douze mois, à une certaine époque de la vie d'un athlète, c'est un handicap insurmontable. Robic sait ce qu'il rate et redoute ce qui l'attend. Il serre les mains qui se tendent : « Merci d'être venu. » Cela ressemble à un défilé de condoléances. C'est horrible. « Merci, c'est gentil… » Il a cependant un mot aimable pour chacun. « Monsieur Goddet, c'est pas de veine tout de même… J'ai senti en plein *sprint* que je heurtais quelque chose de dur. Ca m'a déporté violemment, j'ai redressé, je me suis débattu comme au volant d'une voiture et je me suis arrêté, je ne sais pas comment ! Mais qu'est-ce qu'il faisait là, ce caméraman, qu'est-ce qu'il faisait là ? » [1].

Avant de le laisser à sa solitude, ses équipiers sont aussi venus le réconforter.

« Soyez courageux, leur a-t-il dit, et n'hésitez pas à attaquer ! »

La chambre s'est vidée, le Tour est reparti, Robic s'est essuyé le visage avec ses bandages. Il a pleuré. Il est seul.

Une année s'est écoulée, Robic revient au Tour. Il anime les premières étapes, se montre dans les Alpes, mais, nouvelle fois, des chutes le handicapent et il se retire dans l'étape Cannes / Marseille.

Dans une rue proche, la terrasse d'un café lui sert de tribune. Il y pérore en présence de quelques suiveurs officiels et de nombreux curieux. Sur le grand front aux cheveux toujours un peu plus rares,

---

[1] Le caméraman Jean Forgue sera limogé au soir de cette étape. Sanction injuste. Il n'était en aucun cas responsable de l'accident. Un jour auparavant, lors de l'étape Lille / Rouen, la voiture de Jacques Goddet renversa le coureur du Sud-Ouest René Remangeon. Celui-ci arriva, seul, près de 25 minutes après le vainqueur. Cette fois, Jacques Goddet se garda bien de renvoyer le chauffeur dans ses foyers. Deux poids, deux mesures…

les yeux vifs et fureteurs brillent d'un étrange éclat, tels des yeux de malade dévoré par la fièvre. Quelques taches de rousseur mouchettent ses joues pâles et creuses. La parole est vive, tranchante, maussade. Robic pose des problèmes et en donne les solutions sans attendre. Il est sûr de lui (comme toujours) et cependant a parfois des mines d'homme traqué. Il s'en prend à Bobet : « Oui, on ira le chercher, mes Bretons et moi… » Ou encore : « Il n'est pas le plus fort, je le lui montrerai… »

Tel est le discours de Robic, l'après-midi du samedi 16 juillet, à Monaco. Au terme de l'étape suivante, c'est l'abandon sans phrase, le renoncement pur et simple, la détresse de l'homme usé à la tâche. Il descend de vélo sans crier gare, arrache son casque, éponge son front ruisselant de sueur et demande à boire…

Le Tour de France 1956 l'attend. Aucun concurrent, en effet, sur le papier, ne justifie le pronostic. Robic se déclare prêt et la presse le plébiscite car lui faut une tête d'affiche. Mais, une fois de plus, patatras !

À quelques jours du départ, il part s'entraîner dans la forêt de Rambouillet lorsqu'une voiture le heurte. Il voit la mort de près. Un comble : le chauffeur s'appelle monsieur Paradis !

« Biquet » ne participera pas au Tour 1956 et l'on pense, de toute façon, qu'il faut désormais tirer un trait définitif sur sa venue dans la Grande Boucle. On a tort.

Il est de retour en 1959. Le truculent Jean Mazier, toujours directeur technique de la formation Paris-Nord-Est, fait appel à lui. Jean Robic a trente-huit ans. Le voici au départ à Mulhouse, nanti du dossard 171, aux côtés de jeunes équipiers, pour la plupart néophytes de l'épreuve, tels Jean Hoffmann, Orphée Ménéghini, René Pavard, Michel Vermeulin.

Son nom ne résonne que modestement dans les gazettes. « C'est le champion du courage qui s'essouffle à courir après son passé », écrit Robert Colombini, dans l'*Équipe*.

« Biquet » est resté provocateur en diable, fustigeant la malchance qui l'a accablé durant toute sa carrière.

Et voici cette malchance qui arrive à nouveau à grands pas. Dans la 3ème étape, Metz / Roubaix, le peloton s'étire le long d'une route en béton assez belle qui ne préfigure en rien les chemins pavés que les coureurs vont emprunter quelques kilomètres plus loin. Louison Bobet s'est porté à la hauteur de Jean Robic, impressionné par son aisance, pour lui demander quels braquets il utilise pour la circonstance. Brusquement, l'Anglais Brian Robinson, qui se trouve devant eux, effectue un écart et tombe, entraînant dans sa chute l'Espagnol Antonio Suarez, Jean Robic et son coéquipier Orphée Ménéghini, ainsi que Louison Bobet.

Les hommes se relèvent très vite, plus ou moins grimaçants et regardent leurs roues tordues. Déjà les mécaniciens s'affairent. Antonio Suarez paraît le plus marqué et se tient l'épaule. Bobet ne semble pas touché ; Robic, en revanche, souffre du poignet droit et a abîmé son frein avant.

Bientôt le verdict tombe. La main de Robic est fracturée et nécessite la pose d'un plâtre. Mais le Breton peut reprendre la course et rêve, comme jadis, d'escalader en première position les grands cols. D'ici là sa main aura recouvré son élasticité ; sinon il faudra évoquer… le plâtre des montagnes.

Chaque matin, il retrouve toute sa verve pour raconter à la presse, certes, mais aussi à ses amis de la Garde républicaine qui encadrent le Tour, les malheurs qui l'accablent ou les espoirs qui naissent en lui.

« J'ai deux jambes, mais une seule main ; comment voulez-vous que je tire sur mon guidon ? Au complet, j'aurais pu terminer plus près des premiers ! »

Un excellent sujet d'épopée, « Biquet » !

Dans ce Tour de France 1959, distancé par les Grands, il se tenait aux côtés de Brankart, Mastrotto, Pauwels, dans un groupe qui chassait à quelque trois minutes. Peu après Luchon, la course eut à franchir trois passages à niveau, dont celui d'Antignac. Les compagnons du Breton, au nombre de vingt, purent passer. Seul Robic resta de l'autre côté de la barrière, contenu et ceinturé par les officiels qui voulait lui éviter un accident. Dans l'affaire, il perdit quatre minutes et de nombreuses places au classement général…

« Ah ! l'admirable moment de délectation morose, écrivait

Antoine Blondin dans *l'Équipe* du 7 juillet 1959. Je ne jurerais pas qu'il n'y avait alors chez Robic une grande satisfaction d'avoir vu s'abattre sur soi cet ultime contre-coup. Se dandinant avec un mépris souverain, l'œil basculant par intermittence pour scruter plus profondément l'abîme intérieur qu'il portait en lui. Il avait l'air d'un post-scriptum ajouté par le destin aux paragraphes qui articulaient la course [...]. Mais il y a une justice puisqu'on lui accorda la prime (40 000 francs) de la Malchance qui s'assortit d'un billet offert par la Loterie nationale. La roue tourne. »

Son épopée prend fin lors de l'une des dernières étapes du Tour, la 20ème, Annecy / Chalon-sur-Saône (202 kilomètres), sans difficulté majeure, malgré l'escalade du petit col de la forêt d'Échallon (963 mètres), une bagatelle pour celui qui fut jadis sacré « roi de la montagne ».

Peu après le départ, un homme s'enfuit d'un peloton qui ne semble pas témoigner d'un grand esprit d'offensive. Il s'agit de l'Anglais Brian Robinson, celui-là même qui avait provoqué la chute de Robic dans la 3ème étape. Cette fois, il profite de l'apathie générale pour caracoler à l'avant. Un homme, cependant, dans le peloton, ne peut suivre le train. Stupeur ! Il s'agit de Jean Robic. Au sommet du petit col d'Échallon, il est seul et accuse un retard de quatre minutes. Il n'a, pour l'heure, accompli que 60 kilomètres.

Les trois gendarmes de l'escorte, commis au service de la voiture-balai, n'en croient pas leurs yeux. L'un d'entre eux, le garde Marcel Laurent, reste auprès de lui, juste derrière la voiture-balai. Il l'encourage de la voix car il sait que pour « Biquet » la tâche va devenir douloureuse tout au long des 140 kilomètres restant. Elle va même devenir surhumaine car il reste la montée de Vescles, petit col inconnu qui ne figure pas sur la carte mais qui se révèle très sélectif, 21 kilomètres après Oyonnax, au kilomètre 91. Il roulait obstinément sur la chaussée vide, quinze minutes après ses camarades, trente minutes après Robinson.

« Et le drame était là, écrivait Antoine Blondin[2]. Chaque fois que Robinson gagnait une minute sur le peloton, Robic perdait

---

[2] *L'Équipe*, 16 juillet 1959.

une minute sur le même peloton, soit deux minutes sur Robinson. Du coup, le destin diamétralement opposés de ces deux êtres, devenait tragiquement solidaire […]. Alentour, les gens le pressaient de ne pas abandonner. Des gosses, nés bien après sa grande époque, l'appelaient « Biquet » comme s'ils l'eussent connu de toute éternité. Il renaissait à la gloire de flatter le regard des enfants. »

Rageusement, Robic appuyait sur les pédales et, rendant le monde entier témoin de son infortune, il pensait : 40 minutes, c'était la limite extrême qui lui permettrait d'échapper à l'élimination. Et lui, Jean Robic, ne voulait pas être éliminé. Il ne pensait pas : « Il faut que je limite ma perte de temps à quarante minutes », non. Il se mettait dans la peau de Robinson qui cavalcadait devant le peloton avec vingt minutes d'avance. S'il n'y avait pas eu ce Robinson de malheur, il aurait été bien tranquille avec cette bande d'hommes sans courage qui pédalaient mollement dans le soleil. Mais c'est sur le temps du vainqueur que se calcule le pourcentage d'élimination. Et ce Robinson, éliminé à Clermont-Ferrand, repêché aux termes du règlement, parce qu'il était alors dans les dix premiers du classement général, avait promis à son ami, le routier irlandais Seamus Elliott qui s'était vainement sacrifié pour lui, de gagner une étape. Et celle qu'il choisissait, c'était précisément celle où lui, Jean Robic, était défaillant ! la malchance, toujours, la haine liguée contre lui, l'univers entier qui lui en voulait ! Et ces journalistes qui le suivaient comme des oiseaux rapaces guettant son cadavre ! Et la voiture-balai roulant derrière lui pour recueillir sa dépouille ! Il se mettait volontairement en état second pour ne rien voir.

À Chalon, lorsque Robinson coupe la ligne en vainqueur, il faut attendre 21 minutes avant de voir arriver le peloton qui a roulé à l'allure d'un train de marchandises. Quant à Robic, il tient à terminer. À 18 heures 20, le couperet tombe. Les délais sont dépassés. Treize minutes après la fermeture du contrôle, apparaît enfin Jean Robic qui a roulé à une moyenne de 30,8 km/h. Il n'a jamais connu pareille mésaventure. Il a certes abandonné, jadis, mais jamais il n'a connu les affres de l'élimination. À 38 ans, il arrive après les délais. On apprend, à tout âge.

Le garde Marcel Laurent a posé sa moto Norton et s'est rendu aussitôt aux côtés de Robic pour l'entendre dire : « J'ai trop de pépins. Tout le monde m'en veut ! Aujourd'hui encore je n'ai pas eu les braquets que j'avais réclamés. Pourquoi ? »

– Signe ta feuille… »

C'est la formalité indispensable pour les coureurs arrivant après les délais. Son effort solitaire, sa poursuite rageuse n'ont servi à rien.

« Tout le monde m'en veut ! »

Ah ! qu'il était réconfortant de se dire persécuté, de se trouver toutes les excuses, hors la bonne : à 38 ans, Jean Robic n'était plus capable de jouer un rôle dans le Tour de France !

Il ne savait pas que sa femme venait de téléphoner à Jacques Goddet pour supplier qu'on le repêchât. Elle avait cherché tous les arguments possibles, la pauvrette et, à bout d'imagination, elle avait trouvé dans sa logique féminine celui qu'elle pensait irrésistible.

« Et moi qui me suis commandé une robe neuve pour l'attendre au Parc ! Vous ne pouvez pas me faire ça… »

S'il l'avait su, comme il l'aurait grondée, ce Jean Robic qui ne demandait de grâce à personne, trop content de pouvoir clamer à tous échos qu'il était victime de la plus effroyable des conjurations !

Marcel Laurent est triste. Il attend quelques minutes mais ne peut pas croire à l'élimination du coureur. Il reste debout, près de la permanence avant de regagner son cantonnement. Son collègue, le garde Jean Maurel, passe près de lui, s'arrête et, le voyant en proie à une certaine mélancolie, lui dit que Robic sera peut-être « repêché ». Voila qui lui met un peu de baume au cœur. Pour un temps très court, hélas. Lorsque les commissaires de course Albert Hutsebaut et Roger Halna sortent de leurs délibérations, le gendarme les interroge :

« Et Robic ?

– Il est éliminé !»

Les deux juges sont inflexibles :

« Robic a roulé à trente à l'heure. C'est indigne d'un coureur du Tour. On ne peut appliquer la dérogation. Son retard par rapport aux délais d'élimination est également trop important. Impossible de le repêcher. »

Et le garde Laurent quitte l'espace d'arrivée, décontenancé, pour aller raconter à ses collègues la longue détresse de leur ami Robic.

Les commissaires du Tour se sont montrés plus impitoyables que les gendarmes. Un comble !

Lorsqu'il apprit qu'il était définitivement éliminé, il eut, au journaliste d'*Ouest-France*, Pierre Chable, qui l'interrogeait sur ses projets, une réponse superbe : « Pour l'année prochaine, je raye le Tour de France de mon programme ».

Cela ne l'empêcha pas, le lendemain, de se rendre à Seurre où avait lieu le départ de l'étape contre-la-montre. En civil, bien entendu, mais avec son vélo qui conservait sa plaque de cadre : le numéro 171.

Il fit un peu de demi-fond derrière un gros camion rouge, ne vit pas la dérivation et se trompa de route. Encore un tour de la fatalité, son ennemie éternelle.

9. DANS LES PAS DE GINO

De tous les vainqueurs du Tour de France, Gino Bartali est celui qui aura suscité l'emploi du vocabulaire le plus riche et donné lieu aux comparaisons les plus nobles et les plus fleuries : « le Taciturne », « le Pieux », « le Mystique »… On l'a présenté sous des jours très différents : champion, tantôt de la simplicité, tantôt du snobisme, de la tolérance ou de la tyrannie. Les « Tifosi » se pressaient sur son passage afin de l'embrasser ou simplement le toucher…

Bartali et Coppi ! Quelle époque. Lorsque je saluai « Gino le Pieux », au travers des années 1970-1980, au Tour d'Italie ou dans les autres épreuves italiennes, mon geste restait affecté d'une certaine retenue, d'une certaine méfiance, oserais je dire, et me venait aussitôt en mémoire quelque rouerie qui sied si bien au caractère toscan, tramée par Bartali à l'encontre de Coppi.

Il faudra qu'un ou plusieurs films réalisés pour *Antenne 2* provoquent un déclic ; et soudain m'apparaîtra l'image d'un autre Gino, celle d'un homme simple et bon, différent de Fausto, certes, par bien des facettes, mais tellement authentique. Je ne l'ai même pas trouvé modeste, je l'ai senti humble, de cette humilité qui sait encore apprécier les valeurs réelles quand il me disait, par exemple :

« Mon père était chevalier de Vittorio Veneto ! »

Il aurait pu penser que, pour un jeune Italien, mais encore plus pour un Français, cela avait un je ne sais quoi de puéril, voire de ridicule. Non ! Il l'affirmait avec le profond respect d'avoir été mis au monde par la grâce d'un homme exceptionnel. Une des premières choses qu'il me confiera, c'est : « Viens, je vais te montrer la descente où s'est tué mon frère ! »

C'était une forme d'humilité, cela aussi, car il avait conscience (et le confiait volontiers) que son cadet serait devenu un champion plus glorieux que lui. Et Gino, qu'une foi ardente a toujours animé, avait scellé sa dépouille dans une petite chapelle construite spécialement pour lui sur les hauteurs du propret cimetière de Bagno-a-Ripoli.

Il venait souvent apporter à ce frère disparu son immense océan de bonheur triste et d'amour à l'endroit du drame où une stèle avait été érigée. Si d'aventure des feuilles tombées étaient venues troubler les lieux en son absence, Gino les écartait avec dans le geste une certaine profondeur qui lui venait de toute l'innocence de son âme.

Il était resté particulièrement enraciné dans cette Toscane dont il avait l'accent particulier, comme en France, au temps de la Révolution où l'on avait décidé de supprimer de l'alphabet la lettre R. Ici, c'est la lettre C qui devenait suspecte et transformait en un H aspiré.

Je l'ai accompagné vers San-Piero-a-Ema, simplement pour regarder, en ce qui le concerne, le village de Ponte-a-Ema où il avait vu le jour. À son époque, tout alentour, une forêt de chênes et de hêtres entrait dans les saisons et en surgissait.

Gino, c'était un bonheur tout simple. C'est moi qui ai voulu tout compliquer. Je ne sais qui m'avait parlé de la malice des gens de Toscane. Je désirais soudain l'éprouver.

Connaissant, bien sûr, la grande rivalité qui avait divisé Coppi et Bartali, je sortis de ma poche, pour le taquiner, le porte-clefs qui ne me quitte jamais (cadeau de Livio, frère de Coppi) portant l'effigie du *Campionissimo*. Sans se démonter, Gino fouilla à son tour dans un vêtement et en sortit un porte-clefs frappé du portrait du Saint-Père.

Je l'ai accompagné à la messe à Florence, à la cathédrale Santa Maria Novella. Il prenait l'attitude du vrai croyant. L'était-il vraiment ? Aucune raison d'en douter. Moi, je lui disais qu'ayant été élevé dans la religion catholique, je ne pouvais la renier mais que je m'accommodais plutôt d'un Dieu villageois, à la bonne franquette, avec lequel on aurait volontiers trinqué et joué aux boules au paradis.

Mais mes incantations impies ne le firent pas vraiment sourire et il s'attacha même à me faire un brin de morale, s'exprimant d'une voix caverneuse qui accrochait les syllabes, usant d'une dialectique torrentielle truffée d'une terminologie époustouflante.

Il m'emmena au magasin de cycles d'Oscar Casamonti mais précisa, l'instant d'après, que je ne le verrais pas. Il était malade. Nous traversions Florence. Gino n'arrêtait pas de parler. Chaque lieu était pour lui source de souvenirs. Ici, il n'y avait jadis que des champs, ici c'était l'officine d'un tel. Plus loin, l'avenue portait, à l'époque, un autre nom. Gino grillait allègrement les feux rouges : ce sont des feux pour les piétons ! faisait-il remarquer, un rien désinvolte. La boutique de Casamonti, elle, datait d'un autre temps. On y réparait toujours les cycles. Un vieux monsieur, très vieux, s'affairait autour d'un dérailleur défaillant. Gino me le présenta : « C'est un employé de Casamonti ! ».

Il avait dit cela, définitif et triomphant, comme s'il se fut agi d'un grognard de l'Empire. Pour Gino, ce lieu représentait tant de choses. C'est ici, chez cet humble artisan, que sa vie sportive avait démarré et je comprenais bien l'attitude de quasi recueillement dans laquelle se trouvait plongé le champion.

On retourna à ce qui lui tenait lieu de bureau : une table composée d'une planche sur deux tréteaux et deux ou trois chaises. J'eus droit, une fois de plus, à la relation du Tour de France 1948.

Dix ans après son premier succès, Bartali dominait le Tour de France. La première partie de la grande épreuve fut cependant marquée par la classe du jeune Louison Bobet, qui porta longtemps le Maillot jaune. En abordant les Pyrénées, Bartali donna ses premiers coups de sonde dans la 7ème étape, qui comportait l'ascension du col d'Aubisque. Importance notoire pour le Transalpin, l'arrivée se déroulait à Lourdes et pour celui qu'on appelait « Gino-le-Pieux », il convenait d'affirmer ses convictions. Dieu n'aurait pas, sinon, reconnu les siens. Les siens, c'était, autour de Bartali, ses porteurs d'eau qui, aux approches de Lourdes, revêtaient un caractère sacré. Il gagna devant un Robic rageur (en état d'apostasie) et Louison Bobet. Il y eut de nombreux écarts et, comme à l'ordinaire, quelques concurrents frôlèrent l'élimination.

À l'occasion des étapes d'importance, Bartali faisait appel à son confesseur, Dom Bruno, spécialement accouru d'Italie, qui lui accordait sa bénédiction à l'issue d'une messe rapide, généralement célébrée dans un endroit choisi au sein de son hôtel. À Lourdes, on atteignait le sommet de la liturgie et Dom Bruno avait demandé à être accueilli par l'évêque de Tarbes et de Lourdes, Mgr Théas, ancien évêque de Montauban, dont on vantait les mérites théologiques. Ce jour-là, pour le prêtre italien, Bartali ne semblait plus exister. Il était accroché aux grâces que pouvait accorder le prélat des Hautes-Pyrénées. De l'échange entre les deux hommes d'église, Dom Bruno sortit encore plus humble et s'en alla conter ce qu'avait été, jusque-là, la vie de Mgr Théas. Son Excellence s'était singularisée au sein du clergé français en étant l'un des rares évêques à avoir protesté publiquement, durant la guerre, contre les mesures antisémites du gouvernement de Vichy, déclarant notamment dans une lettre datée du 30 août 1942 : « Je fais entendre la protestation indignée de la conscience chrétienne et je proclame que tous les hommes aryens ou non aryens, sont frères parce que créés par le même Dieu… Les mesures antisémitiques actuelles sont un mépris de la dignité humaine, une violation des droits les plus sacrés de la personne et de la famille ».
Le texte fut repris, intégralement, sur la radio de Londres, le 15 septembre 1942. Seuls cinq évêques français sur plus d'une centaine protesteront publiquement contre les rafles antisémites. Mgr Théas s'engagea dans le camouflage des juifs tant dans les couvents du diocèse que chez les particuliers. Il signait des dizaines de faux certificats de baptême, aidé par des militants laïcs et des ecclésiastiques. Finalement arrêté par la Gestapo en juin 1944, interné à Toulouse et à Compiègne, il sera libéré par la division Leclerc, lors des combats de la Libération.
Bartali, à qui le confesseur avait traduit quelques lignes de texte,

se reconnut dans les écrits. N'avait-il pas, lui aussi, pris parti en faveur des juifs italiens de sa région de Florence en cachant certaines personnes et en portant des plis (à vélo) pour prévenir le danger ?

Le champion italien se montra heureux de l'annonce de la direction du Tour, relayée par l'inévitable Dom Bruno : Mgr Théas célèbrerait la messe, peu avant le départ de la 8ème étape Lourdes / Toulouse, sur le parvis de la basilique. Là, il eut l'immense joie d'échanger quelques mots avec le prélat à qui il exprima, ému, toute sa reconnaissance. Un grand moment de complicité se déroula entre eux. Louison Bobet, de son côté, eut droit aux salutations de l'évêque qui lui souhaita bonne chance alors qu'il portait le Maillot jaune.

Devant tous les coureurs debout, tenant leur machine à la main face à la basilique, Mgr Théas prononça une homélie qui surprit quelques concurrents méridionaux :

« Dans la vie spirituelle, lança-t-il, comme dans le sport, il faut toujours chercher à s'élever, toujours s'élever !

– Tu vois mon pauvre Paul, chuchota Raoul Rémy à l'oreille de Néri, même dans la religion il n'y en a que pour les grimpeurs ! »

Pour les deux coureurs de l'équipe Sud-Est, Mgr Théas, reconnu plus tard comme « Juste parmi les Nations », avait dégringolé au niveau des autres hommes.

Mais, le soir même, la morale était sauve : Bartali, en hommage à son Excellence, remportait l'étape sur le stadium de Toulouse…

Quelques jours plus tard, le dimanche 14 juillet 1948, l'Italie vivait en plein drame. On percevait des rumeurs de révolution : le *leader* du parti communiste italien Palmiro Togliatti venait de tomber, grièvement blessé sous les balles d'un extrémiste, Antonio Pallante. On le disait entre la vie et la mort.

Pendant ce temps, à Cannes, le Tour de France observe une journée de repos et, partout, la fête nationale apporte ses réjouissances, d'autant plus que le jeune Louison Bobet arbore fièrement le Maillot jaune. Il est blessé au pied et on craint pourtant qu'il ne soit au bout du rouleau. Côté italien, Bartali garde l'espoir d'une victoire finale, mais rien n'est joué. On en est là des réflexions et des perspectives lorsque des journalistes italiens, valise à la main, viennent faire leurs adieux au champion transalpin. N'étant pas encore informé des événements tragiques qui agitent son pays, Bartali se montre intrigué par ce départ précipité. Quand il apprend la nouvelle, il appelle sa femme, à Florence, qui lui confirme l'information et lui révèle une Italie en effervescence.

Le soir, à l'hôtel Martinez, boulevard de la Croisette, Gino est appelé au téléphone par le président du Conseil italien, en personne, Alcide de Gasperi, *leader* de la démocratie chrétienne. Devant une telle initiative, l'affaire, en effet, prend un tour d'une gravité exceptionnelle : « Gino, lui dit-il sans préambule, j'aimerais savoir une chose. Pouvez-vous gagner le Tour de France ? »

Le champion, interloqué, explique qu'il reste une semaine de course, que tout peut arriver, mais qu'il garde bon espoir et que son équipe et lui-même feront le maximum. « C'est important, Gino, très important, répète le Président, sur un ton de gravité et de mortification. » Important pour l'Italie, pour tout le monde.

Le Toscan comprend vite ce qu'on attend de lui. En gagnant, il peut accaparer l'attention et calmer l'atmosphère insurrectionnelle qui se manifeste dans le pays. Le lendemain matin, à 8 heures, les concurrents s'en vont, sous la pluie et dans le froid intense, pour couvrir l'étape Cannes / Briançon. Bartali, qui a entendu la messe célébrée par son confesseur, Dom Bruno, apparaît impénétrable. Il attend l'Izoard pour se manifester vraiment et se détacher seul, lâchant Jean Robic, son dernier compagnon qui n'en peut plus de s'accrocher à ses basques. Le Toscan reste d'une incroyable sérénité intérieure et, derrière, loin derrière, Louison Bobet voit s'effacer peu à peu ses illusions. Le Maillot jaune commence à s'effilocher. Bartali l'emporte à Briançon ; Bobet conserve son trophée pour une petite minute seulement. Désormais, le règne d'un autre souverain s'amplifie, qui doit donner le coup fatal, le lendemain.

En Italie, la victoire de Gino apporte un peu d'apaisement et l'état de santé de Palmiro Togliatti porte vers un léger optimisme. « Papa ! Bartali a gagné la première étape des Alpes. Il va gagner le Tour de France ! », lui murmure son fils. Un léger sourire illumine le visage du blessé. Dans le pays, on ne parle plus de révolution.

Dans le langage du peloton, on dit du coureur qui n'use d'aucune médication dopante qu'il « marche à l'eau minérale ». L'Italien Gino Bartali se distinguait dans le genre. On connaissait sa piété profonde et nul ne paraissait s'émouvoir lorsqu'on voyait débarquer sur le Tour de France, aux étapes dites « de vérité », son confesseur.

L'ecclésiastique, peu avant le départ, dans la chambre du champion transalpin, lui donnait sa bénédiction. Dom Bruno bénissait ensuite les récipients d'aluminium que le Toscan emportait avec lui, durant l'étape.

En juillet 1949, un groupe de séminaristes se trouvait en prières à Arvieux, au pied du flanc sud du col de l'Izoard. Le surlendemain, les coureurs du Tour devaient emprunter ce col mythique et les futurs abbés eurent la bonne idée d'inviter Dom Bruno pour leur tenir une petite conférence improvisée. Le prêtre italien accepta de fort bonne grâce et, lorsque la conversation se fit plus engageante, voire amicale, l'un des curés en devenir, le diacre Antoine Gerthoux, futur recteur de la paroisse de Sainte-Cécile-les-Vignes (Vaucluse), adressa à Dom Bruno cette demande insolite : « Votre fils spirituel, Bartali, va passer devant nous dans deux jours. Bien entendu nous l'applaudirons et l'encouragerons. Nous serait-il possible de lui venir en aide en lui donnant à boire, par exemple ? »

Dom Bruno, fronçant le sourcil, sembla un instant s'abîmer dans quelque méditation puis, d'un air empreint de gravité et néanmoins dépourvu d'humilité, répliqua, pointant un doigt vers le ciel : « Vous pourrez lui passer un bidon rempli d'eau que je vais bénir, mon frère, mais surtout, n'oubliez pas, en le lui donnant, de lui crier dans le mouvement : *Acqua ! acqua Dom Bruno !* »

L'opération se déroula à la lettre. Conséquence : Bartali remporta l'étape devant Fausto Coppi. Il fêtait, ce jour-là, son trente-cinquième anniversaire et Coppi ne s'était pas permis de lui disputer le *sprint*. « Il Vecchio » (« le vieux », comme on le surnommait aussi) endossait le Maillot jaune.

Ainsi, au vocable « marcher à l'eau minérale », on peut en substituer un autre. Mais, autres temps, autres mœurs : qui, aujourd'hui, « marche à l'eau bénite » ?

10. L'ÉNIGME DU COL D'ASPIN

Le Tour de France 1950, où Bartali se retira après une victoire d'étape à Saint-Gaudens, méritait une étude approfondie sur les motivations que le chef de file des Italiens gardait secrètes en refermant sa valise et en embarquant avec les autres Transalpins à la gare de Barbazan-les-Thermes. J'ai tenté de savoir.

En 1950, Gino Bartali désirait remporter sa troisième victoire au Tour de France. En Italie, on l'attendait et l'on savait bien que le Florentin aborderait la montagne, son domaine, en position de force. Pas un coup de pédale de trop avant les Pyrénées, tel était le plan, mais plutôt harceler l'ennemi par personnes interposées, le fatiguer, l'énerver, le forcer à produire des efforts. Cela faisait partie d'un échafaudage tactique savamment conçu, en accord avec Alfredo Binda, ancien champion du monde, directeur technique de la *Squadra azzurra*.

Depuis les premières étapes, l'attitude collective des Italiens agaçait les autres formations nationales. Les maillots vert blanc rouge bâillonnaient la course. On le disait à la radio, on l'écrivait dans les journaux, et une sourde hostilité à leur égard couvait parmi les foules.

À Pau, jour de repos, chacun se recueillit à sa manière avant d'aborder les grands cols. Bobet avait reçu la visite de Christiane, son épouse, venue le rassurer moralement ; Robic, lui, n'avait pas résisté plus longtemps à l'appel de l'Aubisque. Il avait, en civil, grimpé jusqu'au sommet du col pour en reconnaître l'état du sol, que l'on disait altéré ; Kubler s'était reposé dans sa chambre et Bartali s'était rendu à Lourdes, en voiture, en compagnie de quelques-uns de ses équipiers, notamment, Fiorenzo Magni. Là, devant un autel de la basilique, il avait prié puis, à pleines goulées, bu dans le creux de ses mains, l'eau qui coule du robinet de la grotte miraculeuse. Mettre Dieu et tous les saints de la chrétienté de son côté avait été le principal souci de « Gino le Pieux ».

La 11ème étape, Pau / Saint-Gaudens (230 500 kilomètres), commença par le numéro de Robic dans l'ascension du col d'Aubisque. Il s'y était préparé. Derrière lui venaient Bobet et Kubler et, plus loin, Bartali qui éprouvait toujours quelque lenteur à s'échauffer.

Vint le col d'Aspin. On remarquait, là-haut, les spectateurs accrochés à la paroi de la montagne. Dès que Bartali apparut, un tonnerre d'imprécations s'abattit sur lui. La foule hurlait, excitée par la lecture d'articles iconoclastes. Des hommes tendaient le poing ou levaient des bâtons sur le passage de l'Italien. Et voici qu'un accrochage avec Robic et Bobet jeta les trois hommes à terre. Des bras se tendirent pour relever les coureurs, d'autres donnèrent l'impression de vouloir frapper Bartali, qui craignait le pire. On le retint par le maillot, on essaya de l'agripper. Son visage était pâle, ses yeux implorants. Bientôt un groupe se forma en tête. Les meilleurs se trouvaient à l'intérieur et l'on attendait le *sprint* final sur le circuit du Comminges.

Dans le jour déclinant, après une bataille de sept heures et demie, Bartali l'emporta avec une confortable avance sur Bobet. Pour les Transalpins, la moisson de la journée était tout de même fertile : outre la victoire d'étape, Magni s'emparait du Maillot jaune. Bartali, visage fermé, à la limite de l'agressivité, rejoignit immédiatement la *jeep* de son directeur sportif pour gagner son campement d'une nuit qui se situait à Loures-Barousse, à quelques kilomètres de Saint-Gaudens, dans la vallée de la Barousse. Une petite cité qui respirait l'aisance car très prisée des touristes et des curistes, en quête de tranquillité et de sérénité. Ce soir-là, elle n'abrite pas moins de sept équipes du Tour de France. L'équipe nationale belge, par exemple, se retire à l'hôtel de Paris, l'équipe de France au Grand Hôtel Michel. L'équipe italienne a trouvé refuge, comme les Suisses, à l'hôtel de France. Les Italiens occupent toute l'annexe de l'hôtel, derrière celui-ci.

Avant de prendre la route de Loures-Barousse, Bartali, en colère, a cependant le temps d'annoncer à mots murmurés : « Je ne repartirai pas demain ! ». Un reporter de la radio italienne s'empresse de recueillir cette déclaration avant que son directeur sportif Alfredo Binda n'ait réussi à masquer le micro de sa main. Jacques Goddet, immédiatement informé des propos du triomphateur du jour, se déplace alors au quartier général des Italiens et entre dans l'annexe de l'hôtel de France, où se trouvent les chambres des coureurs. Situation tendue.

Jacques Goddet fait face à Alfredo Binda mais s'adresse d'abord à Bartali avec une émotion qu'il dissimule mal :

« Binda m'a fait part de votre peine et de la décision que vous comptez prendre. Permettez-moi, Gino, de vous dire que je ne serai pas seul à regretter votre départ. Tous les sportifs de France, unanimement, déplorent ce qui s'est passé aujourd'hui…

Bartali interrompt brusquement son interlocuteur. Il hausse le ton, exprimant dans un curieux mélange de français et d'italien, toute sa rancœur :

– Tous les dix mètres, dans Aspin, les gens qui faisaient semblant de me pousser, en vérité, me donnaient des bourrades, souvent de véritables coups de poing. Je ne peux plus remuer l'épaule…

De plus en plus nerveux, Bartali insiste :

– J'ai couru sur toutes les routes d'Europe. Je n'ai jamais eu peur. Non, je n'ai jamais eu peur. Mais, ce soir, je crains le pire ! C'est vite arrivé un coup de couteau. Quand j'ai eu l'accident d'Aspin et que Bobet m'a fait tomber, si je ne m'étais pas relevé rapidement, tous ces gens m'auraient achevé à terre ! C'est lâche ! Qu'est-ce qui me prouve que cela ne va pas recommencer demain ?

Aujourd'hui, j'ai appelé Louison. Je lui ai demandé de me prendre sous sa protection. Mais s'il faut que je m'abrite sans cesse à l'ombre d'un maillot français, ce n'est pas la peine que je continue. Il n'y a plus de course possible !

Et puis, il n'y a pas que moi. Il y a aussi Magni. On lui a craché plusieurs fois au visage. Une femme lui a montré un couteau et a voulu se précipiter vers lui.

Non ! Ce n'est plus possible. Les femmes des coureurs tremblent déjà suffisamment quand elles nous savent en compétition. Maintenant elles ne vivront plus.

Vous savez bien que votre Tour ne me rapporte rien, pas une lire. Alors, ce serait vraiment stupide de risquer sa vie pour la gloire !

J'ai fait preuve de patience, M. Goddet ; l'autre jour, dans l'étape contre-la-montre, quand un fou a jeté un bâton dans mes rayons pour me faire tomber, je ne me suis plaint à personne. Nos journalistes n'ont rien dit. Ils l'avaient promis. Maintenant, c'est impossible qu'ils se taisent. C'est votre presse qui a commencé. Et pourquoi, à la radio, excite-t-on toujours les Français contre nous ? On le saura chez nous. Tout cela va faire du bruit.

Jacques Goddet intervient timidement :

– Je vous assure, Gino, que malgré les apparences défavorables, je l'admets, le public français n'est pas d'accord avec ces voyous qui se sont déshonorés, cet après-midi. L'an dernier, nous n'avions pas, nous, assimilé les quelques agitateurs d'Aoste à la nation italienne tout entière…

Bartali, à cette évocation, esquive la réponse :

– Vous ne savez pas ce que c'est de courir dans l'angoisse, de trouver sur son chemin quelque brute qui, d'un geste, peut vous étendre à terre… Si, si, je vous le dis, cela va faire du bruit. Vous verrez que ça peut faire des histoires, chez nous, à l'arrivée de l'étape de San Remo ! Je ne veux pas prendre cette responsabilité. Il arrivera quelque chose…

Le directeur du Tour intervient encore :

– Vous avez, messieurs, le Maillot jaune. Cet emblème est un honneur ! Votre cyclisme se doit de le défendre devant le public français et de donner à ce dernier une autre impression que celle, décevante, je l'avoue, que vos coureurs lui ont fait jusqu'à présent en appliquant une tactique de temporisation.

La riposte du champion italien est immédiate :

– Nous appliquons la meilleure tactique pour gagner. Ici, nous sommes dix contre quatre-vingts Français. S'ils sont les plus forts, ils n'ont qu'à nous lâcher… Je ne vois qu'une chose : aujourd'hui, j'ai gagné et ce soir Magni a le Maillot jaune. Lorsqu'un athlète est le plus fort, il faut savoir le reconnaître. Quand Koblet a gagné le Tour d'Italie, je n'ai pas protesté. Il méritait sa victoire.

- Je compte, Gino, intervient alors le patron du Tour, persuadé désormais qu'il ne pourra convaincre, ce soir, un homme déterminé, je compte Gino, vous voir demain au départ ?

– Sûrement pas !

– J'attends une réponse officielle.

– Vous l'avez.

– Vous me la confirmerez. »

Sur cette ultime passe d'armes, les plénipotentiaires français quittent le pavillon, tête basse, sans grande illusion sur le résultat de leur mission.

Dans la chambre, Binda est maintenant assailli par les journalistes italiens. « Sans Italiens, disent ces derniers, le Tour de France ne présente plus aucun intérêt pour nous. De plus nous allons perdre 50 000 lecteurs par jour. Proposez-lui donc un dédommagement. Jusqu'à trois millions. Nous nous arrangerons toujours. » La proposition sera transmise au Florentin. Elle demeurera sans effet.

Durant toute la nuit, les officiels se concertèrent. Binda parlementa avec ses coureurs et de nombreux coups de téléphone furent échangés avec Adriano Rodoni, président de l'Union vélocipédique italienne, lequel, de Milan, finira par déclarer :

« Bartali est maître de sa décision. Je l'entérinerai quelle qu'elle soit ! »

Le lendemain, à 7 heures, Jacques Goddet, accompagné de Félix Lévitan, est de retour à l'hôtel de France. Quelques écharpes de brume flottent dans la vallée et encapuchonnent les Pyrénées. Bartali n'est pas encore levé. Sous les arbres agités par le vent frais du matin, les deux patrons du Tour parlementent avec Magni. Désœuvrés, ayant revêtu leur costume civil, Serafino Biagioni, Attilio Lambertini, Virgilio Salimbeni, Angelino Brignole… ne savent plus quoi dire.

Ignorant la décision de leur *leader*, les mécanos préparent les machines. Si au dernier moment il se ravisait, tout serait prêt. Gino se fait attendre. Enfin le voici, précédé de son fidèle *gregario* et camarade de chambre, Giovanni Corrieri.

Jacques Goddet recueille la même et ferme détermination.

« Gino, lui dit-il, j'admets vos raisons et je m'incline. Mais laissez Magni défendre son Maillot jaune. Il est libre de ses actes.

– Bien sûr ! »

Bartali tait ce qui le taraude : Magni a été « Chemise noire ». À la Libération, on lui a interdit de participer aux compétitions pendant deux ans. Bartali parti, s'il continue, ne lui rappellera-t-on pas son passé gênant ? Bartali reste muet sur le sujet. Il sait que l'intérêt de Magni est de s'incliner. « Je fais comme Gino, dit simplement Magni, qui cache sa gêne derrière d'épaisses lunettes noires ! »

Et, amer, sans se départir d'un sourire de circonstance, il plie soigneusement son Maillot jaune. Gino Bartali et toute l'équipe italienne comme celle des Cadets italiens (les *Cadetti*) qui comptent dans leurs rangs, notamment Alfredo Pasotti, vainqueur de la 3ème étape Liège / Lille et de la 9ème étape Niort / Bordeaux ainsi qu'Adolfo Leoni, vainqueur de la 2ème étape Metz / Liège, se retirent du Tour et prennent le train à la gare de Loures-Barbazan, cité devenue célèbre par les écrits de l'académicien Pierre Benoit auteur d'un ouvrage, publié un an plus tôt, *le Casino de Barbazan*.

Le train s'arrête. Gino, après un salut au chef de gare, monte dans son compartiment en compagnie de ses équipiers. La machine s'ébranle dans des volutes de fumée, vers Montréjeau et surtout vers Toulouse, gare de transit vers l'Italie.

À Saint-Gaudens, en ce 27 juillet 1950, les coureurs et suiveurs du Tour de France se rendent aux opérations de contrôle, au restaurant du Comminges, boulevard du Midi, un peu étourdis par ce revirement de situation et également un peu orphelins… Le Tour s'apprête à entamer sa 12ème étape vers Perpignan, en passant par Saint-Girons, Foix, Lavelanet, Quillan…

L'histoire, on s'en doute, connaît un grand retentissement en Italie. Méfiant, Jacques Goddet modifie l'arrivée de la 15ème étape,

Toulon / San Remo. Pour éviter les incidents, le Tour, qui devait initialement arriver sur la célèbre via Roma, épilogue de la Classique Milan / San Remo, ne franchira pas la frontière, sera amputée d'une trentaine de kilomètres et fera étape à Menton. Kubler gagne le Tour de France.

Que dire de plus ? Le secret ne sera sans doute jamais percé. Les témoins de cet épisode, mon confrère Pierre Chany et quelques autres, m'ont toujours laissé entendre que les incidents sur le col d'Aspin avaient constitué des éléments mineurs et que Bartali les avait démesurément grossis. On penche alors vers le fait que Magni soit devenu Maillot jaune. Cette année-là, et mieux encore que l'année précédente, le « divin chauve » connaissait une forme physique éblouissante. Il est possible que Bartali, sentant la victoire lui échapper au bénéfice de son équipier, ait pris prétexte de ces incidents pour se retirer avec tous les autres Transalpins. Il est un fait plus plausible : Magni, on l'a dit, avait été « Chemise noire », durant la guerre, et Bartali, résolument anti-fasciste, ne souhaitait, en aucune façon, voir son prestige voilé par un ancien partisan des thèses mussoliniennes qu'il avait toujours combattues.

11. LES AILES DE L'AMOUR

Si Francis Pélissier fut incontestablement un grand coureur, ce fut aussi un directeur sportif tout à fait atypique. Il dirigeait la firme La Perle qui équipera, plus tard, Jacques Anquetil. Sa vie fourmillait d'anecdotes dont il usait (et abusait) pour convaincre ou amuser son auditoire. Dans son débit saccadé, ponctué d'onomatopées, d'épithètes malsonnantes au son claquant, il définissait d'un mot, d'un seul, l'objet de sa joie ou de sa colère. Une parole lui suffisait pour résumer une situation. Il avait aussi compris, depuis toujours, l'importance du mental sur le comportement de l'athlète. Mieux que quiconque, il savait provoquer le choc psychologique générateur d'exploits. Il ne pouvait suivre ses coureurs sur le Tour de France, l'épreuve se déroulant par équipes nationales et régionales. Néanmoins, il les suivait par la radio ou les journaux. Très souvent sollicité, il voyait affluer vers lui les dirigeants de grands clubs qui lui proposaient de prendre tel ou tel sociétaire très poli et très gentil.

« Très gentil ! relançait-il, bruyamment. D'accord, il embrasse, sa mère, caresse son chien, pleure aux enterrements, mais cela suffit-il pour faire un vrai pro ? »

Il affectionnait en particulier deux épreuves : Bordeaux-Paris et le grand prix des Nations. La première permettait de révéler le coureur le plus endurant, le plus dur au mal, la seconde révélait au grand jour le rouleur-type car il considérait qu'un spécialiste des épreuves contre-la-montre était un vainqueur potentiel de toutes les grandes courses à étapes.

On le surnommait « le Sorcier », tant son intuition lui permettait de faire des miracles.

Il découvrit un jour un coureur bordelais du nom de René Berton. C'était un grand échalas au long nez et aux petites lunettes de fouineur de bibliothèques. On convenait volontiers qu'il « n'avait pas d'allure ». Mais Francis Pélissier y croyait (et était sans doute le seul). Pour Francis, Berton avait toutefois un handicap : il portait des lunettes. Il affirmait à qui voulait l'entendre que les « binoclards » ne feraient jamais de grands champions… faisait une exception pour ce Bordelais.

Il avait été frappé par le fait que Berton, aspirant-professionnel au sein de l'équipe Mercier, en 1947, portait un maillot (donné par son directeur sportif Antonin Magne) de la filiale « Francis Pélissier ». « Le Sorcier » regarda de plus près pédaler ce grand échalas de Berton, venu en droite ligne du pays girondin. Chez les amateurs, il notait qu'il avait conquis le championnat de France, contre-la-montre, par équipe. Pour Pélissier, c'était un indice. Il l'engagea au sein de la formation La Perle et l'aligna au Tour de l'Ouest. Berton se comporta fort honorablement.

Il le convoqua, chez lui, à Mantes-la-Jolie, et l'installa dans une chambre au-dessus de sa brasserie où il pourrait prendre ses repas. René Berton n'était guère épais de complexion et pourtant les premiers mots de Pélissier, à son adresse, furent saisissants : « Tu as encore un peu de graisse à perdre ! » Il multiplia les sorties de cent kilomètres derrière engin motorisé (le fameux *derny*). Les réflexes répondaient. Pélissier semblait satisfait. Pour Berton, en revanche, un doute sournois s'insinuait. À la lecture de *l'Équipe*, chaque jour, il découvrait des noms d'engagés qui le jetaient dans un abîme de réflexions amères. « Si Ferdi Kubler est présent, se disait-il, je suis automatiquement battu. Il y a aussi Eloi Tassin, pas mal non plus, et puis Fiorenzo Magni. Ce ne sont tout de même pas des mauvais. À côté d'eux, je fais pâle figure. »

Un jour, prenant son courage à deux mains, il se décida à entrer, un peu honteux, dans le bureau de Pélissier :

« Monsieur Francis, je crois que je vais rentrer chez moi. Je ne

88

suis pas fait pour les Nations. Il y a des engagés prestigieux. Je ne parviendrai jamais à les battre et vous perdrez votre temps.

Il n'en fallait pas plus pour attiser la colère du "Grand".

– Comment ? Tu t'imagines que je t'entraîne depuis quinze jours pour ne pas obtenir de résultat ! Je te prépare un vélo ultra léger et tous les accessoires en duralumin. Ça coûte très cher, tout cela ! Et je prends les paris que tu gagneras…

– Non, monsieur Francis, je sens que ma forme décline. Il me manque un petit quelque chose pour me hisser au niveau des meilleurs…

– Les meilleurs ? Ils ont un cœur et deux jambes, comme toi. Toi tu es dirigé par Francis Pélissier et tu n'auras pas le droit à l'erreur car tu as la préparation optimale.

– Je sais, monsieur Francis, mais…

– Enfin Berton, crois-tu que je dépenserais un seul sou si je n'étais pas sûr de mon coup ? D'abord tu auras des boyaux de 110 grammes et des roues de 28 rayons. Ça coûtera cher mais qu'importe, la victoire est au bout.

– Je vous remercie, monsieur Francis, mais vraiment… »

Pour Pélissier, ce Berton était un indécrottable nigaud. Mais il n'était pas à bout d'arguments. Il s'était aperçu durant le court séjour du Bordelais chez lui que, dans la petite salle bien tranquille de la brasserie de Francis où il prenait ses repas, à l'écart du monde et du bruit, une petite « complicité amoureuse » venait de se nouer entre l'une des serveuses, une jolie blonde aux formes légèrement rebondies, et le rétif Berton.

« Tu courras les Nations en pignon fixe et tu gagneras ou tu t'écrouleras mais cette fois je t'écraserai avec ma voiture, martela Francis. Mais attention ! Après tu auras Suzanne ! »

Le ton était donné. Porté par le vent de l'amour et le grand souffle de l'espérance, René Berton gagna le grand prix des Nations 1948.

12. *MACBETH* ET LA TRAGÉDIE DE LA ROUTE

Dans son histoire, le Tour de France, à l'origine et après la Seconde Guerre mondiale, a pris son essor de la capitale, *intramuros* s'entend. La dernière fois (officiellement), ce fut en 1950 et celui qui libéra les coureurs n'était autre que le cinéaste et acteur américain Orson Welles.

Dans la décennie qui suivit l'après-guerre, il incarnait le génie. Le directeur du Tour avait obtenu sa participation sans difficulté apparente, car le célèbre comédien se produisait à ce moment-là sur la scène du théâtre Édouard-VII dans une pièce intitulée *la Langouste*.

Quelques jours auparavant, il avait accordé une interview exclusive à l'un des envoyés spéciaux du journal *l'Équipe*, Georges Duthen.

Orson Welles, c'est *Citizen Kane, Macbeth, le Troisième Homme.* Il tient à évoquer le sport et l'on apprend qu'il fut un bon joueur amateur de *base-ball*. Il est encore, à l'époque, un excellent escrimeur qui, dans *Macbeth*, n'est pas doublé. Amoureux d'équitation, il est également passionné de tauromachie qu'il a appris à connaître lors d'un séjour à Séville. Il a participé à une trentaine de *novilladas* en Espagne et au Mexique, comme *bull-fighter* (combattant de taureau). Il porte d'ailleurs une cicatrice au creux de l'épaule, conséquence d'un coup de corne.

« L'athlète, confie-t-il à Georges Duthen, dépasse le comédien. Le stade efface la scène. Seul le champion est en mesure de renouveler l'exploit. La performance dramatique, celle qui atteint les sommets de l'émotion, ne peut être de tous les soirs. Le sublime ne souffre pas la répétition. Une fois seulement dans ma vie, j'ai rencontré au théâtre, le bouleversement : Fedor Chaliapine, dans *Boris Godounov*. De pareils moments, le sport est moins avare. »

Il est minuit passé et Orson parle. Il était sorti du théâtre, encore possédé par son rôle sur scène. « Nous étions, souligne le journaliste de *l'Équipe*, quelques privilégiés à sa table. Les derniers couples avaient quitté le Royal-Lieu qu'il avait choisi pour cette entrevue. Il y avait autour de lui M. Béteille, président de la section "Rugby", du PUC, mon confrère Bernard Kroutchtein et monsieur Hutton Edwards, ancien rugbyman, directeur du *Gate Theater* de Dublin… qui offrit sa première grande chance à un acteur de seize ans nommé Orson Welles. Il était venu durant l'été 1930 en Irlande afin d'étancher sa soif de peinture. Il parcourait le pays avec une roulotte tractée par une mule. Il avait seize ans et pas le moindre argent en poche. Et pourtant, face à Edwards, il s'était montré sous un jour convaincant, habilement grimé, parlant de son amour pour le théâtre d'une voix chaude et grave et affirmant qu'il était une "vedette de théâtre new-yorkaise". Le directeur fut mystifié et c'est vraiment à Dublin qu'il approfondit son expérience de la scène. »

En ce soir de juin 1950, encore empreint de son rôle, mais cependant détendu et familier, il évoque son attrait pour la boxe avec cette sincérité qui est le vrai sourire du talent :

« J'avais grand plaisir à assister aux meilleurs combats de Joe Louis et d'Armstrong et j'éprouvai un jour une immense déception : c'était la deuxième rencontre entre Joe Louis et Max Schmeling. J'avais payé deux cents dollars mon fauteuil. Comme un voisin piétinait consciencieusement mon chapeau tombé à terre, je me baissai pour le ramasser. Quand je me relevai, Schmeling était allongé sur le *ring*, bras en croix. J'avais raté le plus beau *k.o.* de l'histoire de la boxe. Voilà pourquoi, si vous me rencontrez dans une réunion sportive vous me verrez toujours tête nue. »

Il évoque son père Richard Heard Welles, bon vivant, généreux et tolérant, adoré de tous. Il rappelle (mais le savait-on ?) qu'il fut parmi les premiers Américains qui organisèrent dans l'état du Connecticut des réunions cyclistes sur piste, faisant venir des coureurs de France et d'Italie. Et ajoute : « Je n'ai jamais vu de courses sur route, mais je vous jure que je sais monter à bicyclette ! »

Il n'oublie pas sa mère Béatrice, dont il dit qu'elle était d'une beauté mémorable, pianiste de concert très douée mais aussi championne de tir au fusil.

Une gravité nouvelle éclaire son regard, assombrit son visage. Un silence même impose sa présence. Massif, puissant, écrasant, il domine l'instant.

« J'ai souvent médité sur ce problème : l'effort athlétique et le jeu dramatique présentent-ils des points de comparaison ? Au terme de leur action, le champion et le comédien ont atteint le même degré d'épuisement. L'un et l'autre semblent effondrés pareillement : les mêmes sueurs, les mêmes ravages. Des corps également désertés de toute force. C'est Joe Di Maggio, après son match de base-ball. C'est l'acteur dans *Faust* quand tombe le rideau. Mais l'intérêt de la comparaison se situe au-delà de ces apparences. Je crois pouvoir affirmer que l'athlète et le comédien ressentent une émotion de même nature, le premier quand il attaque le record ou quand, du geste, il va l'accomplir ; le second quand il aborde le morceau de bravoure, lorsque son jeu doit exprimer l'intensité dramatique à son paroxysme. Chacun éclate : la projection de soi, le dépassement. Ils sont alors aussi grands l'un que l'autre, la même grâce les habite, la même extase les surprend.

Pourtant, cette faveur, les dieux l'accordent plus volontiers au sportif qu'à l'acteur. Celui-ci crée quelquefois. Il joue le plus souvent. Son moment de vérité est factice. Celui-là crée toujours, exprime sans artifice, réelle, au nœud de la compétition. Ainsi le sport vaut-il la meilleure tragédie. »

Il se dit fier de donner le grand départ du Tour, avouant sa méconnaissance totale du sport cycliste. « Savez-vous, ajoute-t-il, que j'ai été fort inquiet à ce sujet ? L'autre matin, je revenais de Versailles à Paris. Barrage sur la route, grosse affluence, police, coups de sifflet impératifs : je stoppe… Cent, deux cents, trois cents peut-être coureurs à bicyclette débouchent et passent à grands coups de pédales. Et je me dis : *Quel grand malheur, j'ai oublié le départ du Tour de France. Ils sont partis sans moi.* Heureusement que ce n'était qu'une course locale. J'ai respiré… »

Le jour J, jeudi 13 juillet 1950, les colonnes du *Miroir du Tour* signalent l'événement : « C'est *Macbeth, alias* Orson Welles, qui, sur la scène du Palais Royal, a levé le rideau sur la tragédie de la route. »

Ce fut un grand moment que de voir cet immense personnage descendre d'une torpédo qui avait la forme d'une botte de vendangeur pour se faire présenter les officiels et donner le signal de l'envol du 37ème Tour de France, à 6 heures 40, devant l'hôtel du Louvre, place du Palais-Royal. Il montrait des joues rebondies sous une chevelure en désordre et contemplait d'un regard étonné ce spectacle que son génie n'avait point su prévoir et dont il ignorait jusque là l'existence.

On le présente aux vedettes de l'épreuve. Il converse et se fait comprendre de Gino Bartali qui, avec Luciano Pezzi, autre coureur de la formation italienne, parvient à lui redresser les branches de ses lunettes tordues par ses nombreux contacts avec le public. Il salue Raphaël Géminiani et Jacques Marinelli. Ce dernier, révélation du Tour de France, l'année précédente, pose avec la vedette de cinéma. Il convient de bien les placer dans l'objectif car on entend, ici et là : « Mon Dieu qu'il est petit, [ou] mon Dieu qu'il est grand ! ». Puis il pose pour un cliché en compagnie de l'équipe de France, de son directeur sportif Jean Bidot et des dix sociétaires de la formation Tricolore dont Louison Bobet, Raphaël Géminiani, Nello Lauredi, Apo Lazaridès…

Puis, on aligne devant lui cent seize coureurs qui composent un prisme gigantesque. Pierre Bloch, président du Syndicat national de la Presse, lui fait signe qu'il peut baisser le drapeau qu'on vient de lui remettre. Une machinerie parfaite se déclenche.

D'un seul coup les voitures se mettent en marche, les coureurs roulent, la musique militaire joue et les spectateurs hurlent leur enthousiasme. Éberlué, Orson est emporté par le flot dont il vient d'ouvrir les écluses et qui, vingt-six jours durant, va déferler ainsi qu'un torrent autour de la belle France.

Orson Welles a à peine eu le temps de saluer les autres stars invitées : la chanteuse Line Renaud et cet adolescent dont les larges yeux dévorent le visage enfantin et qui s'appelle Roberto Benzi. L'acteur américain aurait bien aimé converser avec ce jeune homme qui, du haut de ses 13 ans, travaille depuis deux ans déjà à la direction d'orchestre avec André Cluytens, chef titulaire de la Société des concerts du Conservatoire de Paris ainsi qu'à l'Opéra et l'Opéra comique. Roberto Benzi a en effet entamé sa carrière de chef d'orchestre l'été 1948. L'année suivante, Josef Krips, célèbre maestro de l'opéra de Vienne écrit dans une lettre : « Le sens de ce garçon quant à la distribution sonore (que la plupart des chefs n'atteignent qu'à leur maturité) est d'ores et déjà évident ici de la façon la plus étonnante. L'enfant entend la moindre fausse note et reprend les musiciens comme n'en sont capables que des chefs de haute expérience… ». Le jeune chef d'orchestre va rester sur le Tour durant plusieurs étapes, l'imposant Orson ne reste sur la grande épreuve que quelques heures.

La vedette américaine suit la première étape Paris / Reims (307 kilomètres) dans la voiture de Jacques Goddet qui, au départ de la capitale, debout à la proue de son vaisseau-amiral, donne ses ultimes instructions dans un porte-voix écarlate. Mais à mi-course, à Châlons-sur-Marne, il est contraint de revenir à Paris pour remplir ses devoirs de comédien.

« Je viens, dira-t-il alors[1], d'assister à l'un des plus étonnants spectacles qu'il m'ait jamais été donné d'admirer. Il s'en dégage une somme d'émotions sportives et dramatiques à la fois dont je n'aurais jamais soupçonné l'intensité.

Il y a le décor, toujours changeant et toujours animé. Cette route transforme en stade ces invraisemblables haies de spectateurs plantées au bord des routes.

Tout cela était, avant aujourd'hui, inconcevable à mon entendement d'Américain. Et je suis très fier d'avoir été appelé à donner le départ d'une œuvre qui présente une telle importance aux yeux des Français.

---

[1] *L'Équipe*, 14 juillet 1950.

Il y a aussi les acteurs. Ayant dû abandonner la course pour retourner à Paris, je n'ai malheureusement pu assister au dénouement de ce premier acte. Mais comme le drame était déjà saisissant ! Les rôles bien tenus ! Et avec quelle conviction ! Il m'était même douloureux que la plupart de ces coureurs soient partis pour souffrir pendant un mois sans avoir le moindre espoir de gagner. L'acteur à qui l'on confie un tout petit rôle peut espérer tout de même attirer l'attention sur lui. Mais l'athlète qui se sait barré par la valeur du champion ? Il y a aussi toutes les souffrances devinées ou entrevues. Celles de Marinelli, entre autres, ce pauvre petit garçon qui avait tant de mal à avancer et qui tenait quand même[2]…

Quel beau film on pourrait faire ? Quel cadre, quel décor !

Combien je regrette d'être si peu compétent en cyclisme pour ne pas, raisonnablement, songer à le réaliser…

J'ai passé la veille une nuit blanche et je puis avouer maintenant qu'après le départ, j'avais très peur… Peur de m'endormir dans la voiture et de voir demain dans les journaux une photo montrant le peu d'intérêt que je portais au Tour de France !

Je vous assure que mes craintes ont été vaines ! »

Orson Welles n'avait pourtant rien vu. S'il y eut quelques timides échappées, l'étape se déroula telle une randonnée à petite allure, véritable promenade soporifique. Aucun fait marquant. Ah ! s'il avait suivi une étape émaillée de cols, quels propos dithyrambiques aurait-il ajoutés en apercevant les hommes, à l'honneur et à la peine, gravissant les pentes dans la lumière d'été ?

J'ai rencontré trop peu souvent mon confrère Georges Duthen. Nous n'appartenions pas aux mêmes rubriques sportives. Lui œuvrait dans le domaine du rugby, mais j'aimais sa placidité contagieuse quand nous devisions, ici et là, à l'occasion de présentations de livres ou de réunions de journalistes sportifs. De longues années auparavant, il avait suivi le Tour de France à l'arrière

---

[2] Cette année-là Jacques Marinelli avait entamé le Tour de France souffrant de crises de furonculose. Maillot jaune, l'année précédente, il devait cette fois, la mort dans l'âme, se retirer au cours de la 7ème étape.

du peloton pour pouvoir livrer aux lecteurs la souffrance des coureurs en proie aux tourments spiralés de l'abandon. Je l'avais interrogé sur ses reportages d'alors mais certes, son interview d'Orson Welles me fascinait. Il n'avait rien oublié. On ne peut rester insensible à un tel pachyderme sacré. Et Georges me disait : « À l'époque, il possédait encore un physique avantageux (un jeune premier en somme). Quelques années plus tard, c'était terrible, il avait doublé de volume ».

Certes, mais son talent restait réel.

Je me réjouissais que ce personnage, disparu en 1985 à Hollywood, à l'âge de 70 ans, aussi extravagant que talentueux, fût entré dans le cénacle des grands visiteurs du Tour de France.

13. LE SÉQUESTRÉ DES LANDES

Coureur des années 1940-1950, Paul Giguet était un vrai philosophe des pelotons.

Personnellement et paradoxalement, j'ai fait sa connaissance sur les pistes enneigées de Saint-Gervais, en Haute-Savoie, où à une certaine époque le président de la Fédération française de ski et maire de la localité, Maurice Martel, conviait journalistes et cyclistes dans l'esprit le plus convivial. Nous avons ensuite gardé le contact et, chaque fois que je venais commenter le Critérium de la première neige à Val-d'Isère, je m'arrêtais à Albertville, où il habitait, et nous allions dîner dans un restaurant de la future cité olympique.

Originaire d'Albertville, il était né à Paris le 25 avril 1915 (par hasard, disait-il). Il était doux, timide, presque effacé, et j'éprouvais toujours un certain déchirement à reprendre le chemin de fer tant Paul me touchait par sa philosophie tranquille et par des histoires qui n'appartenaient qu'à lui. Je savais, en posant le pied sur le quai de la gare d'Albertville, que le Savoyard qu'il était allait me débiter une de ces aventures qui ne pouvait arriver qu'à lui seul.

L'histoire de la bijouterie Lamy, à Albertville, m'est restée en mémoire.

Grand bricoleur devant l'histoire, Paul bichonnait sans cesse sa voiture. À l'époque où je vous parle, il possédait une *Panhard*.

Un jour, il considéra qu'il lui fallait changer ses pneus s'il ne voulait pas encourir les foudres et les pénalités de la maréchaussée. Par bonheur, il connaissait une « caverne d'Ali Baba » où il se rendait de temps en temps. Cette fois, il se dirigea tout droit vers l'endroit où les automobiles gisent, désossées ou presque, dans un ultime stationnement.

Paul cherchait des pneus. Le cimetière des voitures était son salut. Mais il avait beau remuer épave après épave, il ne trouvait rien qui puisse convenir à sa *Panhard*, déjà d'un autre âge, mais qui, assurait-il, « marchait encore du feu de dieu ».

Il touchait presque au but lorsque son regard fut attiré par des objets qui brillaient aux dernières lueurs du crépuscule. Il ouvrit une portière éventrée… et recula sans trop comprendre. Non ! ce n'était pas possible. Il se trouvait devant un vrai magot : des pierres précieuses comme il n'en avait jamais vues, des colliers, des bagues et d'autres objets qui étaient sans conteste de grande valeur.

Il courut à sa voiture, en sortit un sac qui avait contenu des pommes de terre et y enfouit pêle-mêle tous ces bijoux qui n'appartenaient pas à son univers. Il savait que la bijouterie Lamy avait été cambriolée quelques semaines auparavant et supposait que tous ces objets émanaient du « casse ». Il fut tout naturellement remercié par les bijoutiers mais refusa la moindre reconnaissance matérielle.

Paul Giguet, dans le peloton, correspondait parfaitement à la définition du mot « domestique », à plus forte raison au mot italien *gregario*. Lui préférait le mot « auxiliaire ». En vérité, il n'avait aucun état d'âme.

Ce Savoyard à la placidité très contagieuse appartenait à la vieille école. Il fut durant quelques Tours de France le porteur d'eau préféré et attitré de Louison Bobet. Désabusé et inaltérable, il était le plus merveilleux compagnon de route dont on puisse rêver. Il promenait sa stature de cuirassier sur les courses avec l'application distraite d'un fonctionnaire qui n'a d'autre ambition que d'obtenir ses grades à l'ancienneté. Au goût du travail bien fait, il ajoutait l'élégance du geste. Louison exprimait-il le besoin de se désaltérer ? Paul Giguet s'arrêtait à la première auberge ; Après un *bonjour* poli et distrait, il choisissait des boissons non gazeuses, pas trop fraîches, pas trop chambrées.

Il promettait de régler la note un peu plus tard (pardon, il utilisait l'indéfini : « *On* viendra vous payer » qui laissait l'interlocuteur dans le vague) saluait la compagnie hâtivement et repartait les poches du maillot bourrées de bouteilles, à en craquer les coutures.

Il rejoignait ensuite le peloton qui, on s'en doute, ne l'avait pas attendu, et remettait les « reconstituants » à son *leader*, toujours d'une élégance frémissante. Avec philosophie, il subissait ensuite les coups de boutoirs des vedettes et il lui arrivait de lâcher prise et de terminer loin derrière tout le monde.

Cela n'avait pour lui qu'une importance relative mais il faut reconnaître que l'entreprise réalisée pour éviter l'élimination n'était pas toujours de tout repos. Il avait, certes, terminé à plusieurs reprises quelques minutes avant la fermeture du contrôle, mais n'était jamais tombé dans la fosse commune des « hors délais », ce qui situe sa valeur. Il connaissait son parcours, ses horaires, au mètre, à la seconde près. Sa devise était : « Avec Paul Giguet, jamais hors des délais ! ». Quand il attendait ses coéquipiers attardés, il calculait presque toujours avec justesse l'horaire de l'étape. Il connaissait tous les délais d'élimination et conduisait la marche de sa troupe, l'œil sur la montre. Jamais il ne se trompait et il ramenait tout le monde à l'arrivée sans vains efforts.

Un jour pourtant, il se présenta sur la ligne de départ en disant aux copains : « Je ne sais pas, mais j'ai l'intuition que j'ai oublié quelque chose à l'hôtel… » Il n'y avait oublié que son vélo ! Mon confrère Abel Michéa m'a assuré que l'histoire était véridique et je n'ai eu aucun mal à le croire.

Pierre Molinéris racontait aussi cette aventure :
« C'était dans le Tour, évidemment, avec l'équipe de France. Paul crève. Robert Desbats, Émile Baffert et moi, nous l'attendons. En ce temps-là, on changeait de boyau. Le mécanicien arrive, la roue est remontée. Nous, on gueule : *Alors Paul, tu te dégrouilles ?* Paul ne bronchait pas. Debout, au milieu de la route, il tournait et retournait entre ses doigts le boyau crevé. *Alors m… tu viens ?* Et Paul examinant toujours son boyau sans plus se presser, nous

répond, de la façon la plus détaché : *Je voudrais bien savoir si c'est un silex ou un clou que j'ai ramassé.* Sacré Paul. »

Pierre Brambilla était son ami. Il ne fut pas seulement un excellent coureur mais un extraordinaire personnage avec sa tête impossible où le menton emportait tout. On le prenait d'abord pour une brute un peu simple avant de se rendre compte qu'il était un humoriste à froid de première grandeur, un mélomane affirmé et un chanteur de talent.

« Avec Giguet, racontait-il, nous faisions des Tours de France terribles dans l'équipe du Sud-Est. Je me souviens de celui de 1949. Le jour de l'étape contre-la-montre, entre Colmar et Nancy, sur 137 kilomètres, je terminai un peu plus de 40ème à près d'une demi-heure de Coppi. Paul, 50ème. Le soir, je lui dis : *Paul, tu vois, nous ne sommes pas des coureurs cyclistes. Alors, noyons notre chagrin.* Giguet a, alors, placé trois demi-bouteilles de champagne au frais et nous leur avons fait un sort.

Nous avions mis au point un plan pour gagner des primes le lendemain. C'était la dernière étape et nous n'avions pas encore gagné un sou. Eh bien ! Nous avons ramené, à nous deux, cent vingt mille francs de primes dans la journée. À cette époque c'était encore de l'argent. »

Au Tour de France 1950, alors qu'il avait pris place au sein de l'équipe de France, Paul Giguet vit l'élimination de très près. Il ne disait rien, ne se plaignait jamais… et souffrait en silence. Peu avant le départ du Tour, il avait perdu son beau-frère, Camille Danguillaume. Géant débonnaire, comme lui heurté par un motard lors du championnat de France sur l'anneau de l'autodrome de Montlhéry, Camille avait agonisé durant une semaine à l'hôpital, victime d'une fracture du rocher, avant de rendre le dernier soupir, deux petites semaines avant le départ du Tour. Il laissait un grand vide dans les pelotons. Par sa détermination, son bon sens et son sourire si engageant, il éliminait tous les obstacles. Il était écrasant. On aurait aimé l'avoir pour père, pour frère, pour oncle… Paul Giguet avait pris le départ du Tour, à Paris, l'âme flétrie d'avoir perdu Camille.

Et puis, la vie le reprenait peu à peu, dans le Tour. Il lui fallait remplir son office et on l'attendait, lui, le meilleur serviteur de l'équipe de France. C'était dans l'une de ces étapes interminables entre Bordeaux et Pau où les coureurs s'ennuient en traversant les Landes. Il faisait chaud, très chaud. Tout le peloton avait soif et monsieur Bobet aussi. D'un seul coup d'œil, Paul Giguet avait compris. Il s'arrêta dans une auberge, entre Captieux et Villeneuve-de-Marsan, se faufila derrière le comptoir…

Les concurrents étaient passés depuis quelques minutes et Paul n'avait pas repris la route pour ravitailler son *leader*. Chez cet homme prompt à l'action, cette attitude n'entrait guère dans les manières. Personne, cependant, ne s'en inquiétait sauf Bobet, sans doute, dont le gosier commençait à se rétrécir. À son propos, on évoquait « le Christ aux outrages ».

La course était passée sans précipitation, soufflant quelques papiers lâchés auparavant par la caravane publicitaire. Le patron de l'estaminet, son épouse et les employés remontaient dans l'établissement afin de reprendre leur tâche (de serveurs, voire de serviteurs) interrompue par le vacarme du Tour.

Soudain, ils s'arrêtèrent dans leur élan : des coups sourds semblaient venir du plancher. Pan ! Pan ! Pan ! On percevait des jurons, des cris étouffés. Tout le monde se regarde, s'interroge. Les coups redoublent. Et la patronne soudain pousse un cri. Là, sous ses pieds, c'est là que ça cogne ! Sous ses pieds, c'est la trappe qui communique avec la cave. Inquiet mais courageux, le patron l'ouvre. Et il crie alors comme s'il avait été un vieux nettoyeur des tranchées de la guerre de 1914-1918 : « Mince, un Français ! » Il portait en effet le maillot de l'équipe Tricolore. Dans leur précipitation, la patronne, en regagnant son bar, avait refermé la trappe ouverte par Giguet sans savoir qu'elle faisait de ce dernier un prisonnier.

De nombreuses minutes s'étaient écoulées. En voyant revenir le Savoyard de l'arrière, Louison lui aurait dit, roulant des yeux sombres : « Alors, tu me prends pour un cave ? » L'apostrophe revêt un ton de circonstance, certes, mais n'a jamais été confirmée. Ce serait trop beau. Ce qui demeure l'exacte vérité est que la limonade de monsieur Bobet avait pris un coup de chaud.

Paul freinait toujours l'ardeur de ses jeunes camarades inexpérimentés, s'intéressait au paysage, colportait dans le peloton les petits potins de la caravane suiveuse et commentait les exploits des champions, ses « adversaires », en propos admiratifs et nullement envieux. Rouleur d'une rare efficacité, il détestait avoir à dresser personnellement des plans tactiques.

Il n'était heureux que lorsqu'il se trouvait placé sous les ordres d'un chef de file lui indiquant avec clarté ce qu'il attendait de lui. Il disposait des arguments qui font le champion mais il lui manquait un peu de ferveur et d'ambition. Il est vrai aussi que, selon les caprices d'une naissance, on est appelé à porter l'habit de soirée ou le treillis d'atelier. Paul, avec philosophie, avait choisi ce dernier. Ainsi naissent les équipiers dans un monde où les rayons de soleil n'ont pas, pour tous, la même intensité.

Je ne t'oublie jamais dans mes pensées, mon cher Paul !

14. SALUT AU PREMIER HOMME

C'était le 26 octobre 1982. J'avais très mal dormi, cette nuit-là. À plusieurs reprises, je me suis réveillé et me suis dit : « Tout à l'heure, tu as rendez-vous avec la mort ! » Il s'agissait d'un phénomène rétrospectif, certes, lié au drame du champion suisse Hugo Koblet, décédé dix-huit années plus tôt ; mais tout de même. On ressasse ainsi, parfois, de ces formules toutes faites qui vous laissent dans l'âme une sorte d'angoisse. Je me sentais à la fois absent et rebelle comme si j'avais voulu chasser l'événement tragique de ma mémoire. Je partais pourtant pour une reconstitution, pour retrouver des témoins, pour un vrai dossier de télévision.

Je n'ai pas eu besoin de sonnerie, ce matin-là, pour quitter mon domicile de bonne heure mais, dans le taxi, ça m'a repris et je me suis surpris à répéter, sans raison apparente : « Au fait, l'accident s'était-il produit en allant de Mönchaltorf à Esslingen ou d'Esslingen à Mönchaltorf ? » Comme si je n'allais pas arriver suffisamment tôt pour le vérifier sur place.

Dans l'avion qui m'amenait à Zurich, j'y pensais sans arrêt et, deux heures après, j'étais sur la route d'Esslingen à Monchaltorf. C'était la bonne direction, si j'ose dire…

Il n'y a pratiquement qu'un seul virage sur cette route longue d'un peu moins d'un kilomètre. J'avais donné rendez-vous à un confrère suisse, Walter Grimm, qui avait fort bien connu Hugo Koblet et saurait me traduire les subtilités du patois zurichois.

Il me montra d'abord le poirier contre lequel s'était fracassé le champion suisse, en ce matin du 2 novembre 1964. Trois grandes pointes avaient été clouées dans le tronc et retenaient un bocal de verre ayant, autrefois, contenu des concombres de marque française (l'étiquette s'y lisait encore). Sans doute était-on venu y mettre, de temps en temps, quelques fleurs. Le pot était vide le jour de ma visite.

Le pourtour herbeux de l'arbre était jonché de poires qu'une dame était ce jour-là appliquée à ramasser. Je m'empressai de lui expliquer l'objet de ma visite et, très vite, comme pour prolonger la conversation ou, peut-être, la rassurer, je me mis à l'interroger sur l'arbre et les poires.

« On va bientôt abattre ce poirier, monsieur ; les fruits sont de très mauvaise qualité. Je les mélange à quelques pommes et l'on en tire un alcool qui reste à la ferme. Mais je crois que l'on perd sa peine à les ramasser. » Elle avait sans doute oublié la mort de Koblet. Bientôt, quand l'arbre s'abattrait sous l'effet de la hache du fermier, il ne resterait plus d'objet témoignant de la mort du vainqueur du Tour de France 1951. J'ai donné dix francs suisses à la dame comme pour m'excuser, en lui disant : « C'est pour vos enfants. » Et puis j'ai refait le dernier chemin d'Hugo.

Ce dernier, le lundi matin de novembre 1964, se retrouvait en plein cauchemar : Sonja, l'amour de sa vie, s'éloignait de plus en plus. Ils s'étaient même séparés. Elle avait conservé momentanément la belle villa de Forch qu'Hugo avait totalement aménagée et rénovée en y engloutissant des sommes considérables. Ce matin-là, il quitta son studio d'Oerlikon et monta à la villa de Forch. Il voulait de nouveau voir Sonja, l'implorer de ne pas l'abandonner. Mais cette dernière avait fait son choix et Hugo savait que le divorce était désormais inévitable. Pour lui le drame était proche.

Il reprit son *Alfa-Romeo* blanche, descendit des hauteurs d'où l'on domine le lac de Zurich, entra dans le petit hameau d'Esslingen et s'engagea sur la gauche en direction de Mönchaltorf, sur la route d'Uster.

Huit cents mètres après la sortie du village, il allait aborder un très léger virage lorsque, brusquement, la voiture, quittant la route, vint se jeter avec une force prodigieuse contre un arbre bordant la chaussée. Aucune trace de freinage ne fut observée sur la route parfaitement sèche. La visibilité était bonne. Pas de brouillard, pas de verglas. Hugo s'était, en outre, toujours signalé comme étant un excellent pilote…

Au *Kreuzgarage* d'Esslingen, je n'ai eu aucun mal à me faire préciser le domicile de la personne qui se trouvait sur les lieux de l'accident : « C'est M. Émile Isler, m'a-t-on dit. Il habite le vallon à trois cents mètres du lieu où s'est produit le drame ».

Émile Isler est propriétaire d'une scierie. Né en 1914, c'est un homme solide, rude. Il a toujours vécu à Esslingen, dans la commune d'Egg. Jamais il n'a envisagé de quitter la localité. La campagne est belle, tout en n'étant distante de la grande ville que de dix-sept kilomètres. Il occupe le vallon depuis 1955. Auparavant, il vivait sur les hauteurs.

Lorsque je lui parle d'Hugo Koblet, il semble étonné :

« Écoutez, monsieur : vous êtes, depuis dix-huit ans, la première personne à venir me poser des questions sur les circonstances de l'accident. Il y a de quoi être étonné, non ? Personne, monsieur, pas un gendarme, pas un enquêteur, pas un journaliste, n'est venu me voir depuis ce temps-là… Que voulez-vous que je vous dise ? Ce jour-là, je travaillais dans le champ, là-haut. Je n'avais pas encore la scierie et j'étais monté pour faucher l'herbe qui avait pris de la hauteur. Il était 10 heures 30. Il faisait beau avec même des rayons de soleil de temps en temps. Bien entendu, je n'ai pas vu arriver la voiture, occupé à ma tâche. Mais, soudain, j'ai entendu un grand fracas.

Ca s'est passé à quarante mètres de moi. Le choc a été si violent qu'un monceau de feuilles est tombé de l'arbre, ensevelissant l'auto. J'ai vite dégagé le tout. Le spectacle était effroyable. Je n'ai pas tout de suite pensé à Koblet. Vous savez, sur le coup, on ne sait pas trop quelle réaction on peut avoir. Ce que je puis vous dire, c'est que le blessé, sous le choc, avait été littéralement jeté hors du véhicule par la portière gauche arrachée. Le pied droit de Koblet restait coincé entre deux pédales et tout le reste du corps gisait hors de la voiture. Sa tête touchait la roue arrière gauche.

Je l'ai sorti de là. Il était plein de sang. J'ai fait attention qu'il ne s'étouffe pas. J'avais appris quelques rudiments de secourisme, dans le temps, quand j'avais fait mon service militaire. Après, j'ai hélé du secours. Beaucoup de voitures sont passées sans s'arrêter, mais tout s'est quand même organisé très vite. Et puis, beaucoup de gens sont venus, des policiers, des photographes, des curieux…

Je suis resté un petit moment sur les lieux et, tranquillement, sans que personne ne s'intéresse à moi et ne me pose la moindre question, je suis redescendu chez moi, ma fourche sur l'épaule. J'ai changé mes vêtements tachés de sang et je me suis remis au travail.

– Hugo a-t-il pu prononcer quelques mots lorsque vous l'avez sorti de la voiture ?

– Oh, non ! Il ne bougeait plus. Je pensais même qu'il était mort sur le coup. Ca m'aurait étonné qu'il ait pu dire quoi que ce soit… »

Pour Émile Isler, Hugo s'était volontairement donné la mort.

J'ai alors gagné Zurich car soudain, j'ai eu envie de revoir mon confrère de la radio suisse alémanique, Sepp Renggli, avec lequel je me retrouvais régulièrement sur les compétitions de ski, pour lui demander son avis sur la mort de Koblet, car Sepp utilisait Hugo comme consultant technique à la radio. Je l'ai enfin déniché, ce soir-là, au bar-restaurant de la *Walliser Kanne*, tout près de la gare. Je pensais qu'il me cachait quelque chose :

« Longtemps m'avoue-t-il, effondré, j'ai réfuté la thèse du suicide. Hugo aimait trop la vie. Et puis, un jour, par hasard, j'ai rencontré le chef de la police cantonale de Zurich, M. Boller, aujourd'hui décédé, et il m'a tenu un langage que j'entends encore.

– Je ne devrais pas vous le dire, M. Renggli, mais Koblet a laissé une lettre avant de mourir dans laquelle il manifestait son intention de se donner la mort. Je vous le confie, car, un quart d'heure environ après le choc, l'ex-champion du Tour de France était entre les mains des chirurgiens de l'hôpital d'Uster qui se concertaient avant de tenter une trépanation sur le blessé, plongé dans le coma. Il était atteint d'une fracture à la base du crâne, souffrait de plusieurs fractures aux jambes et d'un arrachement du pied. Il resta plusieurs heures sur la table d'opération mais on savait que son état était désespéré.

Son cœur cessa de battre le vendredi 6 novembre à 1 heure 45. Sa femme Sonja et sœur Doris, infirmière en chef de l'hôpital du district d'Uster, recueillirent son dernier souffle. »

Ainsi disparaissait celui que le chansonnier Jacques Grello avait appelé « le pédaleur de charme », dernier romantique des pelotons. Il restait les souvenirs raconté par mes confrères. Je m'y suis accroché.

Au Tour de France 1951, à la veille de l'étape contre-la-montre La Guerche / Angers, les favoris de l'épreuve se trouvent tous strictement groupés dans le même temps et la course au chronomètre arrive à point nommé pour les départager. Au terme de la 6ème étape, Caen / Rennes, la victoire est allée au Parisien Édouard Muller, le Maillot jaune passant sur les épaules du Tourangeau Roger Lévêque ; Hugo Koblet, qui compte parmi les favoris, se positionne à la vingt-cinquième place à 15 minutes 35 du *leader*.

Cette 7ème étape comporte 85 kilomètres, à couvrir en solitaire à travers les multiples vallonnements de l'Ille-et-Vilaine, de la Mayenne et du Maine-et-Loire. C'est la première course contre-la-montre du Tour 1951 qui atteint son septième jour.

La localité de La Guerche-de-Bretagne, lieu de départ, entre aussi pour la première fois dans l'histoire de la Grande Boucle. Chef-lieu de canton d'Ille-et-Vilaine, peuplée de 3 500 habitants, la cité, sous la direction de M. Belloir, président du comité des fêtes, a magnifiquement décoré la ville et surtout la place du Grand-Mail (le champ de foire), où est donné le signal de l'envol, avec des guirlandes, fanions et oriflammes. C'est la fête au village. Les départs sont donnés de trois en trois minutes devant le café-épicerie Delaune.

Que se passe-t-il, alors, à l'issue de cet exercice solitaire du pouvoir ? Les juges annoncent, tout d'abord, la victoire de Louison Bobet. Le champion de France restera le triomphateur durant cinq heures. Les temps annoncés sont formels et livrent le verdict avec un avantage d'une minute au détriment du Suisse Hugo Koblet. Après tout, l'affaire paraît possible aux journalistes car ils ont nettement enregistré une petite défaillance de Koblet, après qu'il ait dépassé, durant la course, le régional bordelais Robert

Desbats, qui se trouvait presque 9 minutes avant lui.

Sur le moment, un peu surpris tout de même, Koblet n'émet aucune protestation. Mais, à son arrivée à l'hôtel Saint-Julien, place du Ralliement, à Angers, lorsqu'il possède en main le classement de l'étape, il constate que l'Espagnol Bernardo Ruiz est classé avec un écart de plus de 5 minutes 44 par rapport à son propre temps alors qu'il est parti 6 minutes derrière lui. Comme il l'a doublé, cet écart aurait dû se chiffrer par 6 minutes 44. Il s'en ouvre alors à son directeur sportif, l'affable et tranquille Alex Burtin, Genevois au parler chantant dont le regard malicieux et moqueur trahit la parfaite sérénité d'esprit. Ce dernier, aussitôt, lui propose de se rendre auprès du directeur du Tour, Jacques Goddet, à l'hôtel de ville où se tient la permanence de l'épreuve, afin de faire procéder à la vérification des feuilles de chronométrage.

« Il y a certainement une erreur d'une minute, affirme Koblet. Je participe à des épreuves de poursuite sur piste, je sais bien que je n'ai pas terminé la course très brillamment, que j'étais un peu fatigué, mais je sais aussi que je n'étais pas mort : je poussais un développement de 52 x 15 et je n'ai pu perdre 1 minutes 30 en si peu de temps. Si j'ai perdu 20 à 30 secondes sur Bobet, c'est un maximum. »

À la demande du directeur du Tour, les commissaires internationaux décident de se réunir à l'hôtel des officiels (hôtel d'Anjou, boulevard Maréchal-Foch) et convoquent le chronométreur en chef, Raoul Adam.

Félix Lévitan, alors directeur général adjoint du Tour, m'a raconté la scène, un jour de septembre 1984. Ému tant d'années après, il avait évoqué sa confusion devant ce brave Adam, effondré, et la situation dans laquelle ce dernier se trouvait empêtré. Je crois que Félix en souffrait encore. Il avait déjà rédigé un compte-rendu sur « l'affaire » dans une chronique du *Miroir des Sports*. Je m'y suis, parallèlement, conformé afin de n'omettre aucun détail.

En ce soir du 10 juillet 1951, dans le hall de l'hôtel d'Anjou, alors qu'au dehors la nuit estompait les cimes des platanes, une trentaine de journalistes impatients…

Dans la chambre 85, au troisième étage, six hommes penchés sur des chiffres…

Félix Lévitan était parmi eux en raison de sa fonction dans la course. Il eut préféré ne pas avoir à participer à ce conseil de guerre ou plutôt à cette commission d'enquête. Ne s'agissait-il pas, en effet, de retrouver une minute perdue par le nouveau chronométreur, M. Adam, entre le dernier kilomètre et l'arrivée d'Hugo Koblet ?

« Messieurs, tonne Henri Boudard, président du jury des commissaires, voici les faits… »

L'exposé terminé, des gouttes de sueur ont commencé à perler sur le front d'Adam, écrit Félix Lévitan. De toutes petites gouttes de rien du tout, minuscules et je regardais courir le long des oreilles, ou derrière la nuque, courir et disparaître dans le col de la chemise du patient.

« Huit et quatre-vingt-deux…

Un silence de mort.

– Huit et quatre-vingt-deux, trois et deux, cinq, c'est bien ça !

Des gouttes de sueur encore plus grosses, celles-là, plus rondes, plus lourdes, plus rapides.

– Certainement pas, M. Adam, certainement pas ; vous comprenez, Robert Desbats qui est arrivé en même temps que lui…

C'était le commissaire suisse, Fernand Jayet, qui intervenait avec son léger accent valaisan, en concentrant un regard, rendu plus aigu par les cercles d'or des lunettes, vers les feuilles de pointage.

– Certainement pas, M. Adam, certainement pas… »

Nouveaux calculs, nouveaux silences.

Charles Joly, l'autre directeur général adjoint du Tour, assis sur l'un des deux lits qui meublent la chambre, n'a pas bronché.

Henri Boudard a pris la mine d'un président d'assises patient ; Fernand Paul, commissaire belge et Carlo de Giovanengelo, délégué italien, celles d'assesseurs attentifs.

« Huit et quatre-vingt-deux… » Adam refit tous ses calculs.

Et à chaque balbutiement des lèvres, décolorées par l'émotion, une goutte de sueur.

J'avais envie, écrit encore Félix Lévitan, d'ouvrir la porte et de m'en aller.

« M. Adam, je vous prie, voyons les choses dans le plus grand calme… »

Et Félix Lévitan se surprend alors à prendre la parole. Il en avait assez. Ce silence était oppressant, il était nécessaire de le rompre et nécessaire de comprendre ; il était surtout indispensable de tirer le brave Adam de ce mauvais pas, d'empêcher toutes ces gouttes de sueur de filer à travers ses cheveux gris.

« J'ai cru remarquer que vous preniez les temps au premier passage, si vous n'annonciez que celui du second passage devant vous. Regardez, comparez !

Plus un bruit, plus rien que la rumeur sourde de la rue.

– Deux heures quatre minutes quarante secondes.

– Quoi ?

– Deux heures quatre minutes quarante secondes… mais, mais…

Eh, oui ! malheureux homme, elle était là, cette fameuse minute, vous vous étiez, pauvre Adam, trompé à la lecture de votre chronomètre au second passage : Koblet n'avait pu couvrir le kilomètre en 2 minutes 27 secondes, soit une minute de plus que tous les autres !

– Il faut aviser Jacques Goddet, ami Boudard.

– Décidément, dit Félix Lévitan, je parlais sans m'en rendre compte.

Henri Boudard bondit au téléphone :

– M. Jacques, voulez-vous monter dans ma chambre ? »

Dare-dare, le directeur général du Tour escalada l'étage qui le séparait de la salle d'assises improvisée. Il n'était encore ni lavé, ni recoiffé. Il recueillit d'une oreille attentive et avec un rictus légèrement agacé, la confession d'Adam.

Méticuleux, Goddet refit tous les calculs. Comme il relevait la tête, son regard croisa celui de Félix Lévitan.

« C'est fâcheux, très fâcheux, mais il faut prendre nos responsabilités, n'est-ce pas Félix ?

– Parfaitement !

– Alors Henri Boudard, il est nécessaire de rédiger tout de suite un communiqué et prévenir les confrères…

J'entrevis enfin la chance de m'enfuir, en laissant Adam

s'éponger le front en paix, révèle Félix Lévitan :

– Je vais déjà aviser les journalistes présents dans le hall.

– C'est ça, allez-y ! »

Ainsi, cinq heures après l'arrivée d'Hugo Koblet, le directeur adjoint du Tour put-il annoncer aux reporters rassemblés au pied de l'escalier de l'hôtel d'Anjou, qu'ils me virent dévaler quatre à quatre : « Messieurs, vous recevrez un communiqué officiel dans quelques instants, mais je tiens à vous dire sans perdre… une minute (jeu de mots involontaire, selon Lévitan) que Koblet est déclaré vainqueur de l'étape ! »

À l'hôtel Continental, Louison Bobet dormait déjà du sommeil du vainqueur qu'il n'était plus.

Quant à Koblet, l'effort fourni au cours de cette étape l'avait-il marqué ? Au contraire, il a le don de lui conférer un appétit d'ogre. À deux heures du matin, il s'en va réveiller Alex Burtin. La faim le tenaille. Le directeur sportif doit se lever pour aller en ville chercher un poulet en gelée qu'il déniche, après maints détours, au buffet de la gare d'Angers.

Le lendemain, dans les gazettes, « la minute du chronométreur Raoul Adam » entre dans l'histoire. Au micro, déjà, la veille, le célèbre radio-reporter Georges Briquet n'a-t-il pas lancé : « C'est un comble ! Adam n'a pu désigner le premier homme. » À cela Jacques Marchand, journaliste à *l'Équipe* répondra : « N'est-ce pas Adam, en épousant Ève, qui a prouvé que l'erreur était… humaine ? »

On comprend alors pourquoi, même chrono en main, l'un de ses descendants les plus directs ait pu commettre, un jour de juillet 1951, la minute d'erreur qui fit de Bobet l'usurpateur involontaire et temporaire d'une victoire contre-la-montre et contre Koblet.

15. *IN MEMORIAM*

J'avais rencontré Raoul Adam à plusieurs reprises, alors qu'il officiait sur la course Paris / Nice où je travaillais aux côtés du directeur de l'épreuve, Jean Leulliot, et c'est dans nos bureaux de *Monde 6*, rue Stanislas, qu'il m'était apparu. C'était un personnage au physique tout à fait insignifiant. La première fois qu'il avait, devant moi, décliné son identité, j'avais regardé l'homme et, soudain, toute cette étape contre-la-montre si bouleversante m'était revenue à l'esprit. Il ne se confiait pas beaucoup. Mais que pouvait-il ajouter à son erreur devenue historique ? Cette année-là, il exerçait son sacerdoce pour la première fois sur le Tour de France ; il était passé inaperçu dans les premières étapes. Pour une minute d'erreur, il devenait le grand homme de la circonstance, sa performance effaçant du même coup celle de Bobet et minimisant celle de Koblet.

L'homme ne recherchait pas la célébrité, ni même la publicité. C'était quelqu'un de tranquille, qui jouissait d'une solide constitution et s'adonnait avec persévérance au cyclotourisme, parcourant la France, gravissant les cols alpestres et pyrénéens. Avant d'être chronométreur, il fut métreur et expert et, durant près de trente ans, inspecteur des Ponts et Chaussées, très apprécié pour sa compétence et sa gentillesse. Il fut aussi, et le demeure, un grand sportif qui, dès 1913 (il avait alors 15 ans), s'adonnait aux joies du football et de la course à pied.

Enrôlé sous les drapeaux trois ans plus tard, il ne fut rendu à la vie civile qu'en 1919. Il n'avait pas, pour autant, perdu le goût du sport et lorsqu'il rentra chez lui, à Saint-Germain-en-Laye, avec la médaille de Verdun et la Croix de guerre belge, il prit sa première licence au « Cercle des sports de France » et pratiqua avec beaucoup de conviction la marche athlétique.

Il avait décidé de faire profiter les autres de son éclatante santé. Reconnu « donneur universel » par les médecins, il allait se prêter à deux cent cinquante-six transfusions qui pouvaient se traduire par 95 litres de sang. Il possédait même son record personnel : 1 100 grammes donnés, en une heure, à l'hôpital Gouin de Clichy, en 1949. Il reversait intégralement ce que lui rapportaient ses dons du sang aux œuvres de la Maison des petits infirmes de la rue Lecourbe, à Paris.

Il avait épousé la fille d'un boucher mais ne se nourrissait que de légumes.

L'erreur de Raoul Adam rectifiée, Koblet rétabli dans ses droits, le champion helvète devint le super favori du Tour de France. On pouvait cependant deviner quelques réticences, ici et là. Jacques Goddet retenait par exemple l'indication du fléchissement très prononcé du Suisse en fin de course. « La générosité de son tempérament, écrivait le directeur du Tour de France, dans *l'Équipe*, peut le mettre en péril. Il ne connaît pas encore les rigueurs du Tour et risque de subir de plus fâcheuses mésaventures… »

« Ce que l'on peut craindre pour lui renchérissait Claude Tillet, dans le même journal, c'est qu'il prenne rapidement conscience de l'énorme supériorité de ses rivaux français et italiens et que son moral s'en trouve quelque peu affecté… »

Koblet reconnaît que, dans cette étape, il est parti trop vite et a payé cet effort sur la fin. Il manquait de souplesse pour lancer son grand braquet dans les descentes. Mais pourquoi diable a-t-il pris un départ aussi rapide ? Il confesse avoir eu peur de l'Italien Magni et ne voulait pas que le Transalpin ait l'avantage moral de lui grignoter du terrain.

J'étais resté très près d'Alex Burtin, aujourd'hui décédé. Après la direction sportive de la formation suisse au Tour de France, il occupa bien des fonctions : directeur de vélodrome, conseiller technique… Il fut aussi attaché à l'organisation de Paris-Nice, au service de Jean Leulliot. C'est là que nos routes se rejoignirent. J'ai partagé avec lui bien des soirées d'étape et il m'a souvent confié que ce ne fut pas toujours facile de concilier les intérêts du bouillant Ferdi Kubler et du calme Hugo Koblet.

Koblet émerveille. C'est un seigneur. Mais il accumule aussi beaucoup de défauts. C'est une cigale. Il ne sait rien garder pour lui. Rien n'est trop cher. Il trouve que les banques ne sont pas sûres et conserve la plupart de ses gains dans une valise !

Cela dit, il connaît, en 1951, l'état de grâce. Au départ de l'étape Clermont-Ferrand / Brive, par exemple, au Tour de France, il fait étalage de toute sa générosité envers l'équipe de France. C'est le 14 juillet et, pour la fête nationale, le champion suisse, accompagné de toute son équipe, vient offrir un bouquet de fleurs à Louison Bobet, capitaine de la formation Tricolore.

À Brive, précisément, l'étape n'apporte pas de bouleversements au classement général. En revanche, elle risque de provoquer un véritable drame chez les Helvètes : Koblet souffre d'hémorroïdes. La première pensée d'Alex Burtin est de ne pas alerter le docteur Mathieu, médecin du Tour. Dans le petit monde de la caravane, les nouvelles vont vite. Pas besoin de radio, de télégraphe ou de téléphone. Elles circulent de bouche à oreille à une vitesse de propagation incroyable.

Trois personnes seulement se trouvent dans la confidence : Leo Weilenmann, compagnon de chambre d'Hugo, Vila, le soigneur de l'équipe, et, bien entendu, Alex Burtin qui décide, séance tenante, de faire venir un médecin de la ville. La thérapeutique à employer est sans appel : il faut pratiquer l'incision. Embarras de Burtin qui prend le parti, cependant, de n'en rien faire et fait appel à un autre médecin de Brive. Jeune et compréhensif, celui-ci prescrit des pilules et des ampoules au champion cycliste, ainsi qu'une pommade à base de cocaïne dont il badigeonnera le fond de son cuissard. Tout se passe dans l'ambiance feutrée des chambrées. Il convient en effet d'être très vigilant car à l'hôtel Terminus où loge l'équipe de Suisse, se trouve également deux formations et non des moindres : l'équipe de France et l'équipe d'Italie. La moindre fuite sur l'état de santé de Koblet peut se révéler funeste pour la suite. Burtin et chacun de ses hommes montent discrètement la garde devant la chambre d'Hugo. Rien ne transpire.

Et le Tour quitte la cité briviste pour s'en aller vers l'Agenais. Au 37ème kilomètre, Hugo se sent des ailes et se détache en compagnie du Nordiste Louis Deprez. Mais le Suisse allonge la pédalée et le Français ne peut suivre. Koblet se retrouve seul et décide de poursuivre l'aventure. Il reste près de 140 kilomètres à accomplir.

« Je me suis alors porté à sa hauteur, souvient Alex Burtin[1].

– Qu'est-ce que je fais ? m'a demandé Hugo.

Je réponds :

– Fais ce que tu estimes devoir être mieux pour toi. »

Le directeur sportif genevois ajoute :

« Car j'ai appris à le connaître […]. Je ne pouvais aller contre sa volonté. Je lui ai fait une simple recommandation quand l'affaire a pris de l'ampleur : *Roule les mains en haut du guidon, ne te donne pas à fond.* André Leducq et quelques autres suiveurs m'ont traité de fou. Mais la chance était avec nous. Les Italiens ont été perturbés par une chute. Une crevaison de Bobet a semé la panique chez les Français. Barbotin lui a donné sa roue ; Rémy, Laurédi puis Géminiani l'ont attendu. Mais Barbotin, dans un mauvais jour, éprouvait des difficultés à revenir dans le peloton et Rémy ainsi que Laurédi étaient mobilisés pour un deuxième service de sauvetage. Le peloton va être coupé en deux et les traînards finiront avec dix-huit minutes de retard. Au 75ème kilomètre, dans la plaine entre Souillac et Pontcarral, Jacques Goddet m'annonce que Koblet a maintenant 3 minutes 50 d'avance. Naturellement, je ne quitte plus son sillage. J'ai prévenu les autres, avec la voiture de liaison, de se débrouiller pour assurer leur ravitaillement. L'important était qu'ils rentrent dans les délais. Hugo enroule une démultiplication de 52 x 16, soit 6 mètres 85. Il passe rarement sur le 15 dents. À un moment donné, dans un passage battu par le vent, on nous apprend qu'il vient de perdre une minute sur ses poursuivants. Il a eu une reprise phénoménale : dix kilomètres

---

[1] *Les Vainqueurs du Tour*, Roger Bastide et Jean Cormier (éd. Olivier Orban).

plus loin, son avance était remontée à 3 minutes 35 ! Et puis, à 12 kilomètres de l'arrivée, sur un passage pavé, il me déclare brusquement : *Je n'en peux plus, je vais m'arrêter !* Son braquet ne convenait plus. Il peinait. Ce coup de barre, je l'accusai encore plus que lui ! Mais je n'ai pas perdu les pédales, si je puis dire, et me suis dépêché de le bousculer : *Pas maintenant, Hugo, ce serait idiot ! Nous sommes pour ainsi dire arrivés, tu as course gagnée !* Derrière, heureusement, le peloton était maté, assommé, laminé. »

Hugo se ressaisit.

Les suiveurs s'interrogent, stupéfaits. Koblet conduit le bal avec une invraisemblable aisance. Le visage rivé sur la route, il enroule les kilomètres. Son effort ne traduit ni peine ni douleur. Il prend l'ascendant sur ses adversaires, se désengle du marquage des seigneurs. La route semble absorbée dans un mouvement si simple. Son efficacité est belle comme une impossible évidence. Enthousiasmante vision ! Élancé mais solide, la taille marquée, la tête dégagée, cuisses et chevilles très rapprochées, faisant corps avec le cadre du vélo, les mains jointes à plat auprès de la potence en grimpant, le Zurichois semble afficher une totale décontraction.

À l'entrée d'Agen, les suiveurs voient « le Pédaleur de charme » relever le buste et sortir de sa poche une petite éponge imbibée d'eau. Tout en franchissant la ligne d'arrivée, sur la promenade des Graviers (une ligne droite de quatre cents mètres), il déclenche son beau chronomètre des usines zurichoises « Belmag », descend de machine et combine à l'aide d'un peigne fin sorti du maillot de belles fantaisies capillaires. On s'attend à le voir marqué par l'effort. On ne lutte pas seul, en effet, durant près de 140 kilomètres contre un peloton acharné à vous rejoindre, sans que cela laisse des traces, d'autant plus qu'au sein de ce peloton, on remarque Coppi, Bobet, Robic, Magni, Géminiani… Chez Koblet tout va bien. Tout juste remarque-t-on ses yeux légèrement rougis.

Au soir de ce 15 juillet 1951, le Tour de France s'arrête avec ses caravaniers muets d'admiration. D'un claquement de doigts, Bobet fait comprendre aux journalistes que la performance du Suisse le laisse pantois. Quant à son équipier Tricolore, le Nantais Pierre Barbotin, il demande si le coureur au maillot frappé de la croix blanche n'a pas pris, par hasard, une moto !

Jacques Goddet écrit dans *l'Équipe* du 16 juillet : « Vous avez brisé les chaînes du peloton, vous vous êtes moqué des préjugés établis (Prudence ! Économie !), vous vous êtes libéré du conformisme des vedettes […]. Dans l'esprit qui a inspiré l'exploit comme dans l'inoubliable pureté de sa réalisation, c'est le don le plus généreux que l'on n'ait jamais déposé sur l'autel du Tour ».

16. UN « VAN » CONTRAIRE

Sur le Tour de France 1951, les Pyrénées sont le théâtre d'un drame. L'acteur de ce fait divers ? Le Hollandais Wim Van Est, originaire du Brabant du nord. Homme courtaud, massif, bâti à chaux et à sable, rouleur de force, ce personnage au sourire béat, a fait son apparition à vingt-quatre ans dans les milieux cyclistes.

Je l'ai rencontré à plusieurs reprises, dans le Limbourg hollandais, à l'occasion d'épreuves cyclistes avec, pour traducteur, mon délicieux confrère Benny Ceulens. Je me souviens particulièrement d'une soirée à l'hôtel-restaurant Prienses Juliana, à Valkenburg, le 11 juillet 1992, à l'occasion de l'arrivée de la 7ème étape Bruxelles / Valkenburg, remportée par le Français Gilles Delion, lors d'un Tour de France à connotation européenne. Le Château Potensac (excellent cru bourgeois) aidant, Wim me raconta sa vie.

Il était né le 25 mars 1923 à Saint-Willebrord. Deuxième enfant d'une famille qui en comptera seize, il ne fréquente guère l'école et, dès l'âge de huit ans, accompagne son père partout où l'on peut gagner sa vie. Il commence par le travail à la ferme. Lorsque la crise des années 1930 éclate, il aide sa famille à se lancer dans la culture du lin. Durant la guerre, il parvient à se soustraire au travail obligatoire dans les usines allemandes, se lance dans la clandestinité, mais échappe de peu à la capture. Le Brabant néerlandais est libéré en 1944 par les Américains mais dans leur fuite, les Allemands incendient la ferme paternelle. Tout le stock de lin de la famille Van Est s'envole en fumée. La vie est difficile, le chômage sévit et Wim Van Est, pour tenter de subsister, se lance dans la fraude de fromages, un commerce illicite qui se développe entre la Hollande et la Belgique. Il est finalement arrêté et croupit durant six mois dans une prison de Breda.

Après sa libération, un certain dimanche, se promenant avec son épouse dans Saint-Willebrord, il assiste au passage d'une course cycliste. Possédant une force musculaire impressionnante il relève le défi, s'aligne au départ d'une course de non-licenciés… et la remporte.

C'est en 1947 qu'il sollicite une licence. Sa carrière commence. Particulièrement glorieuse, elle sera néanmoins souvent marquée du sceau de la malchance. Professionnel en 1949, il se retrouve, deux ans plus tard, au départ du Tour de France.

Au départ du Tour 1951, il a pris place dans la formation nationale hollandaise, sous la direction du truculent Cees Pellenaers, avec notamment pour coéquipiers son camarade de club Wout Wagtmans, Geerit Voorting, Hans Dekkers, Henk Faanhof et l'ex-champion du monde de poursuite, Geerit Peters. Il se comporte fort bien, se glisse dans de nombreuses échappées et démontre un à-propos prometteur.

Dans la 12ème étape Agen / Dax, au lendemain de la fameuse emprise d'Hugo Koblet dans Brive / Agen, il se faufile au sein d'un bon groupe de baroudeurs dont Louis Caput, Georges Meunier, Jacques Marinelli, Joseph Morvan, Édouard Muller… et son coéquipier Geerit Voorting. Il remporte l'étape, bien lancé, précisément par Voorting, battant le redoutable parisien Louis Caput. Comme un bonheur n'arrive jamais seul, on lui remet à l'arrivée le Maillot jaune. Il est le premier Hollandais à revêtir la précieuse tunique comme il sera, en 1953, le premier coureur de son pays à enlever une étape du Tour d'Italie et à se parer du Maillot rose.

Il ne sait même pas comment négocier un col. Il n'est sans doute pas le seul, mais lui est le *leader* du Tour de France ! Le lendemain, les coureurs abordent la montagne. Ce qui va arriver tient du miracle. Un aigle plane au-dessus du col d'Aubisque, dans le ciel gris et froid. Van Est lutte désespérément mais doit laisser fuir Coppi et Koblet. Du sommet, il se lance à corps perdu dans la descente. Sa maladresse est flagrante. Il commet de nombreuses erreurs de trajectoire, est précipité à terre ; deux fois on le relève ; deux fois il repart. Il ne sait plus où il en est, ni qui il poursuit.

À proximité du balcon du Soulor, le drame se prépare : une nouvelle fausse manœuvre le précipite dans le ravin. Au sortir d'un virage, les suiveurs le cherchent des yeux. Van Est a bel et bien disparu. Plus rien que des cris effrayants.

Dans le ravin, cinquante mètres plus bas (soixante-dix mètres selon certaines sources), une petite tache jaune, immobile, attire l'œil. Est-ce une jonquille perdue dans ces altitudes ? Non, c'est un *leader* du Tour que chacun croit mort. Le Belge Roger Decock a assisté à la scène. Il s'étrangle dans les explications confuses qu'il livre à son directeur sportif Sylvère Maes. Son coéquipier Geerit Peters comprend ce qui s'est passé : son coéquipier Wim est tombé dans un gouffre à la verticale. Les suiveurs, pétrifiés, n'osent pas se pencher au-dessus du précipice. Il faut pourtant le sortir de là !

« J'ai cru le retrouver en petits morceaux, expliquera le soir de l'étape, le commissaire de course Bourbon qui, le premier, s'était élancé de sa moto à son secours. Il hurlait, le malheureux, se retenant à une crête, et c'est de peur qu'il hurlait, de peur surtout qu'en déboulant vers lui nous ne détachions un gros rocher qui l'eût entraîné vers la mort. »

« La tache bouton d'or de son maillot éclairait la rocaille, écrira Jean Coussy, envoyé spécial de *France-Soir*[1]. *Les suiveurs penchés sur le gouffre étaient livides. Un confrère me poussa du coude : Pauvre type, finir ainsi…* »

Tandis que les secours s'organisent, qu'un opérateur de la Télévision française, Henri Persin, descend dans le « trou », la tache jaune s'agite. Van Est tente de se redresser. Il est bien vivant. On a alors recours à un procédé ingénieux : un filin formé de boyaux entrelacés va permettre de le sortir de sa mauvaise

---

[1] « Les drames du Tour », *Sport-Digest* 1951, cité par Jean-Pierre de Mondenard dans *les Grandes Premières du Tour de France* (Éditions Hugo et Cie, 2013).

posture, après une demi-heure d'efforts. Heureuse surprise : il ne souffre que de blessures bénignes. Transporté à l'hôpital de Tarbes, il n'y séjourne que brièvement, recevant l'hommage du nouveau Maillot jaune, le petit Lorrain Gilbert Bauvin. Il dira aux journalistes néerlandais : « Je n'ai rien compris. J'ai senti que je virais mal, j'étais déjà tombé et j'aurais dû être prudent. Mais je voulais tant garder le Maillot. Alors, j'ai foncé et puis je me suis envolé… En un éclair j'ai vu la mort. Pour le reste, je ne me rappelle plus très bien ; un grand boum dans ma tête… et un silence religieux. »

L'affaire provoque un vif émoi dans le monde sportif et en Hollande en particulier. Un publicitaire néerlandais, particulièrement astucieux, imagine un slogan qui fera fureur dans le pays. Van Est, sur fond de ravin, déclame, hilare : « Je suis tombé à 70 mètres de profondeur ; mon cœur s'est arrêté de battre, mais ma montre Pontiac fonctionnait encore ». Wim Van Est reviendra au Tour de France. Il y remportera deux autres étapes : à Monaco, en 1953, et à Caen, en 1954. Il retrouvera, pour une journée, le Maillot jaune en 1955, à l'issue de l'étape Zurich / Thonon-les-Bains, comme pour prouver, en fin de compte, que ce bel emblème canari n'avait pas définitivement achevé sa course dans un ravin des Pyrénées.

Outre ses prestations dans le Tour de France, il remportera Bordeaux / Paris à trois reprises (1950, 1952, 1961), le Tour des Flandres en 1953, le Tour de Hollande, deviendra champion des Pays-Bas sur route (à deux reprises) et sur piste…

Il décèdera quelques semaines après son 80ème anniversaire, le 1er mai à Roosendaal, des suites d'une hémorragie cérébrale.

17. LE LUTIN DE LA LANDE

À plusieurs reprises, j'ai accompagné Jean Le Guilly, chez lui, dans son village natal du Faouët, sur ses terres du Morbihan, où il revenait de temps en temps. Il ne courait plus depuis longtemps mais habitait en région parisienne et aimait venir se ressourcer dans la maison familiale de la rue des Cendres.

Nous avions fait le tour du bourg à plusieurs reprises car, pour l'interviewer, il me fallait trouver un décor qui mette en valeur à la fois le champion et cette magnifique région. La contrée s'étendait entre deux rivières, l'Inam et l'Ellé, venues des Montagnes noires, en Centre-Bretagne. On ne se lassait pas d'admirer les deux chapelles principales : Sainte-Barbe et Saint-Fiacre. Sainte-Barbe, édifice de style flamboyant, bâti à flanc de coteau, se loge dans l'anfractuosité rocheuse d'un site qui domine d'une centaine de mètres le vallon dans lequel court l'Ellé.

Jean Le Guilly, après avoir gravi le monumental escalier Renaissance, se rendait aussitôt dans une petite construction ouverte à tous vents et dont les pèlerins pouvaient faire sonner la cloche pour s'attirer les bénédictions du ciel. Jean n'avait pas dû, au cours de sa vie, s'attirer beaucoup de bénédictions car il ne parvenait jamais du premier coup à actionner le battant contre la cloche. Il faisait alors appel à Georges, l'un des gardiens des lieux, qui lui avait dit un jour : « Tu as été un beau petit coureur… mais je peux tout de même te traiter de *cloche* ». Et tout s'achevait dans un grand éclat de rire et des applaudissements lorsque

Jean avait, enfin, assimilé la technique et que le son cristallin s'envolait vers le ciel pur.

L'interview achevée, nous faisions le tour de la place du Faouët sans jamais manquer de nous arrêter devant le monument à la mémoire de Corentin Carré, considéré comme le plus jeune « poilu de France », engagé à quinze ans, en 1915, et mort, adjudant, en 1918, dans un combat aérien. « Ta carrière ressemble en quelques points à celle de Corentin, lui disais-je. Mais pour toi, la guerre dans le Tour de France a semblé bien pacifique. »

Et nous prenions alors le chemin de l'autre chapelle : Saint-Fiacre, bel édifice du XVe siècle, dont la façade offre l'un des plus beaux exemples bretons de clocher-pignon et devant laquelle nous fixions notre ami et notre caméra ; l'entretien officiel commençait.

L'atavisme aurait dû pousser le petit Jean vers les vastes horizons de la mer. Dès son plus jeune âge il n'entendit parler que de bateaux, de tempêtes et de croisières, et c'est sur les genoux d'un premier maître dont l'uniforme bleu était paré du ruban rouge de la Légion d'honneur que l'enfant connut le roulis et le tangage de la tendresse. Il décèdera, hélas trop tôt (au début de 1952) et ne verra donc pas son fils courir le Tout de France.

En 1951, Jean Le Guilly, qui appartenait au Cyclo-Club de Lorient, était déjà sélectionné pour participer au Tour de l'Ouest. Il s'agissait d'une épreuve de neuf étapes, sorte de mini Tour de France, organisé par le journal *Ouest-France*, à travers sa zone de diffusion. Du haut de ses 19 ans, il n'avait guère d'expérience et se borna à admirer toutes les stars auxquelles il souhaitait un jour ressembler. Rik Van Steenbergen l'impressionna. Il faut dire que le champion belge en imposait par sa stature et son coup de pédale tout en force. Cela n'empêcha pas le petit Le Guilly d'effectuer un Tour de l'Ouest tout à fait honorable et, du haut de ses 1 mètre 66, de faire preuve d'une belle combativité.

À la fin de cette année 1951, il fut appelé au service militaire et entra à la base aérienne 107, à l'aéroport parisien du Bourget. C'est alors qu'Yves Petit-Breton, son directeur sportif dans la formation Automoto, et Léo Véron, qui allait l'engager au sein de l'équipe Dilecta, le présentèrent à M. Messonnier, président du Cyclo-Club de Versailles.

Devenu Parisien, Le Guilly obtint la permission de s'entraîner et de participer, au mois de mai 1952, à la Route de France, épreuve pour amateurs, indépendants nationaux et internationaux. Il y remporta l'étape du Portet-d'Aspet : 5,8 kilomètres contre-la-montre, comportant essentiellement la spectaculaire ascension du col de Portet-d'Aspet. Cette performance lui ouvrit, quelques jours plus tard, les portes du grand prix du Midi-Libre aux côtés des Bobet, Lazaridès, Barbotin, Laurédi… qu'il devança au sommet du col de l'Espérou. Puis, il allait prendre une très belle troisième place au Critérium du *Dauphiné libéré*, démontrant une nouvelle fois quelques facettes de son magnifique talent de grimpeur. Il passait en tête, notamment, au sommet du mont Ventoux.

Sept mois seulement après son entrée au service militaire, il se voyait ainsi ouvrir toutes grandes les portes du Tour de France, au sein de l'équipe de l'Ouest-Sud-Ouest.

Dans l'histoire, il existera toujours (et fort heureusement) des jeunes qui tentent l'aventure en s'échappant et qui partent à l'assaut des grands cols sans tenir compte de la hiérarchie.

Jean Le Guilly avait vingt ans. On l'aurait bien volontiers imaginé en soutanelle d'enfant de chœur, mains jointes, tant il transpirait de candeur juvénile. Non, ce jeune homme qu'on aurait envoyé chercher son brassard de premier communiant sentit monter vers lui le parfum de la gloire. Gonflé d'orgueil, l'œil vif et pétillant, peu avant le départ, il avait posé pour les photographes devant les halles du XIIIᵉ siècle, fierté de la localité. Ses petites mèches tire-bouchonnantes flottaient au vent de l'Armorique.

Au départ du Tour, il était encore chez lui, devant le port de Brest. Avec sa mine de gamin chapardeur de pommes, il se planta sous les yeux du grand Coppi. Ce dernier s'en amusa. Bientôt les cols alpestres, son terrain de prédilection, apparurent. Au programme, lors de la 11ᵉᵐᵉ étape l'Alpe d'Huez / Sestrières, il convenait de franchir le col du Télégraphe, puis le redoutable Galibier.

Sans vergogne, il attaqua à Saint-Michel-de-Maurienne, au pied du premier col. Les sapins qui bordaient la route n'avaient rien vu d'aussi minuscule depuis longtemps. Un moucheron blanc (le maillot de son équipe) défiait la montagne et le tout puissant Fausto Coppi en personne. Il avançait de sa pédalée saccadée et passa en tête, seul, au sommet du col du Télégraphe. Il plongea ensuite vers Valloire et attaqua le Galibier. Le miracle allait-il se produire ? Non. Dès le bas du col, derrière lui, Coppi était sorti comme un bolide d'un peloton déjà bien clairsemé. En quelques kilomètres, il fondit sur le petit Breton qui ne put prendre sa roue. L'aventure de ce dernier avait pris fin.

Le soir, à l'hôtel, le *Campionissimo* confia aux journalistes français : « Il est bien, votre petit Le Guilly, mais dites-lui d'acquérir plus de souplesse dans le coup de pédale sinon, il s'usera vite ».

Le petit Le Guilly s'usa vite, en effet. Mais, pour être passé en tête au sommet du Télégraphe, il eut le droit de s'engager… aux PTT où je le retrouverai, à Senlis, montant des lignes à grandes distances. Il décèdera dans son Morbihan natal, le 22 mars 2005.

18. PIÉGÉ PAR LES SIENS

J'ai rencontré l'Italien Andrea Carrea, au cours de mes reportages et, très vite, nous sommes devenus des amis. « Sandrino », comme on l'appelait, habitait le village de Cassano-Spinola, à quelques kilomètres de la villa de Fausto Coppi. C'était, avec Ettore Milano, le compagnon préféré de Fausto. J'ai vécu des moments merveilleux à Cassano, entre « Sandrino », son épouse Anna et leur fils Marco. J'aimais et j'aime toujours, la fréquentation de l'un de ses meilleurs compagnons, Emilo Canegallo.

Il était drôle, ce Carrea enjoué avec son visage de fée Carabosse. Ancien maçon, bâti à sable et à chaux, véritable force de la nature, il aimait le sport cycliste au temps de sa jeunesse et, sur sa machine bringuebalante et pesante, il effectuait de longs trajets pour se rendre au travail et rejoindre son domicile. Originaire de Gavi, dans la province d'Alessandria, où il était né le 14 août 1924, il fallut que son destin croisât un jour celui du frère de Fausto Coppi, Serse, qui le présenta au soigneur aveugle de Fausto, Biagio Cavanna. Le masseur décela en ce robuste personnage, un potentiel extraordinaire, l'aida à entreprendre ses premières courses.

Mais bientôt le canon de la guerre réduisit au silence le pistolet du *starter*. Carrea fut fait prisonnier et subit les affres de la déportation au sinistre camp de Buchenwald. Il connut une captivité inhumaine comme bien d'autres. Sa force herculéenne lui permit de surmonter le froid, la canicule, les privations, les humiliations, la haine. Il n'avait pas vingt ans.

Quand il revint au domicile de ses parents, il pesait moins de quarante kilos et voulut aussitôt aller chercher son père qui travaillait aux champs où il coupait les choux. Ce dernier, dans un premier temps, ne le reconnut pas. De cet épisode douloureux, « Sandrino » ne parlera que très rarement.

Il reprit bien vite le dessus, comme l'on dit dit, et devint rapidement le *gregario* de Fausto Coppi. Pour le champion italien, il avait en effet le profil parfait : ce genre de personnage qu'on appelait aussi un « porteur d'eau » possédait une carapace de routier rude, dur au mal, capable des efforts les plus violents pour protéger son *leader*. « Sandrino », comme les autres *gregari*, doté d'un cœur sensible, d'une grande profondeur d'âme, dispensait chaque jour un savoir qui constituait une belle leçon d'abnégation.

Il connut un jour de gloire particulièrement étrange.

Combien de fois m'a-t-il raconté cette étonnante aventure, survenue au Tour de France 1952 ? Je ne saurais le dire. En tout cas, soudain, au terme de la 9ème étape Mulhouse / Lausanne, le modeste *gregario* se retrouva transformé en Maillot jaune.

« Depuis le départ, me racontait Carrea, on notait beaucoup de tentatives d'échappée et aucun Italien ne se manifestait. Et pourtant, à ce moment-là, notre coéquipier Fiorenzo Magni portait le Maillot jaune. Alors, je suis allé voir Fausto et je lui ai tenu le langage suivant :

– Tu sais, si ça continue à bagarrer, un groupe va partir et ce sera le bon. Aucun Italien ne sera représenté et ce sera de notre faute !

Fausto fut presque agacé que je lui dise cela. Il me répondit évasivement :

– Fais la course comme tu l'entends, cela n'a pas d'importance !

Alors, j'ai fait ma course. À un certain moment, je me suis glissé dans un groupe qui comprenait Marinelli, Nolten, Rémy, Kébaïli et le Suisse Diggelmann. Plus les kilomètres passaient, plus nous prenions de l'avance. À quelques encablures de l'arrivée, j'ai compris que le peloton ne nous reverrait plus. Je souhaitais simplement que nous ne prenions pas trop d'avance afin que Magni conserve la tête du classement général. À l'arrivée, c'est Walter Diggelmann qui l'a emporté. Il était content, vous pensez, chez lui, en Suisse. Moi, j'étais 7ème ».

C'est avec le sentiment sécurisant du labeur accompli qu'il regagna aussitôt son gîte d'une nuit, l'hôtel de France. À peine eut-il le temps d'ôter son maillot encore imprégné de sueur, de faire couler son bain, que des policiers vinrent « l'appréhender ». Carrea les entendit l'appeler dans le couloir. Il se demanda avec un certain effroi : « La police ? Mais qu'ai-je donc fait ? » Un souvenir lui traversa l'esprit : en arrivant, il avait commandé un demi de bière et ne l'avait pas encore payé. Mais tout de même, la police, c'était vraiment payer très cher…

De ce que lui criaient, en français, les policiers dans le couloir, il comprit deux choses. Les plus importantes : « Vélodrome… Maillot jaune ! »

Sous escorte, Carrea revint donc au vélodrome de La Pontaise. Il n'avait fait que son travail de *gregario*, rien de plus. Il apparut bien candide et malheureux, sa mine déconfite se confondant avec le jaune de son nouvel habit de lumière.

Un domestique de Coppi à la tête du Tour de France… les concerts de persiflage commencèrent à s'élever. Le sévère chroniqueur à cheveux blancs du quotidien *la Stampa*, Vittorio Varale, entama son article affirmant « qu'un affront était fait au Tour ».

Comment Coppi, Bartali, Magni, ces ténors, allaient-ils réagir ? Devant Coppi, Carrea prit aussitôt les devants : « Tu sais, Fausto, je ne voulais pas… » Mais le *Campionissimo* le serra très fort contre lui. Le soir, dans sa chambre, Sandrino-au-cœur-tendre se mit à gémir en admirant sa parure. C'était à lui, certes, mais il ne méritait pas tant d'honneur, lui, le fidèle séide. Sur son maillot doré, une larme s'écrasa. La situation prêtait à rire et à pleurer. Étonnant de voir ce personnage au physique de bûcheron de bas-relief aussi ému, lui que l'Italie tout entière saluait comme un solide garde du corps au service de l'idole des Transalpins.

Le lendemain, avant le départ, il tint à cirer, symboliquement, les chaussures de son chef de file. Puis il passa son Maillot jaune tout neuf, non sans un certain émoi qu'il tentait de masquer sous des propos convenus.

L'arrivée, cette fois, se déroulait tout là-haut, sous les nuages, à l'Alpe d'Huez. Coppi aurait aimé laisser son bon serviteur jouir du Maillot jaune un peu plus longtemps, mais Géminiani et Robic attaquèrent et il ne put que répliquer. Il déposa Géminiani, accéléra pour jeter le teigneux Robic hors de son giron. Quand il franchit la ligne, vêtu de ce Maillot jaune qui ne lui appartenait déjà plus, « Sandrino » se sentit l'âme apaisée, comme soulagé d'un poids.

De longues années plus tard, alors qu'à son domicile de Cassano je lui redis combien c'était une chose merveilleuse que d'avoir porté ne serait-ce qu'une seule fois le maillot de lumière, je l'entendis encore s'excuser : « Ce n'était pas de ma faute, il n'y avait aucun Italien dans l'échappée ! » Incorrigible Carrea.

Il convient tout de même de révéler le drame qui le rongea à la fin des années Coppi.

En 1956, le *Campionissimo* entre en désaccord avec la firme qu'il n'avait jusque-là jamais quittée. Coppi et la Bianchi : une longue et belle histoire.

Mais voilà : le différend survient. Coppi va quitter la Bianchi pour entrer dans une autre structure, avec sa propre marque de cycles. La Carpano-Coppi va naître. Aussitôt Andrea Carrea se propose de rejoindre celui qui a toujours été son chef de file. Coppi le remercie, mais ajoute aussitôt : « Tu sais, "Sandrino", la carrière est courte. Bientôt, toi comme moi, allons raccrocher. Alors autant rester à la Bianchi. Je ne t'en voudrai pas de ne pas me suivre et je pense que ce serait une bonne chose que tu te maintiennes dans une structure que tu as toujours connue et où tu possèdes tes habitudes… »

Le bon *gregario* se range aux propos de son maître et la saison 1956 s'amorce. À cette époque, il existe ce que l'on appelle « la double appartenance ». Un coureur qui s'affiche dans un groupe sportif dans son pays peut, s'il le souhaite, courir pour d'autres couleurs, à l'étranger. Fausto Coppi, en 1955, avait ainsi permis le recrutement des Français Jacques Anquetil et André Darrigade, sous le maillot Bianchi, lorsque les épreuves se dérouleraient en Italie. Il s'agissait de courses d'un jour telles Milan-San Remo ou le Tour de Lombardie. But avoué de Coppi : que la Bianchi parvienne à vaincre l'un des meilleurs *sprinters* mondiaux : l'Italien Nino Defilippis.

En 1956, le contrat courrait toujours. Vint le Tour de Lombardie. Si Fausto ne se présentait plus sous la parure bleu céleste de la Bianchi, Darrigade était toujours là… et Carrea aussi.

Le bon « Sandrino » retrouva sa livrée de domestique tout comme cet autre équipier du nom de Diego Ronchini. Comme Darrigade se trouvait en mesure de vaincre, Carrea se mit immédiatement à son service, avec un sens peu commun de l'abnégation.

« Cela m'a fait tout drôle, me dit «Dédé». Carrea ne parlait pas un mot de français, mais il était diablement efficace. Je n'avais jamais connu ça. Il me protégeait du vent et, si une côte se présentait, d'une main leste et puissante, comme à l'américaine sur piste, il me remettait aussitôt dans le sillage des meilleurs, me ramenant également en tête si je m'étais laissé surprendre. Quelle force manifestait-il ! Non vraiment, jamais je n'avais connu cela. D'abord parce que j'avais jusque-là toujours travaillé pour les autres et que l'on m'avait rarement aidé. Je pensais à Coppi qui jadis se reposait sur des hommes de cette trempe. La vie devait être plus facile tout de même… »

Coppi passe en tête au sommet du col de la Madonna del Ghisallo. Ronchini, de la Bianchi, l'a suivi. Darrigade rétrograde un peu. L'aide de Carrea lui est utile. Dans la descente le Landais se déchaîne malgré la route glissante. Il passe bien des concurrents et, après douze kilomètres de poursuite, retrouve un groupe intermédiaire comprenant Bobet, Bouvet, Debruyne, Magni, Fornara. Il reste deux hommes en tête de la course : Coppi et Ronchini. Ronchini, jusque-là, a joué le jeu et a assuré les relais avec Coppi. Mais cette fois, le visage de la course change. Le groupe Darrigade n'est plus très loin d'eux. Le directeur sportif de la Bianchi, Pinella de Grandi, qui fut, en son temps, mécanicien de Fausto (on l'appelait « Pinza d'oro », « Pince d'or ») vient alors à hauteur de Ronchini en lui donnant l'ordre de ne plus relayer Coppi. Cas de conscience pour le coureur et le directeur sportif. Mais le sentiment n'a plus de place dans ce contexte. Ronchini obéit et, à dix kilomètres de l'arrivée, Coppi, esseulé, est rejoint par le groupe Bobet-Darrigade au sein duquel Carrea a assuré des relais d'une puissance fantastique. Tout semble alors s'arrêter à cette gigantesque passe d'armes. Chacun se ravitaille sans se soucier qu'à la faveur de ce ralentissement, un groupe va venir s'accoler au premier. L'ensemble forme un petit peloton de *sprinters* redoutables : Darrigade, Van Looy, Poblet, Debruyne… Il faut aussi compter sur Coppi, Magni. Excusez du peu… Bientôt l'arrivée au Vigorelli de Milan.

Darrigade raconte : « À l'entrée du vélodrome, j'essaie de prendre la roue de Coppi mais je suis balancé par Debruyne. Je me retrouve en 8ème position. Le *sprint* est lancé par Roger Decock au profit de Van Looy. Je me dégage, je fais tout à l'extérieur. À l'entrée du dernier virage, je suis revenu en 5ème position, mais je l'aborde vraiment à l'extérieur. À vingt mètres, dix mètres de la ligne, trois coureurs me devancent encore sur la droite et je ne sais comment j'ai fait dans un ultime coup de reins, en jetant tout le poids du buste sur le guidon, pour coiffer Coppi sur la ligne. Magni termine 3ème, Van Looy, 4ème… Quel tableau de chasse ! Sur la pelouse, le malheureux Fausto s'est effondré, en larmes. »

Il n'est pas le seul, Carrea et Ronchini ont aussi le cœur serré. Sentiment cornélien : tout en ayant fait leur devoir, ils ont l'impression d'avoir trahi leur maître[1].

Il y a pire. Quelques jours plus tard se présente le trophée Baracchi contre-la-montre. Darrigade est associé au Suisse Rolf Graf. Coppi retrouve Riccardo Filippi, coéquipier avec lequel il a triomphé à trois reprises dans cette épreuve. Cette fois, comme en Lombardie, Coppi est battu et *la Gazzetta dello Sport* résume le drame en un raccourci saisissant : « Le destin de Coppi s'appelle Darrigade ».

Pour en revenir à Andrea Carrea, sa carrière achevée, il avait trouvé un emploi de contremaître dans une usine de traitement des produits agricoles, la SPAD. Il déploya les mêmes qualités, rendit les mêmes services mais jamais, au grand jamais, ne voulut être *leader* dans son service !

Il s'ingénia à pratiquer le cyclisme de plaisance avec son fils

---

[1] Carrea ressentira si fortement ce sentiment que, l'année suivante, il se décidera à quitter la Bianchi pour rejoindre son chef de file à la Carpano-Coppi.

Marco. Lors du Tour 1992, à l'Alpe d'Huez, pendant que les spectateurs installaient leur campement en vue de l'arrivée du lendemain, avec son visage d'ancêtre vieilli sous le harnais, Carrea entendit, alors qu'il grimpait en touriste, la réflexion peu amène d'un *quidam*, qu'il ne pourrait jamais oublier : « Ce n'est pas à ton âge, Pépé, qu'on apprend à faire du vélo ! »

Lui, le premier Maillot jaune de l'histoire à franchir la ligne d'arrivée, à l'Alpe d'Huez, avait pris, comme l'on dit prosaïquement, la philippique « en pleine gueule » !

Andrea Carrea disparaîtra doucement, d'une rupture d'anévrisme, en pleine nuit, le 13 anvier 2013. Je conserve dans ma mémoire toutes les belles heures passées chez lui, à Cassano-Spinola. Je lui rendais visite pratiquement chaque année. Entre nous, les liens de l'amitié restaient très puissants...

Je revins à Cassano, le 14 mai 2014 et c'est avec une grande émotion que je vins saluer son épouse Anna et leur fils Marco. Anna me retint à dîner avec mon caméraman, David Fossard et mon ingénieur du son, Richard de La Fuente. Me désignant la place où se tenait toujours « Sandrino » durant les repas, elle m'invita à m'asseoir et à présider la soirée : « Il aurait été si heureux ! », ajouta-t-elle. Les bouteilles de vin de la propriété défilaient sur la table. Il avait une façon si puissante et dégagée de les déboucher ! Ce soir-là, je m'ingéniai à imiter son geste. Nous ressuscitâmes le « *gregario* de Coppi ». Moment inoubliable.

19. FACÉTIES À L'OUEST

Le Tour de France 1956 prend son essor de Reims. À trois jours du départ, les équipes sont constituées. Dans l'équipe de l'Ouest, on recense les Bretons Amand Audaire, Joseph Morvan, Fernand Picot, Maurice Quentin, Arthur Bihannic, Joseph Thomin, Albert Bouvet et les Normands Claude Le Ber et Eugène Letendre. Un homme vient d'annoncer son forfait : Joseph Groussard. Pour le remplacer, le directeur sportif Léon Le Calvez fait alors appel au Parisien Louis Caput, laissé sur la touche par sa formation traditionnelle de l'Île-de-France.

Mais voici qu'un autre de ses coureurs, Albert Bouvet, souffre du genou. Il a abandonné lors du championnat de France sur l'autodrome de Linas-Montlhéry, quelques jours auparavant, sans pourtant avoir manifesté de souffrance particulière.

Un coureur professionnel, et non des moindres, attend son heure : Roger Hassenforder, récusé par Sauveur Ducazeaux, son directeur sportif habituel dans le Tour, à la tête de l'équipe Nord-Est-Centre. Le brave Sauveur en a assez des frasques « d'Hassen » et des zizanies qu'il sème dans la formation. Lors de la réunion des directeurs sportifs, quelques jours avant le départ, il s'est montré catégorique : « Pas d'Hassenforder, cette fois, dans mon équipe ! »

Les directeurs du Tour, Jacques Goddet et Félix Lévitan, se montrent étonnés et navrés. Hassenforder représente un bon élément dans le monde du vélo. Chaque année, il anime les échappées. Il a déjà porté le Maillot jaune, en 1953 et a remporté, en 1955, l'étape de Colmar, chez lui. Certes, pour l'instant, il n'a terminé aucun Tour de France, possédant une certaine aversion pour la montagne, mais enfin, il a toujours été l'un des plus brillants animateurs.

Face à ce climat de défiance, un directeur sportif s'est porté candidat : Léon Le Calvez souhaite acquérir l'Alsacien. Il a déjà engagé un Parisien, alors… Alors, Goddet et Lévitan sont d'accord pour ce singulier raccourci de la géographie. Reste à attendre le verdict de la visite médicale.

Et le couperet tombe : Albert Bouvet, soumis à une radiographie, présente une anomalie au genou.

« Vous êtes sûr, docteur, que Bouvet ne peut partir ?

Léon Le Calvez, si placide à l'habitude, s'inquiétait.

– Ce n'est pas moi qui le dit, réplique le docteur Dumas. C'est le verdict de la radio. Il a une rotule fêlée.

Dans le vaste hall des Expositions, Hassenforder tourne comme un fauve en cage.

– Alors, il part ou il ne part pas ? Je suis Breton ou pas ? »

Il faut bien se résigner, pour compléter l'équipe, à naturaliser breton le citoyen de la région de Mulhouse.

– Si vous appelez ça une équipe…

C'est le sentiment de Le Calvez. Il l'a confié aux organisateurs en exprimant sa déception.

– Marcel Bidot m'a pris François Mahé et Jean Malléjac dont je comptais faire les hommes *protégés* de ma formation. Robic blessé est forfait. Claude Le Ber a gagné deux étapes au Tour d'Espagne mais il a "coincé" par la suite. Parmi les autres, certains peuvent gagner des étapes mais tout de même… Je crois en Caput et je suis content d'avoir Hassenforder. Mais en Bretagne je vais me faire engueuler pour avoir pris un Alsacien au lieu d'un Breton ! *Ils* ne voudront pas croire que le forfait de Bouvet n'a pas été arrangé pour permettre à Hassenforder de faire le Tour. Je les connais mes compatriotes. La Bretagne, pour eux, c'est sacré. "Hassen" a beau raconter *qu'en regardant de plus près son arbre généalogique il a trouvé une de ses grand-mères qui jouait du biniou !*, on ne l'acceptera jamais en Cornouaille. »

Quatre jours plus tard, à Caen, aux portes de son pays natal, Le Calvez commence à respirer : Hassenforder remporte l'étape. L'équipe fantôme a pris un départ remarquable et la caravane découvre que les hommes au Maillot blanc doublement cerclé de rouge ne sont pas des faire-valoir… mais des gars durs, taillés dans le roc, spontanément unis parce qu'on avait douté d'eux.

Caput s'est improvisé capitaine. Son à-propos impose une discipline à « Hassen » qui se tient à un « garde-à-vous » insolite. Le Ber roule comme si le maillot de champion de France de poursuite était encore sur ses épaules et se glisse dans un nombre impressionnant d'échappées. L'expérimenté Maurice Quentin n'est plus confondu avec Robic (grand absent) et se met tout seul en valeur. Joseph Morvan gagne l'étape Rouen / Saint-Malo devant le redoutable transalpin Alessandro Fantini. Picot s'empare du Maillot vert, après Hassenforder, et dispute chaque *sprint* avec acharnement afin de comptabiliser les points. Joseph Thomin triomphe sur la cendrée d'Aix-en-Provence devant Forestier, après avoir terminé 2ème à Lorient. Amand Audaire, le plus discret, effectue dans l'ombre un travail ingrat mais utile et s'octroie tout de même quelques places d'honneur. Même le brave Normand Eugène Letendre qui, éliminé à La Rochelle, souffrant d'une crise de furonculose, a son heure de célébrité avec sa faconde naïve et rusée, son rire communicatif, son sourire de lutin de la lande et les rasades de calvados qu'il distribue à la ronde aux départs d'étape.

« On a déjà gagné trois millions et demi. Il faut qu'on aille jusqu'à cinq au moins ».

C'est Le Calvez, détendu, qui en a donné l'ordre. Un ordre accepté d'enthousiasme. Caput, le calculateur, tient la comptabilité. On n'arrête plus les « Bretons ». Le soir, les sociétaires de l'Ouest ont le droit de se laisser aller à quelques rasades de vin rouge (mais non de cidre) et le directeur sportif glisse parfois du champagne dans la salade de fruits. On plaisante, on rit beaucoup, on se repose bien la nuit. Le lendemain. Les Bretons sont prêt à l'abordage. Les journaux *Ouest-France, le Télégramme de Brest* et… *Paris-Normandie* battent des records de vente.

Hassenforder, au total, remportera quatre étapes : Caen, Bordeaux, Montpellier et Montluçon. Quelle histoire que celle de cet Alsacien naturalisé Armoricain ! En Bretagne, les joueurs de biniou le célèbrent… en l'honneur de sa grand-mère.

20. DE L'ORAGE DANS L'AIR

Je garde de bons souvenirs de Nello Laurédi. Je me suis rendu plusieurs fois à son domicile afin de l'interviewer. C'était au tout début des années 1980. Il ne dirigeait plus son bar, à Cagnes-sur-Mer, mais habitait toujours dans la cité. Dans son bel appartement de la Bastide, il dominait l'hippodrome, à ses pieds, et plus loin la Méditerranée d'azur, éclatante sous l'astre du jour. C'est Ginette, son épouse, une pulpeuse jolie fille du bord de mer qui m'accueillait, toujours avec un sourire complice, mais avec des yeux inquiets : « Vous allez encore lui parler de Bobet ? ». Je répondais que c'était dans la nature de l'Histoire mais que je ne me cantonnerais pas à ces épisodes, un peu accrocheurs et accrochés, voire racoleurs, mais que j'évoquerais aussi sa carrière et, pourquoi pas sa jeunesse…

Laurédi n'a pas connu l'enfance heureuse des légendes. Il est né, en 1924, sur un coin de terre arable, en Italie, en Toscane en particulier. Il y est resté une vingtaine d'années. Il a travaillé avec ses parents, ses trois frères et ses deux sœurs sur quelques arpents arides qui ne produisaient des légumes que si on les soignait avec dévotion.

Puis, la famille débarqua à Vallauris et Nello signa au club cycliste local qui se tailla alors de beaux succès sur les routes encaissées surplombant la côte. Nello devint très vite la vedette du club. Il était alors l'ami d'un garçon qui épousera plus tard une carrière de journaliste, à *France-Soir*, notamment : Francis Huger.

Francis écrivait, en 1956, dans *le Miroir des Sports* :

« Il y a deux célébrités à Vallauris : Picasso et Laurédi. Les gens effrontés disent même : Laurédi et Picasso. Il est vrai que ce sont deux genres très différents et qu'après tout, ils n'ont pas les mêmes supporters. Ils se sont pourtant rencontrés l'année dernière, après une séance d'entraînement (pour Laurédi) et une baignade (pour Picasso). Ils ont sympathisé tout de suite parce que Picasso aime les gens simples qui luttent et travaillent pour améliorer leur condition et celle de leur famille… »

Nello a réalisé une belle carrière couronnée par trois victoires au Critérium du *Dauphiné libéré*, des victoires d'étape au Tour de France où il a également porté le Maillot jaune. Le personnage se voulait très indépendant et considérait qu'il pouvait, tout autant que Bobet, remporter le Tour de France. C'est ce qui provoquera leur désunion commencée au Tour de France 1953. Au milieu de l'épreuve, l'équipe de France en avait assez de la formation des Bretons qui lui menait la vie dure. En remportant la 10ème étape, Pau / Luchon, par les cols de légende et en endossant le maillot de *leader*, Robic, tapageur, hâbleur, homme de défis, venait de ridiculiser l'équipe Tricolore qui, au départ de Strasbourg, l'avait littéralement rejeté de la sélection.

À Albi, l'équipe de France enregistrait un camouflet de plus, toujours en la personne de Robic qui venait de se laisser enfermer dans le peloton afin de permettre à son coéquipier François Mahé de prendre, à son tour, le Maillot jaune et surtout de l'en délester, « momentanément », pensait-il.

Du côté Tricolore, il convenait donc de réagir vite. Pour ébranler la forteresse ennemie, il était important de l'attaquer sans relâche et ne pas gaspiller le moindre kilomètre.

« Demain, tout le monde sur le pont ! décréta Raphaël Géminiani, en accord avec Louison Bobet. Nous irons rouler avant le départ et nous serons chauds pour l'opération commando. L'artillerie lourde entrera immédiatement en action. »

Le plan ainsi établi, chacun se retira rapidement dans sa chambre, à l'hôtellerie du Grand Saint-Antoine et s'endormit.

Les coureurs Tricolores se montrèrent concentrés le lendemain, au départ, sur la place Sainte-Cécile, devant la cathédrale. Ils se montrèrent encore plus « fermés » lors du départ en cortège par la rue Mariès, la rue Timbal, la célèbre place du Vigan, l'avenue des Lices… À 11 heures, à l'angle des routes de Toulouse et de Castres, Jacques Goddet agita son drapeau et donna ainsi le départ officiel.

Au premier kilomètre, le régional parisien Stanislas Bober voulut placer un coup de sonde. Mal lui en prit : il se vit aussitôt débordé et quelques kilomètres plus loin, le peloton n'existait déjà plus, pulvérisé par une bombe de gros calibre, ravagé par un ouragan. À l'avant, on dénombrait une quinzaine de coureurs dont les sociétaires de l'équipe de France Géminiani, Bobet, Rolland et Laurédi, auxquels avaient pu se joindre Astrua, Wagtmans et Malléjac. Robic était dangereusement atteint par l'onde de choc.

L'avance atteignait sept minutes sur le premier groupe de poursuivants et 38 minutes sur Robic qui avait ajouté une chute à ses malheurs, dans le petit col de Fauredon.

Bobet devait, en principe, gagner l'étape afin d'empocher la minute de bonification. Laurédi et Géminiani étaient supposés l'emmener jusqu'au dernier kilomètre, juste après le passage sur le canal du Midi. Au kilomètre, Laurédi était en tête, mais à peine cent mètres plus loin il fallait pénétrer sur la piste en cendrée de Sauclières où se jugeait l'arrivée. Émoustillé par cette entrée sur la piste en cendrée, Nello Laurédi, accéléra. Géminiani laissa faire, s'inquiéta de la position de Louison Bobet, mais ce dernier, qui ne prisait guère les vélodromes en cendrée, perdait du terrain dans les virages et Nello ne fut jamais remonté. On notait quatre Tricolores aux quatre premières places. Le plan avait parfaitement réussi. Le triomphe était total, le résultat presque inespéré. Pourtant, l'orage grondait au sein de l'équipe de France.

« Mes compliments ! jeta Bobet furieux, en s'approchant de Laurédi. Pour un coup fourré, c'est un coup fourré !

– Et vouais ! répliqua Laurédi avec son zézaiement habituel. Tu m'avais dit d'emmener le dernier kilomètre… J'ai emmené le dernier kilomètre.

– Il ne faudrait pas que tu te fiches de moi par-dessus le marché, car je ne suis pas d'humeur à plaisanter !

Détournant la tête, Bobet se trouve nez à nez avec Géminiani :

– Ça te concerne aussi, Raphaël !

– Excuse-moi, mon p'tit vieux, je ne pouvais tout de même pas descendre de vélo pour te laisser passer ! Ce n'est pas de ma faute si tu perdais dix mètres dans chaque virage. Apprends au moins à rouler sur une piste en cendrée… »

À l'hôtel du Nord, place Jean Jaurès, à Béziers, où est logée l'équipe de France, la situation s'enflamme à nouveau. Géminiani tient entre les mains un télégramme qui lui est adressé. La missive provient du Jura et des amis de Bobet ont eu l'insigne maladresse de l'expédier. En le lisant, le Clermontois explose. Il est ainsi libellé : « Honte à vous et Laurédi. Signé Fanfan ».

Durant le dîner, le volcan n'est qu'assoupi. André Costes, journaliste à *France-Soir*, est venu rendre visite à l'équipe de France. D'entrée, croyant détendre l'atmosphère, le voici qui, maladroitement, met l'accent sur la fameuse arrivée. Que n'a-t-il pas déclenché là ? « J'ai bien cru, déclara Marcel Bidot, directeur sportif, que l'équipe de France venait d'achever le Tour, à Béziers ! »

Mais non. Le lendemain matin, le Clermontois, brave gars, parle aussitôt à Louison :

« Je te demande d'oublier l'incident !

– C'est bien, répond Bobet, faisons la paix. »

Accord parfait. Louison Bobet est reconnu comme unique *leader* de l'équipe de France qui retrouve donc son unité. La marche triomphale est engagée.

21. LE REVANCHARD

Depuis le Tour de France 1953, on l'a vu, le courant passe mal entre Louison Bobet et Nello Laurédi, Nello n'admettant pas la supériorité de Louison ! Laurédi est pourtant le coureur d'une semaine. Il brille dans le Critérium du *Dauphiné libéré*, qu'il gagne en 1950, 1951 et 1954 ; s'il remporte des étapes au Tour de France, porte le Maillot jaune, il s'essouffle à aller jusqu'au bout des vingt-deux étapes.

En 1954, il est encore sélectionné en équipe de France. Bobet craint toujours son esprit individualiste. Il s'en ouvre à Marcel Bidot lequel étudie le problème :

« J'ai vu Laurédi, lui dit-il lors des premières étapes. Nous avons eu une longue conversation. Curieux garçon. Il s'imagine qu'il n'a pas tout perdu ! Il pensait avoir le droit d'attaquer et il ne se décidera qu'après les Pyrénées... Est-ce que je sais quoi encore. Je garde cependant la conviction profonde qu'il ne tardera pas à faire amende honorable. Je veillerai, en tout cas, à modifier son état d'esprit et à l'amener à reformer son jugement. Compte sur moi, Louison. »

Mais pour Bobet, au fil des étapes, l'attitude de Nello restera toujours équivoque.

En 1955, il est écarté de l'équipe de France, trouve refuge dans l'équipe du Sud-Est où il côtoie ses amis : les frères Lazaridès, Lucien Teisseire, Adolphe Deledda, Pierre Molinéris, Raoul Rémy, Vincent Vitetta et les néophytes Armand Di Caro et René Genin, sous la direction de l'ancien routier Marius Guiramand.

Louison Bobet devient sa bête noire et il prend le départ au Havre, avec la volonté arrêtée de contrecarrer ses plans, martelant :

« Je serai une véritable sangsue pour Bobet. Je le suivrai comme son ombre jusqu'à la montagne où nous nous expliquerons. »

Mais la malchance s'acharne sur le poulain de Guiramand, dès la 3ème étape, Roubaix / Namur. À la sortie de Charleroi, sur les terribles pavés, Laurédi s'accroche avec Jean Malléjac et subit une lourde chute alors qu'il poursuivait Bobet, échappé, et revenait dans son sillage. Relevé K.O., le visage ensanglanté, l'arcade sourcilière ouverte, le masque douloureux, le routier de Vallauris, rageur et volontaire, remonte sur une nouvelle machine et se lance sur les traces du chef de file des Tricolores.

Soutenant un train d'enfer, surmontant sa douleur, la joue gauche zébrée de sang et de poussière, il fait l'étonnement et l'admiration des suiveurs. Mais la malchance persiste à lui et, alors qu'il touche au but, il tombe une nouvelle fois. L'implacable rivalité n'a pas voulu que ses efforts fussent victorieux.

Le Tour est déjà perdu pour lui.

Il s'accroche, cependant, mais va plusieurs fois encore figurer au tableau des malchanceux. Dans la 9ème étape Briançon / Monaco, il s'écrase dans les gorges du Cians, sous l'œil d'Antoine Blondin[1].

« On le releva, disloqué, geignant. Personne devant, ni derrière, ni à gauche, ni à droite. Seule cette épave au regard vitreux saisie dans un bloc de gel et d'absence. Il tremblait et des frissons secouaient d'ondes rapides les muscles de ses cuisses tachées de sang [...]. Mais ses mains écorchées, il les promenait machinalement dans sa chevelure dégoulinante de sueur et de sang [...]. Cet homme n'avait plus rien au monde que la peau et les os, perçant sous son maillot déchiqueté [...]. Il se contentait d'embrasser le cirque tumultueux qui l'écrasait, avec l'air de celui qui fait choix d'un tombeau ; puis il hochait la tête et une goutte de sang ajoutait un peu de rouge plus vif au rouge du paysage. Car c'était bien de son sang, s'il vous plaît, que ce Laurédi généreux payait son tribut à l'épreuve et non celui de Bobet comme il se l'était promis. »

---

[1] *L'Équipe*, 18 juillet 1955.

Il faudra attendre le quinzième jour pour assister, cette fois, à l'épilogue funeste où une dernière chute faillit lui coûter la vie. C'était dans la descente du col du Chioula, à deux kilomètres (et non cinq, comme il a été dit dans les gazettes) de l'arrivée à Ax-les-Thermes.

Laurédi dégringolait à plus de 70 km/h quand le Belge Jean Brankart, qui fonçait à ses côtés, voulut ralentir à l'entrée d'un virage. Le Wallon sentit ses roues chasser, fit un écart et accrocha Laurédi. C'était la chute. Et, alors qu'en un dixième de seconde, le Belge parvenait à se redresser en ayant pris appui de la main sur l'épaule de Laurédi qui roulait à sa droite, les suiveurs, atterrés, virent l'Azuréen effectuer une fantastique cabriole dans les airs et disparaître dans le ravin, dix mètres en contrebas. Gisant sur la rocaille, il n'avait qu'une côte fracturée et quelques contusions.

« Ma pensée a fonctionné à une vitesse vertigineuse, confia-t-il d'une voix assourdie par l'émotion. J'ai eu le temps de me demander en pleine chute : *Sur quoi vais-je tomber ? Pourvu que ce ne soit pas sur des rochers.* »

Des branches ont amorti le choc du corps contre le sol. Nello ne voit qu'une chose : son rêve brisé. Ensanglanté sur la route de Namur, de nouveau meurtri dans les gorges du Cians, il avait cependant repris courage. Il était prêt à soutenir de toutes ses forces les attaques de Vincent Vitetta, *leader* du Sud-Est.

Il se trouvait encore parmi les premiers attaquants au cours de l'étape et le voici maintenant, brutalement, mis hors de combat.

Drôle d'histoire. Quelques minutes auparavant, Jean Brankart avait dit à Laurédi : « Je ne sais pas ce que j'ai, Nello, je descends bien mal. Tu ferais mieux de ne pas rester dans ma roue ». Laurédi avait répliqué : « Tu as raison, je passe devant ». Quelques secondes plus tard, Brankart l'emboutissait par l'arrière, l'envoyait dans un ravin.

Le lendemain, le Tour de France observait une journée de repos dans la cité thermale. Nello goûtait à la fraîcheur du soir dans le petit jardinet de l'hôtel du Parc, avenue Delcassé. Ce n'était plus le blessé prostré et gémissant qu'on avait précautionneusement arraché au lit d'orties et de ronces sur lequel il avait chu, mais un homme souriant, encore meurtri, volubile encore qu'oppressé.

Il avait eu la joie, le matin, d'accueillir sa jeune épouse, affolée, la veille, par une émission de radio. Depuis qu'elle était là, assise à son chevet, lui tenant la main, s'inquiétant de ses souffrances, lui apportant le réconfort de sa présence, et la douceur de ses soins, Nello avait oublié son accident…

S'il en reparlait, maintenant, c'est que le spectateur qui, le premier l'avait secouru, un brave homme du nom de Bertrand Soucailles, était venu aux nouvelles[2].

« Eh bien ! Mon vieux, vous pouvez dire que vous m'avez flanqué une belle frousse. J'étais dans le virage. Je vous ai vu bondir par-dessus le parapet, le vélo entre les jambes et disparaître à mes yeux dans un vol plané que je n'oublierai jamais… Ma femme, qui était à mes côtés et qui avait suivi la scène, m'avait attrapé le bras : *Mon Dieu, il est mort !* J'ai dû la bousculer pour me précipiter dans le ravin, de l'autre côté de la route que je n'osais pas traverser. Elle criait toujours : *Je n'y vais pas, je n'y vais pas, il est mort…* Moi qui ai horreur des vipères au point de ne pas oser mettre le pied dans un fossé et qui, toute la journée, m'étais disputé avec mon fils parce qu'il traînait dans les sentiers, je me suis jeté à travers les massifs… J'ai boulé jusqu'en bas… Je me suis arraché les mains… Les branches me fouettaient le visage… Je me suis tordu les pieds sur les roches… Piétinant dans la vase, j'ai surgi de dessous le pont alors qu'hébété, vous tentiez de vous remettre debout.

– Oui, je me souviens bien… Vous ne pouvez savoir ce qu'a été pour moi votre apparition : j'avais mal partout, mais j'étais surtout envahi par la peur, une peur panique. Je pensais : *On va me laisser crever là… On ne m'a pas vu…*

Se tournant vers M. Soucailles dont le verbe sonore l'a frappé, Laurédi s'étonne :

– Vous êtes du pays, monsieur ?

– Non, je suis en vacances ici.

---

[2] Les dialogues qui suivent sont extraits du *Miroir du Tour 1955*, édité par But-et-Club – *le Miroir des Sports*. Certains propos ont été recueillis par l'auteur en juin 1981.

– D'où venez-vous si ce n'est pas indiscret de vous le demander ?

– De Paris.

– Oh, non ! Pas avec un accent comme ça…

– Vous me demandez d'où je viens, je vous dis : de Paris, parce que je viens de Paris. Si vous me demandez d'où je suis originaire, alors je vous dirai : de Carcassonne.

– Ah ! Je comprends mieux, sourit Nello.

– Et vous n'étiez là par hasard ? s'enquit Lucien Lazaridès.

– Bien sûr que non… Quand j'ai vu le virage, et que ma voiture ne voulait pas aller plus loin, j'ai dit à ma femme : *Té, on sera bien, ici : il y aura du spectacle…*

– Charmante pensée, cher monsieur, protestait Lucien Teisseire. Vous avez été servi…

– Oui, bien sûr. À parler franc, je n'attendais pas un coureur, mais une voiture… J'avais comme un pressentiment. C'était pas commode, hein, ce virage ?

– Non, il n'était pas mauvais, hein, Nello ?

– Je vais te dire, Apo : je l'avais bien pris. J'en sortais facilement quand j'ai entendu hurler derrière moi, mais je ne sais pas si c'est Jean Bobet ou Brankart qui a crié : *Nello, attention…* et boum ! ça été le choc… On dira encore, après ça que je suis maladroit, que je ne sais pas monter à vélo…

Tout ce dialogue était teinté d'une pointe d'ail, d'un fumet de fenouil, d'une saveur d'huile d'olive.

– Mais au fait, Lucien, relançait Apo en s'adressant à Teisseire, quand t'es arrivé derrière, qu'est-ce que tu as pensé ?

– Quand j'ai vu la voiture de Marius Guiramand, j'ai dit à Van Steenbergen qui était avec moi : *Tiens, c'est certainement, Nello…*

– Quelle réputation tu me fais là, Lucien, tu exagères.

Lucien Lazaridès mettait fin à cette scène pagnolesque en rappelant ce qu'avait été la visite du docteur Dumas, le matin même.

– Vous pouvez manger tout ce que vous voulez, avait dit le médecin à Nello : *Allez-y, mon vieux, ne vous privez pas, et fumez une cigarette…* Si vous aviez vu la tête de Nello… Il a cru que sa dernière heure était arrivée… Il m'a demandé : *T'es bien sûr qu'il a dit une cigarette ?* Un moribond. »

Nello reviendra au Tour de France l'année suivante pour

terminer au 7ème rang et premier, derrière Walkowiak, le vainqueur des régionaux. Il montrera alors ses limites avérées dans les grands Tours. Ainsi, ayant atteint la 3ème place à Gap, et alors que beaucoup d'analystes le voient arriver en triomphateur à Paris, il rétrograde dans les dernières étapes. Le Tour de France était vraiment trop long pour lui.

En 1957, tandis qu'il se classe deuxième de l'étape de Cannes, derrière René Privat, il voit le drame se répéter dans les Pyrénées lors, précisément, de la 16ème étape Barcelone / Ax-les-Thermes.

Le froid et la pluie s'étaient emparés du Tour après deux semaines, pratiquement, de canicule. C'était un jour de 14 juillet sinistre. Dans la descente du col du Puymorens, pas très loin de l'arrivée, un nuage attendait les hommes pour leur jeter sur les épaules un suaire glacé. Ceux qui étaient venus là-haut pour admirer l'un des plus beaux panoramas du monde grelottaient, effarés, sous des couvertures trempées.

Plusieurs concurrents glissaient et se retrouvaient à droite et à gauche de la route. Nello Laurédi était de ceux-là. Il s'était retrouvé tout seul en tenant son bras gauche. Le sang coulait de son poignet et de son coude. Des voitures stoppèrent. Marius Guiramand lui jeta un imperméable sur les épaules. On s'affolait un peu autour de lui. Peut-être avait-il le bras cassé en deux endroits. Les dents serrées, le maillot en lambeaux et le côté gauche du corps sanguinolent, il allait et venait sur la route verglacée où les voitures dégoulinaient, tous phares allumés.

Nello ne répondait pas aux questions. Il ne faisait déjà plus partie de cet univers. Il monta dans l'ambulance sans avoir décoché un seul mot.

À l'hôtel du Parc, on lui attribua la chambre numéro 2, la même qu'en 1955. Rappel cruel. Il consentit alors raconter ce qui lui était arrivé de longues minutes auparavant : « Quand Nencini a vu qu'Anquetil avait peur dans cette descente glissante du Puymorens, il a accéléré sensiblement. J'étais alors bien placé et je me suis mis en tête de le suivre. À 70 km/h, peut-être, j'ai dérapé sur des gravillons mouillés et j'ai traversé la route à plat ventre. Décidément, je n'aurai jamais de chance dans cette région. »

Nello Laurédi ne reviendra plus au Tour de France.

22. ABSOLUTION

Jolie cité de caractère, La Roche-Bernard forme un belvédère escarpé, bordé de pins et de genêts, au-dessus des méandres de la Vilaine. Le long de ses ruelles en pente, demeures anciennes et hôtels particuliers témoignent de son passé portuaire.

Dans cette localité morbihannaise, il a fallu songer à relier les deux collines qui surplombent la rivière. À ce titre plusieurs ponts se sont succédé : après différentes tentatives, toutes plus ou moins vouées à l'échec, le premier vrai pont de La Roche-Bernard voit le jour le 3 septembre 1911. Le Tour de France l'empruntera souvent, notamment au cours de l'étape Vannes / les Sables-d'Olonne ; mais c'est surtout après-guerre que le pont deviendra la plaque tournante de l'offensive dans le Tour.

Dans l'intervalle, les choses ont changé. Le pont aussi. Un déluge de feu et de mitraille est passé par là. L'ouvrage d'art, composé d'un arc métallique à triple articulation, a été miné par les Allemands. Frappé par la foudre qui touche les explosifs, le 15 août 1944, il s'écroule dans les eaux de la Vilaine. Lorsque le Tour de France sort d'un sommeil long, forcé et agité, La Roche-Bernard n'a pas retrouvé le pont qui lui offrait jadis sa parure. De tergiversations en tergiversations, on installe finalement sur la Vilaine, le 29 juin 1948, un pont flottant provisoire composé de l'assemblage de passerelles provenant du matériel utilisé par les Américains lors du débarquement de Normandie, à Arromanches. L'ensemble mesure un peu plus de trois cents mètres : il est porté par des pontons et retenu par des câbles reliés à quatre massifs de béton établis sur les rives. Pour provisoire qu'elle soit, cette passerelle restera en fonction durant douze ans et accueillera le Tour de France, pour la première fois, le 15 juillet 1954, au cours de la 8ème étape Vannes / Angers.

En empruntant ce pont, la caravane du Tour ne pouvait manquer de susciter un certain nombre de réserves et de mises en garde auxquelles la direction générale du Tour de France restera sourde. Ce matin-là, le vicaire de La Roche-Bernard, l'abbé Gabriel Roussel, avait choisi l'endroit où il allait se tenir pour assister au passage des coureurs. Il emprunta le pont et se posta sur l'une des armatures métalliques bordant la passerelle. L'endroit était interdit, mais l'ecclésiastique, bravant toutes les mises en demeure, se promit de ne gêner personne. Il était seul, rejoint de loin en loin par quelques photographes qui ne souhaitaient pas rater le cliché de ce premier passage grand ouvert sur l'aventure et les légitimes réticences.

Le Tour se présenta par un temps particulièrement lumineux qui ajoutait encore à l'événement. Le directeur Jacques Goddet avait choisi de fermer la marche pour mieux rendre compte et se rendre compte de la traversée. La caravane avait transité sans le moindre problème, applaudie par l'abbé Roussel, lorsque les échappés, au sein desquels on reconnaissait le Belge Fred Debruyne et le Breton Émile Guérinel, s'engagèrent à leur tour. Puis le peloton déboula d'un virage pour franchir l'obstacle et le directeur du Tour se frottait déjà les mains lorsque, exactement devant l'abbé Roussel, parmi les quinze derniers du peloton, survint une chute. Le pont de La Roche-Bernard n'était nullement en cause. Le vélo du Belge Fons Vandenbrande venait de rouler sur un bidon qu'un concurrent avait laissé choir. Le Flandrien tomba la tête la première sur le tablier du pont et demeura un moment inanimé, ruisselant de sang, le nez profondément entaillé… Le pont de La Roche-Bernard venait de connaître son héros malheureux. Il n'y en aura pas d'autre.

L'abbé Roussel, aux premières loges, se précipita pour relever l'infortuné coureur belge. L'histoire ne dit pas s'il lui donna l'extrême-onction. N'exagérons pas. Il resta en permanence aux côtés de Jacques Goddet et du docteur Berthy, médecin du Tour, et se rendit utile. Il proposa même ses services pour gagner une maison toute proche où les premiers soins allaient être prodigués à l'infortuné coureur. Mais on ne fit pas appel à lui. Il se rendit alors dans la ville avant de regagner le presbytère, saluant quelques-unes de ses ouailles, et s'offrit un petit verre de rhum (« Quelque chose de doux ! » avait-il commandé) pour reprendre ses esprits.

23. OMBRES ET LUMIÈRES D'UN AIGLE

L'Espagnol Alejandro Federico Bahamontès réalisa son rêve : devenir et demeurer l'artiste aérien de la montagne. De fait, à six reprises en l'espace d'une décennie (1954-1964), il fut sacré meilleur grimpeur du Tour de France. Il franchira en première position tous les cols de légende, dont le Tourmalet (quatre fois) et le Galibier (deux fois), à dix ans d'intervalle.

C'est en 1954, pour la première fois, qu'il fut retenu dans la formation ibérique par le directeur sportif Julian Berrendero, qui allait d'ailleurs subir les foudres de la critique espagnole « pour avoir sélectionné ce chat famélique de Bahamontès qui n'a gagné qu'une petite course en France » (la course de côte du mont Agel). Il est effectivement encore un inconnu.

Son prédécesseur, un Basque de Bilbao, Jesus Lorono, qui avait remporté en 1953 le grand prix de la Montagne, ne participe pas à l'édition 1954. Il lui faut donc un successeur. Ce sera un petit employé en fruits et légumes du marché de Tolède qui a économisé peseta par peseta pour acquérir un vélo et s'aligner au départ du grand prix de la ville. Il sait grimper. D'ailleurs, il a choisi son parcours d'entraînement. Il quitte les bords du Tage et monte tout là-haut, là où il va quérir ses produits maraîchers, près du *Cigarral de los Menores*, un ancien monastère où il rêve de pénétrer un jour. L'Espagne ressent alors le besoin de se créer des personnages à la hauteur de ses fantasmes, héros positifs, capables de panser les déchirures et les malentendus nés de la guerre civile.

Bahamontès arrive, forçant l'admiration. De Tolède à Madrid, de Salamanque à Albacete, d'Aranjuez à Avila, partout on le couronne roi de la montagne. Ces victoires émanent toutefois des rangs amateurs et c'est pourquoi la critique se montre sévère lorsque le sélectionneur l'intègre à l'équipe nationale appelée à participer au Tour de France. Au demeurant, Bahamontès lui-même s'étonne de cette sélection, car il ne s'estime pas suffisamment préparé pour l'épreuve de la Grande Boucle.

Qu'importe ! Une seule tâche lui est assignée : passer en tête au sommet des cols et remporter ainsi le grand prix de la Montagne. Cela ne semble pas lui poser de problèmes et, dans les Pyrénées, il se révèle souverain des cimes : Aubisque, Tourmalet, Aspin et Peyresourde sont avalés et le contrat exécuté à la lettre. On regarde alors avec une certaine curiosité ce coureur un peu fantasque qui se joue de tous ces grands cols qu'il ne connaît que de réputation.

Lorsque se présentent les Alpes, il a déjà en poche le titre de meilleur grimpeur du Tour de France. Après une journée de repos, à Lyon, le peloton approche des massifs alpins dans l'étape Lyon / Grenoble. Il s'agit, ce jour-là, de franchir une difficulté inédite : le col de Romeyère, où Louison Bobet, Ferdi Kubler, Fritz Schaër, et les régionaux Jean Le Guilly et Jean Malléjac sont prêts à passer à l'offensive. Mais Bahamontès parvient là encore à distancer ses camarades dès la deuxième tentative. Seul le petit Breton Jean Le Guilly l'accompagne. Arrivé premier au sommet, Bahamontès se désintéresse ensuite de la descente et s'arrête soudainement. Sa fantaisie joue à plein. Il vient d'apercevoir un marchand de glaces ambulant et s'approche de l'éventaire. On le voit parlementer avec les mains car il s'exprime très imparfaitement en français. Il crie au vendeur : « Helado, helado de fresa ! »

Il a vu les glaces qu'il préfère : les glaces à la fraise. Par le geste, le marchand a compris mais tient à faire savoir que ses produits ne sont pas offerts gracieusement. Fort heureusement, près de lui, se précipite un spectateur qui se propose de lui offrir la confiserie. Bahamontès le remercie et, plein de reconnaissance, le gratifie, en échange, d'une casquette de l'équipe nationale espagnole qu'il sort de la poche arrière de son maillot. Le généreux donateur de glace, ravi, crie sa joie. Si la glace lui a coûté quelques francs, la casquette du roi de la montagne n'a pas de prix. Il lui proposerait presque une deuxième douceur.

La montagne s'efface doucement du profil du Tour. Bahamontès l'a vaincue. Il a rempli son contrat, est devenu l'un des héros de la Grande Boucle. Quand il revient chez lui, dans la cité du Tage, il a le droit à une grande surprise. Certes, le maire de la ville le salue sur le balcon de l'hôtel de ville devant une foule considérable et lui remet le parchemin de reconnaissance de l'ancienne capitale des rois castillans ; certes, il embrasse ses amis place Zocodover, près de l'Alcazar. Mais il y a mieux. Pour accéder à la ville, on lui ouvre une voie triomphale : il effectue son entrée par la porte de Bisagra, celle réservée aux héros de la guerre, au-dessus de laquelle figure l'Aigle de Tolède. En effet, pour pénétrer dans la vieille ville, poumon de la cité, il existe neuf portes. La plus célèbre et la plus utilisée, est la « porte neuve de Bisagra », magnifique arc flanqué de deux grosses tours, construite en 1550 pour recevoir l'empereur Charles Quint. Le côté externe est constitué d'un arc de bossage sur lequel s'affiche un grand écusson de la ville impériale avec le caractéristique aigle bicéphale. Cette entrée est flanquée de deux grandes tours circulaires et à créneaux. En voiture, on entre par le côté droit et l'on sort par le côté gauche. La porte centrale, fermée par une chaîne, n'est jamais utilisée. Or, lorsque « Fédé » revint de son premier Tour, en *leader* de la montagne, les autorités ouvrent la porte centrale de Bisagra et Bahamontès fait son entrée dans la ville à la manière d'un souverain.

J'ai toujours eu en l'écoutant l'impression qu'il ne s'en était jamais remis car, lorsqu'il évoque l'événement, il roule des yeux admiratifs et plonge comme dans un rêve. « Ils ont ouvert la porte de Bisagra ! » martèle-t-il, comme si cela avait été le plus beau moment de sa vie.

Il connaîtra, ensuite, un épanouissement tardif (si l'on peut dire) au Tour de France puisqu'il remporta sa première étape, Pau /

Luchon, en 1958, à l'âge de trente ans.

4ème de l'édition 1956, 2ème en 1963 derrière Jacques Anquetil, il inaugura dans l'intervalle la liste des victoires espagnoles en gagnant la Grande Boucle, en 1959, profitant habilement de la mésentente qui régnait au sein de l'équipe de France. Il ouvrit ainsi la voie dans laquelle allaient s'engager, beaucoup plus tard, Ocana, Delgado, Indurain et autre Contador.

Mais, dans sa vie sportive faite d'ombre et de lumière, demeure cet abandon en rase campagne qui fit courir sur lui un torrent d'imprécations. Presque une affaire d'état. Il nous faut y revenir.

Le 4 juillet 1957, le Tour s'apprête à franchir les premiers cols. Jacques Goddet, dans son éditorial de *l'Équipe*, écrit : « L'»Aigle de Tolède» va planer sur la haute montagne ». C'est la première fois dans l'histoire que l'on voit fleurir l'appellation « Aigle de Tolède ». Il s'affirme dans les petits cols vosgiens, mais hélas, à la surprise générale, s'effondre dans la 9ème étape Besançon / Thonon-les-Bains.

Les concurrents empruntent les sauvages et verdoyantes gorges de la Lemne lorsque la radio interne de la course annonce : « Bahamontès s'est arrêté sur le bord de la route. »

À peine descendu, il est entouré d'une nuée bourdonnante. Son directeur sportif Luis Puig Esteve est là. Jacques Goddet accourt. Bahamontès s'est assis dans l'herbe et manifeste son intention d'abandonner. Luis Puig s'essaie à le remettre à toute force sur sa machine. Peine perdue. Ses deux équipiers Antonio Ferraz, champion d'Espagne en titre, et Carmelo Moralès, l'Asturien, se joignent au cœur des soupirants. Tour à tour, tendres ou vociférants, les Espagnols présents tentent l'offensive du désespoir.

La scène se passe du côté du village de La Billaude. Les coureurs ont couvert environ 75 kilomètres. Il est 14 heures et le soleil brille haut et fort. Les concurrents ont quitté le département du Doubs et évoluent désormais dans celui du Jura. La ville de Champagnole est derrière eux et ils entament un secteur à l'habitat dispersé, peu avant Morez et Les Rousses. Il y a là un talus en pente douce et, au sommet du monticule, quelques arbres dispensateurs d'une ombre parcimonieuse dont tentent de profiter sept spectateurs qui se trouvent là, après avoir replié à la hâte les derniers reflets du pique-nique. C'est dans ce carré d'ombre que Federico Bahamontès met pied à terre.

« On comprendra donc qu'un grand mouvement de suiveurs ait suivi immédiatement la descente du numéro 42, écrira Maurice Vidal, dans *Miroir-Sprint*. À la vérité nous étions quelques-uns à penser à la chose [...]. Je l'avais vu le matin au départ de Besançon, il était pâle, les traits tirés, le tour de la bouche envahi par des boutons de fièvre. »

Avait-il bien digéré l'incident qu'il avait subi lors de la 4ème étape Rouen / Roubaix. Son coéquipier Miguel Poblet, malade, souffrant de la chaleur comme tant d'autres, venait d'abandonner. Quelques kilomètres plus loin, alors que le peloton éclatait, Bahamontès était lâché. Mieux, un incident l'immobilisait au sol. Un maladroit doublé d'un imbécile lui avait jeté une bouteille dans les jambes. Federico s'était assis dans l'herbe et donnait l'impression de ne plus vouloir repartir. Il se ressaisit, cependant, et, avec cinq minutes de retard, reprenait la route, escorté de quelques équipiers. Il allait terminer finalement dans le peloton mais beaucoup pensaient que toute cette poursuite et cet incident l'avaient profondément éprouvé.

Il semble pourtant que ce n'était pas le cas ; depuis le début de l'étape, cette fois, il pédalait en queue de peloton, montrant ostensiblement aux suiveurs qu'il portait un bras derrière le dos. À ses côtés, en début de parcours, avançait le sociétaire de l'équipe de France, Gilbert Bauvin, qui, lui non plus, n'était pas à la fête. Mais là, pas d'inquiétude, Bauvin n'abandonnerait que plongé dans un coma profond !

Bahamontès desserra ses courroies de cale-pieds, descendit avec calme de sa machine, indiquant par cet acte de renoncement qu'il remettait son épée. « L'Aigle de Tolède » était vaincu. Le plus dur restait à subir.

Que s'était-il donc passé ? Ce n'était pas une désertion, mais la conséquence d'une piqûre de calcium que lui avait administrée son directeur technique, Luis Puig Esteve.

Celui-ci ne voyait qu'une chose : il pensait avec terreur qu'à la fin du Tour, le 12 juillet, il pénétrerait en Espagne avec une troupe décimée, sans son favori.

À qui incombait la faute ? Une lutte fratricide corrodait cette équipe d'Espagne. Elle mettait aux prises les deux grands grimpeurs et rivaux : Federico Bahamontès et Jesus Lorono. Luis Puig déclarait qu'il s'efforçait de concilier les inconciliables, mais Bahamontès savait qu'il ne souhaitait qu'une seule chose : favoriser Jesus Lorono. Les deux coureurs étaient brouillés à vie. Le soir, ils se retrouvaient à la même table, Luis Puig entre eux. Ils échangeaient quelques phrases banales. Ils étaient seuls, raidis dans leur orgueil. Puig et Fedérico n'ont jamais fait la paix. Bahamontès s'était déjà répandu dans la presse.

« Puig ne voit que par Lorono, affirme-t-il. Même si je prenais cinq minutes à Jesus dans chaque étape, il essaierait encore de me persuader qu'il est meilleur que moi. Son aveuglement m'a fait perdre le Tour d'Espagne en 1957, je ne suis pas près de l'oublier. »

Mais alors, cette piqûre intraveineuse concoctée par Luis Puig ? Pas clair tout cela. Dans le fourgon d'infamie, il réfléchit. Il faut qu'il aille s'excuser dès l'arrivée de l'étape. Il éprouve le sentiment que l'Espagne ne lui pardonnera pas son brusque renoncement à la veille même de la grande étape des cols (Thonon-les-Bains / Briançon) de son étape à lui, Federico Bahamontès, le grimpeur. Coûte que coûte, il faut qu'il se justifie.

Il est 19 heures. À Thonon-les-Bains, de l'hôtel de Paris, refuge de l'équipe espagnole, place des Arts, il se déplace jusqu'au boulevard de la Corniche, où se tient l'hôtel Savoy et Léman, permanence de la direction de course. Déférent, un employé de la réception s'approche des commissaires de course : « Monsieur Bahamontès demande à voir ces messieurs ».

C'est le coup de théâtre : Federico Bahamontès vient spontanément au-devant des enquêteurs pour faire sa déposition, dans l'instant même où ces derniers discutent des formes légales à respecter dans cette délicate affaire. Il est là, dans le hall, en civil, pâle, fébrile, gêné, gauche dans son costume de ville un peu ondulé par dix jours de transport.

Les commissaires internationaux et le docteur Dumas

l'entourent. Un journaliste sert d'interprète. Bahamontès a quitté son veston, retroussé la manche gauche de sa chemise. Il montre son bras enflé que Dumas examine. Maintenant, volubile, il explique, il insiste, veut convaincre. De temps en temps, l'interprète bénévole lui fait signe de s'arrêter pour qu'il ait lui, le temps de traduire :

« Il dit que Luis Puig lui a bien fait une piqûre, à Besançon, avant le départ et qu'il a dû s'y reprendre à deux fois parce qu'il ne trouvait pas la veine. Cela lui a fait mal et la douleur est allée en s'accentuant toute la journée jusqu'à devenir intolérable au moment où il a mis pied à terre. Il ne pouvait plus tenir son guidon. Il dit qu'il comptait faire une très belle étape et prouver dans le Galibier qu'il grimpait toujours très bien. Il dit qu'il regrette d'avoir quitté la course, mais que ce n'est pas de sa faute et que, sans cette piqûre, il serait toujours là.

– Qu'en pensez-vous, docteur ? demande le commissaire belge Fernand Paul.

– C'est difficile à dire. Bahamontès m'a donné l'impression d'un garçon qui ne voulait pas repartir. Mais, dans l'état d'excitation où il était, il est difficile de dire si cela a été provoqué par une dépression morale, par la fatigue ou par la piqûre qui lui a été faite au départ. Cette piqûre pose d'ailleurs un problème. Nous croyons qu'il s'agit d'une piqûre intraveineuse de calcium. Mais il est difficile d'affirmer qu'il s'agissait effectivement de calcium. Ce qui est certain c'est que M. Puig n'avait pas le droit de faire une piqûre. Je ne lui reproche pas de l'avoir manquée, ce qui peut arriver à un médecin, mais de l'avoir faite. Les règlements du Tour sont formels à cet égard et M. Puig ne pouvait les ignorer. Il paraît qu'il le fait souvent en Espagne. Mais ici, il sera sanctionné par la Fédération française de cyclisme. Il faut qu'il le soit pour que de telles pratiques disparaissent.

– Qu'allez-vous faire ? demande Elie Wermelinger à Jacques Goddet.

– Eh bien ! déclare le directeur du Tour, nous sommes libres d'estimer l'an prochain que la présence de Luis Puig n'est plus désirable dans le Tour de France et de prier la Fédération espagnole de désigner un autre directeur technique. »

Le verdict est rendu. Les organisateurs du Tour n'entendent pas qu'un homme se livre impunément à des pratiques contre lesquelles ils ne cessent de lutter[1].

Sur le plan de la robustesse physique, Bahamontès présentait une constitution hors norme. Il comptait moins de pulsations que la normale et souffrait également de quelques arythmies. Phénomène insolite et qui retint longtemps l'attention de son médecin : en certaines occasions, il affichait moins de pulsations après avoir accompli un effort qu'avant de l'avoir accompli. Sans doute était-ce imputable à son tempérament nerveux. C'est l'une des raisons qui le rend imprévisible. Tout est subordonné en grande partie à son tempérament qui l'impulse parfois plus que sa véritable énergie physique. Le succès ou l'échec dépendent souvent de son moral car, bien souvent, il ne parvient pas à se dominer.

Beaucoup de souvenirs m'attachent à Federico Bahamontès et c'est toujours pour moi un réel plaisir de me retrouver à ses côtés, chez lui, à Tolède.

Je l'ai connu dans son magasin de cycles, motocycles, armes, place de la Magdalena. Il avait atteint depuis longtemps l'âge de se retirer des affaires mais attendait que son dernier employé

---

[1] Circonstance étonnante, Luis Puig qui, effectivement, ne reviendra plus en qualité de directeur technique, au Tour de France, deviendra président de l'Union cycliste internationale. Il assure ces fonctions (de 1981 à 1990) lorsque survient l'affaire Delgado, au Tour de France 1988, et sauve miraculeusement ce dernier de la disqualification pour dopage. Delgado portait le Maillot jaune lorsque, à l'issue de la 13ème étape, alors qu'il remporte l'épreuve contre-la-montre et s'empare de la première place au classement général, il est contrôlé positif au probénécide. Utilisé dans le traitement de la goutte ou des maladies vénériennes, ce médicament, ne constitue pas, en soi, un produit dopant mais permet de masquer des substances comme les anabolisants, par exemple. Le Comité olympique l'a, de ce fait, placé sur sa liste des produits interdits depuis le début de l'année. L'UCI fait alors valoir que le probénécide ne figure pas, encore, sur sa liste. Or, au début de l'année 1987, soit plus d'un an auparavant, plusieurs magazines assuraient que « la commission médicale de l'UCI avait décidé de calquer la liste des produits interdits sur celle du CIO afin d'harmoniser les réglementations ». Une nouvelle fois on trouvait Luis Puig impliqué dans cet imbroglio pour le moins discutable pour un président de l'Union cycliste internationale.

puisse faire valoir ses droits à la retraite pour vendre le magasin.

Il peut à l'occasion s'avérer un excellent guide de sa ville.

Un jour, l'ancien champion du monde italien, Ercole Baldini et son épouse sont venus lui rendre visite. Mme Baldini, passionnée des curiosités du monde, lui a raconté, à lui Federico, l'histoire de Tolède. Atteint dans son amour-propre, il s'est alors mis en tête que, désormais, sa ville n'aurait plus de secret pour lui. C'est pourquoi j'étais étonné de son érudition lorsqu'il m'entraînait dans les petites rues de la vieille ville, de la porte de Bisagra à la porte baroque d'Alcantara en passant par le pont Saint-Martin ou encore à la cathédrale. Dans ce dernier joyau, il attirait mon attention sur l'harmonie des nefs et le fin lissage des bois ou encore les vitraux qui sont la clef du secret des lumières et des ombres dans ce lieu si visité.

On pourrait passer des heures en sa compagnie. Il vous conduira de musée en musée, à l'occasion vous paiera l'entrée, et n'oubliera surtout pas de vous montrer la maison du génial Greco, une demeure qui reste « l'un des hauts lieux du repos grave, du loisir sévère », comme aurait dit Antoine Blondin, et l'une des œuvres maîtresses de son pinceau : *l'Enterrement du comte d'Orgaz*. Federico n'oubliera pas de souligner que « le » peintre de Tolède dut comparaître devant les tribunaux pour ne pas avoir respecté les dimensions académiques « des ailes des anges ». Il en rit à chaque fois. Pour lui, ce fut si différent. Que les ailes de « l'Aigle de Tolède » aient été ou non de dimension standard, elles ne l'ont jamais empêché de s'envoler vers les sommets alpestres ou pyrénéens.

24. LE PETIT GARS DE LA CÔTE

Entre Cannes et Nice, en quittant la route côtière pour gagner l'intérieur, on découvre le village de Biot (prononcer « Biotte ») : l'une de ces petites cités de caractère limitrophe d'Antibes, où les gens apprécient la vie dans ses méandres et prennent le temps de goûter chaque chose, d'admirer chaque fleur, de regarder évoluer avec grâce chaque papillon, d'écouter chaque cricri de grillon.

À Biot, on fait tout de même beaucoup de choses. Comme sa grande voisine Vallauris, on l'appelle « terre de feu », car il semblerait que la commune ait grandi sur un ancien volcan (tout du moins à proximité de). Sur cette terre riche en argile, sable, manganèse et cinérite (pierre à four), de nombreux potiers et des céramistes développent leur activité.

Biot est perché sur une colline, dans un perpétuel écrin de fleurs, mimosas, roses, œillets. Il existe ainsi beaucoup de cultures de fleurs, en plein air ou en serres.

Ce ne fut pas toujours un pays de rêve. Comme l'ensemble de la Provence, le village fut dévasté, dans la deuxième moitié du XIVe siècle, par la peste noire et la guerre des bandes. En 1470, pour tenter de le repeupler, le roi René de Provence autorisa une cinquantaine de familles venues du Val d'Oneille (région d'Imperia) à s'y installer. Dès lors, les Italiens contribuèrent à la prospérité du village, souvent chassés de leur pays par la misère, le chômage ou la tyrannie.

C'est ainsi qu'après la Seconde Guerre mondiale, un Napolitain nommé Mirando vint un jour s'établir à Biot avec sa famille. Il se mit à cultiver des fleurs, non sans difficultés car il jeta son dévolu sur la culture en serres, qui nécessitait un certain investissement.

Dans la famille se trouvait un fils, venu d'Italie très jeune en compagnie de ses parents. Il était né à Tersigno, en 1931 et, deux années plus tard, se retrouvait sur la Côte d'Azur. Plutôt foncé de peau, de poil et de prunelle, il s'appelait Joseph. Pour tous, il devint José. Comme son père, il rêvait d'acheter beaucoup de serres pour faire prospérer l'entreprise familiale. Mais l'affaire n'était pas si simple.

Le jeune garçon adorait le sport, le cyclisme en particulier. Il s'était déjà essayé sur le vélo de l'un de ses camarades et avait éveillé l'attention de ses compagnons. Excellent rouleur, il s'affichait aussi comme un grand escaladeur de côtes. À l'âge de dix-huit ans, alors qu'il atteignait gaillardement 158 centimètres, il parvint à réaliser l'un de ses rêves : acheter un vrai vélo de course.

Il lorgnait vers un club pour atteindre ses eldorados. Le club-phare s'appelait *l'Étoile sportive* de Cannes. Il y fut accepté d'autant plus facilement qu'il présentait toutes les garanties d'un futur bon coureur, paraissait sérieux et docile, et était de plus d'une extrême gentillesse. Il commença donc à écumer les courses de côte de la région, alors que la France retrouvait progressivement la paix et que l'activité sportive renaissait.

La vedette de son club était l'homme le plus célèbre du cyclisme français : René Vietto. Mirando s'approchait de lui avec respect, l'appelait « monsieur ». Celui qu'on surnommait le « Roi René » le regardait avec une petite pointe de condescendance. S'il trouva « le petit » sans allure et sans la moindre jugeotte, il fut bien vite contraint d'admettre que le gamin possédait une certaine étoffe. Les résultats le prouvaient. À dix-neuf ans, il passait professionnel et se classait 3ème de la course de côte du mont Faron, du mont Agel et de La Turbie…. C'est alors que Vietto commença à s'intéresser à l'enfant de Biot. Sans jamais lui manquer de respect, celui-ci affirma son caractère et maître et élève ne furent pas toujours d'accord, notamment lorsque José fut sélectionné pour son premier Tour de France, en 1951, aux côtés d'Émile Baffert,

Roger Buchonnet, Pierre Brambilla, Jean Dotto, Pierre Molinéris, Vincent Vitetta... Il avait fêté ses vingt ans au mois de mai et se trouvait être le benjamin du Tour.

Vietto estimait que José devait encore attendre, se façonner davantage, mais Mirando avait tellement rêvé du Tour de France ! Il accomplit des débuts remarqués.

L'argent commença à rentrer, que José économisa lentement pour pouvoir acheter une serre supplémentaire, à la grande satisfaction de son père.

Sur la route du Tour, il regarda avec admiration Coppi, Bobet, Bartali, Koblet, toutes les stars qu'il côtoyait de temps en temps, dans les critériums, sur la Côte d'Azur. Il avait beaucoup à apprendre d'eux. Il racontera longtemps la scène dont il fut le témoin lors de la 16ème étape Carcassonne / Montpellier.

Légèrement décramponné, chassant derrière le peloton, Mirando parvint à l'entrée de Lamalou-les-Bains à la hauteur de Coppi, en pleine détresse, entouré de ses *gregari* Milano, Pezzi, Biagioni, Carrea, Salimbeni et Franchi. Ralentissant sa course et constatant l'indisposition du champion italien, le petit Azuréen sortit de la poche de son maillot la bouteille thermos bien fraîche qu'il tenait en réserve pour les derniers kilomètres et la lui tendit. Fausto en but quelques gorgées. « Gardez-la, si vous voulez », proposa Mirando à Coppi. Mais Fausto, secouant tristement la tête, lui rendit la bouteille. Pour ce geste chevaleresque, à l'arrivée, on lui remit la prime quotidienne de 10 000 francs offerte par la société des chaussures Pataugas. Mieux, le soir même, Fausto fit déposer à son hôtel (l'hôtel du Commerce, rue Maguelone) deux paires de boyaux extrafins, des « super-Pirelli ».

Le lendemain, le Tour de France observait une journée de repos et, à l'hôtel Métropole, Coppi contait la scène aux journalistes italiens : « Je me traînais sur ma machine, je ne savais plus très bien où je me trouvais, j'étais incapable de tourner les jambes, j'étais sans forces. Je me souviens bien du petit Mirando, le gentil petit Mirando : *Allez Fausto, me disait-il, un grand coureur comme vous...* Et il se privait de boire pour moi. Il me tendait tout ce qu'il avait et je n'avançais même pas ! »

Mirando courut ainsi quatre Tours de France consécutifs[1] avec des fortunes diverses, terminant deuxième de l'étape Lille / Dieppe, en 1953, et 12ème au classement final. La saison finie, il retournait parmi les fleurs et les fruits miraculeusement conservés. En janvier, alors que le froid régnait sur la France et que les vignes risquaient de mourir dans la terre gelée, on pouvait encore, chez les Mirando, déguster du raisin.

Il était toujours Italien. Mais comme il aimait bien la France, qu'il était Français de cœur, de goût et de raison, il résolut de le devenir légalement. La première conséquence de sa décision fut de lui valoir, comme à tous les jeunes Français, dix-huit mois de régiment.

Dix-huit mois, c'est long pour un jeune homme, mais il eut la chance d'être versé au centre sportif de l'armée, à Vincennes, où sont dirigés tous les champions en devenir. Et on lui accorda généreusement des permissions pour s'entraîner et pour courir.

C'est pourquoi, à trois jours du Tour de France 1955, lorsque le commandant du centre lui déclara qu'il n'avait pas encore pu lui obtenir une permission d'un mois pour courir la grande épreuve, il ne fut que légèrement inquiet et prit quand même la direction du grand port où devait être donné le départ.

Hélas ! Il dut bientôt se rendre à l'évidence : la permission ne venait pas et ne viendrait pas. Il connut alors le plus grand désespoir de sa jeune vie. Il était là, au milieu de ses camarades. Il voyait autour de lui leurs préparatifs joyeux. Il les regardait se retrouver avec de grandes tapes sur l'épaule. Il les écoutait évoquer de bonnes vieilles plaisanteries éculées qu'on échange toujours au départ d'un Tour de France.

Il ne pouvait admettre un seul instant que, pour la première fois depuis quatre ans, il ne serait pas au départ. Car s'il ne pensait qu'à acheter des serres, il aavit conservé l'âme d'un amateur. Pour lui, le Tour de France était comme le match de football qu'on va faire le dimanche avec les copains. Comme un départ pour les grandes vacances.

Et José était là, au poinçonnage, entouré de coureurs, de journa-

---

[1] Il participera à son dernier Tour de France en 1956.

listes, de radio-reporters. Ah ! il n'avait plus de pudeur. Il n'était qu'un gosse malheureux, pleurant, se révoltant, espérant encore un miracle.

Toutes les dix minutes, il devait à nouveau se persuader que c'était vrai, que demain il ne quitterait pas le port de mer avec les autres.

Et, le matin du départ, il était là, le premier, en ce 7 juillet 1955, dans cette ville du Havre, sur la terrasse du casino Marie-Christine. Dans quelques instants, les équipes allaient défiler devant lui, boulevard Albert 1er. Tout se passait devant la plage, ouverte sur le large. Quelques paquebots entraient dans le port, actionnant leur sirène, mais le spectacle laissait José indifférent. Il ne pouvait décrocher ses yeux brillants de fièvre de ce spectacle coloré, de tout ce remue-ménage. C'était son monde à lui. Plus montaient les acclamations de la foule, au fil des minutes, plus une grande peine lui étreignait le cœur. Cruelle ironie ! Il allait d'un journaliste à l'autre, s'épanchant vers le confrère qui pouvait encore l'écouter quelques instants. Maurice Vidal, directeur de *Miroir-Sprint* était de ceux-là.

« M. Vidal, le suppliait-il avec un sanglot. Il faut le dire dans votre journal. Ce n'est pas juste. Je n'ai rien fait de mal. J'ai voulu faire mon service militaire pour être bien français. On m'a donné des permissions pour m'entraîner et on ne m'en donne pas pour courir le Tour. Si vous saviez ce que ça me fait mal. »

Et il comptait sur ses doigts :

« J'ai pleuré toute la journée d'hier et encore toute cette nuit ».

Et il devait s'arrêter pour ne pas pleurer encore. Et des confrères passaient, lui tapaient sur l'épaule et retournaient voir les partants, ceux pour qui la vie continuait sans les tourments

Et lui, cherchait toujours à comprendre, à faire comprendre.

« Si vous saviez comme je me suis préparé pour ce Tour. Je m'étais dit : *Tu vas profiter d'être au régiment pour ne pas trop courir, pour ne pas trop faire d'efforts et tu feras ton meilleur Tour de France. Moi, le Tour, c'est ma vie, et je ne voudrais pas courir vieux. Dès que les serres pourront nous faire vivre tous, je m'arrêterai* ».

Et José regardait ses coéquipiers du Sud-Est, lesquels avaient épuisé, la veille, toutes les paroles de réconfort, lorsqu'il leur avait rendu visite à l'hôtel Littoral, place Camille-Saint-Saëns. Il avait aussi souhaité bonne chance à son remplaçant, René Génin qui, il y a peu de temps, peuplait encore les rangs des amateurs et indépendants où il avait remporté *la Route de France*. Le malheur de l'un faisait le bonheur de l'autre. La vie est ainsi faite.

On présentait les équipes. Chaque étape du cérémonial de départ ranimait sa douleur. Il allait rester seul devant la mer à regarder s'en aller allègrement la grande caravane bariolée.

René Vietto aussi resta quelques minutes supplémentaires, près de son élève.

« Vous vous souvenez, M. Vietto, le papier que vous m'aviez donné il y a quatre ans, avec tout ce qu'il fallait pour être un vrai champion, les soins à assurer. Je l'ai encore. Les autres années, je n'avais pas assez d'argent en poche. Cette fois, j'ai dépensé 25 000 francs. »

Et René, sentimental bougonnant sous sa rude écorce, ne trouva, cette fois, rien à dire. Il avança simplement comme par manière d'acquis :

« Tu verras, petit, cela te fera du bien d'arrêter un an. Tu feras un meilleur Tour l'année prochaine. »

Mais on était cette année en 1955 !

Le cortège s'ébranla. Le soldat José Mirando restait là, en proie à un désarroi profond, revêtu de son uniforme de soldat qui semblait baroque dans cette atmosphère toute festive et tenant de ses mains crispées son beau vélo argenté de la marque Follis, pour l'heure, ridiculement inutile.

Les concurrents quittèrent l'esplanade de la plage et s'engagèrent dans la Porte océane et ses deux immenses tours qui leur ouvraient la route de l'espérance et accentuaient pour José Mirando celle du désespoir.

25. LE MARQUIS DE CABASSE

Parmi les anciens coureurs que j'affectionnais et à qui je rendais régulièrement visite, j'inclinerais volontiers vers Jean Dotto.

Chaque année, dans Paris-Nice, devançant le peloton, je marquais une pause dans son bar-restaurant de Cabasse, village typiquement provençal du Var, situé près de Brignoles. La petite cité se trouvait sur le parcours de l'avant-dernière étape qui s'achevait, à cette époque, à Mandelieu-la-Napoule, le samedi précédant l'arrivée. Robert Chapatte et moi retrouvions alors quelques confrères, dont Pierre Chany, qui trouvaient également la halte bienfaisante et tellement humaine. Nous nous attardions à déguster quelques plats préparés par son épouse Janine et que nous arrosions de vin de leur propriété. Quand nous cherchions à rejoindre la course, il nous fallait parfois utiliser quelques raccourcis car les coureurs, bien sûr, ne nous avaient pas attendus.

Je revins à plusieurs reprises avec une équipe de télévision pour des reportages sur les figures marquantes du Tour. Je me plaisais près de lui, dans le cabanon de sa vigne, où le raisin était paresseux à mûrir. Les bruits de la ville n'arrivaient pas jusque-là, ou seulement transformés, édulcorés, à la manière de ces oranges amères qui deviennent sirop après l'alambic.

Jean Dotto n'avait pas d'âge. Son visage était plat comme la pierre de l'un de ces devants de porte qui conservent toute la nuit la chaleur de la journée. Ses jambes semblaient aussi noueuses que les raisins qui se résignaient à ne pas grandir sous le poids des sarments. Son nez était petit, en proportion avec le personnage. Son accent était évidemment de ceux qui chantent et si dans ses yeux se lisait la malice des paysans, on y retrouvait aussi une grande bonté.

Je lui disais de temps en temps : « Tu vois Jean, nous sommes du même pays, de cette Bretagne historique, puisque tu es né à Saint-Nazaire, dans le département de Loire-Atlantique… » Il s'en amusait.

« Mon père, expliquait-il, était vigneron en Italie, mais, comme tant d'autres, il dut fuir la misère et arriva en France. Il fut dirigé vers Saint-Nazaire où les chantiers de la Loire offraient la sécurité de l'emploi. Le célèbre paquebot *Normandie* était déjà en chantier. Ce n'était pas le seul. Le travail ne manquait pas. Mon père devint perceur. Voilà donc l'explication de ma naissance dans ce port de l'Atlantique. J'y ai passé les premières années de ma vie puis nous sommes passés par Sète, Port-de-Bouc. J'avais six ans lorsque mes parents se sont établis vignerons, à Cabasse. »

Il préférait le football mais était devenu coureur cycliste pour faire plaisir à son frère Nicolas, de dix ans son aîné, qui allait bien vite le persuader de se lancer dans les courses. Il ne le regretterait pas. Chez les amateurs déjà, il prouvait sa supériorité dans les courses de côte et remportait notamment le circuit du Ventoux, le prix d'Aubagne, Marseille / Toulon / Marseille. Contacté par le grand club de Monaco, il passait professionnel, en 1951, sous les couleurs de la firme marseillaise *France-Sport* aux côtés des frères Lazaridès et de José Mirando.

En 1955, lors du troisième succès consécutif de Louison Bobet dans le Tour de France, Jean Dotto reprend place au sein de l'équipe de France aux côtés de Louison Bobet certes, mais aussi de son frère Jean, de Darrigade, Géminiani, Antonin Rolland, Jean Malléjac, François Mahé, Bernard Gauthier et Jean Forestier.

L'épreuve qui, cette année-là, prend son essor du Havre, sourit d'entrée à la formation Tricolore puisque, dès la 2ème journée Dieppe / Roubaix, Antonin Rolland s'empare de l'étape et du Maillot jaune qu'il porte allègrement au pied des Alpes.

Un trublion, le Luxembourgeois Charly Gaul, s'affirme pour la première fois dans la montagne et l'emporte à Briançon. Dans la descente du col des Aravis, Raphaël Géminiani demande à Jean Dotto de se manifester. Ces montagnes lui sont familières, il les emprunte souvent dans le Critérium du *Dauphiné libéré*. Dotto n'hésite pas. Mais à la sortie d'un virage, une tâche d'huile sur la route contrarie ses desseins : il dérape et glisse sur l'asphalte. Derrière, les autres concurrents parviennent à l'éviter. Maillot déchiré, souffrant de multiples contusions, il reprend la route. En revanche, son vélo étant devenu inutilisable, il doit emprunter celui d'Antonin Rolland qui n'est pas du tout à ses cotes. Il reste à gravir Télégraphe et Galibier. Dotto franchit les sommets dans un état second mais termine l'étape.

Chaque jour, ensuite, il s'améliora, reprenant confiance en ses moyens jusqu'à cette 14ème étape Albi / Narbonne (153 kilomètres), à travers la Montagne noire. Cette fois, il se manifeste à l'avant de la course en compagnie de douze hommes dont Louis Caput (qui gagnera l'étape), Fred Debruyne, Nicolas Barone, les Italiens Bruno Monti et Rino Benedetti ainsi que Nolten, Impanis, Mahé et Géminiani.

Louis Caput, témoin de la scène, racontait : « Nous descendions à toute allure vers Saint-Pons. Je me trouvais dans le sillage de Dotto et brusquement, il a disparu. Il n'a pas raté le virage : il l'a littéralement oublié. »

Dotto explique de son côté : « J'avais un petit problème de dérailleur. J'ai tenu à vérifier que j'étais bien en ligne de chaîne. Ce petit moment d'inattention m'a été fatal car je me suis retrouvé dans le virage en pleine panique sans vouloir freiner pour ne pas entraîner des camarades. Alors j'ai sauté le parapet. J'ai fait un tout droit et j'ai heurté une branche d'arbre qui m'a profondément entaillé la tête. Je n'ai pas perdu connaissance. J'avais même l'impression que je m'en tirais sans blessure. Ce n'était pas le cas… »

« Arrêtez-vous, lui conseillent des suiveurs. Nous avons envoyé un message téléphoné au docteur Dumas, il va venir vous voir. »

Il avait répondu non de la tête.

Des suiveurs, en effet, entendant ses cris, étaient descendus le retirer des broussailles et des branchages dans lesquels il s'était enfoncé une dizaine de mètres en contrebas. Il était reparti aussitôt. Il rejoint même le peloton avant son arrivée à Narbonne. Un vrai miracle.

« Sans un mot superflu, écrivait Antoine Blondin, dans *l'Équipe*, il enfourcha l'engin qu'il reconnaissait au toucher, à travers le voile rouge qui l'aveuglait, et reprit le sentier de la guerre. Les autres, dont Géminiani qui ne cessait de trembler, avaient disparu depuis longtemps ainsi que l'exige la loi du clan. Mais la caravane l'absorba et fit traverser les Corbières des Andes à celui de ses membres qui venait d'être scalpé. »

Aussitôt après l'arrivée, le docteur Dumas le conduisit à la clinique. On s'aperçut alors que le Tricolore avait le cuir chevelu fendu sur plusieurs centimètres. André Chassaignon, dans *le Miroir du Tour*, raconte : « Les pinces et les instruments de chirurgie brillent au milieu des linges immaculés, sous l'éclat de la grosse lampe surplombant la table d'opération. Le praticien a des gestes précis, mathématiques. Il a rapproché les bords de la plaie et commande d'une voix brève : *Le fil !…* » Dans un instant, il posera les points de suture, neuf au total. Dotto n'a pas voulu subir d'anesthésie. Il veut, en effet, repartir le lendemain et craint, si on l'endort, de ne pas être en forme physique pour reprendre le départ.

Quelques heures plus tard, il regagne l'hôtel du Lion d'Or, avenue de la Gare, à Narbonne. Il se souvient de tous les épisodes de l'étape, évoquant le moment où, alors qu'il occupait le devant de la course, le directeur sportif Marcel Bidot, l'avait contraint à couper son effort :

« Lorsque vous m'avez arrêté, Marcel, j'ai obéi et je sais bien que vous aviez raison, j'ai obéi, oui, mais la rage au cœur. J'ai pensé : *Flûte, pour une fois que je suis en tête…* Ah ! ça m'a fait quelque chose de me laisser décoller et d'attendre Raphaël. Je ne sais pas si c'est ça le pressentiment, mais j'ai ressenti une grande crainte, celle de ne pas retrouver ce peloton au sein duquel j'étais si à l'aise et qu'il me fallait abandonner contre mon gré. Geminiani m'a crié en m'abordant : *Allez, môme, dans la roue...* Et deux lacets plus bas j'étais par terre. Quelle gamelle... Si encore je peux repartir demain, ça ira bien... C'est que ça me fait plus mal maintenant que tout à l'heure. Ça m'élance. Quelle histoire ! Et ma femme qui sera inquiète avec toutes ces photos prises sur la route... Je vais lui téléphoner. En m'entendant, elle saura bien que ce n'est pas une catastrophe... »

Ce jour-là, Marcel Bidot avait pris une grande décision. Puisque les hommes ne paraissaient pas avoir particulièrement envie de se battre, il combinait une opération destinée à ramener Géminiani dans le groupe de tête. Profitant très adroitement d'une échappée classique qui groupait Cohen, Quentin, Dacquay, Debruyne, Mahé, et d'une seconde formée de neuf hommes dont Forestier, Impanis, Benedetti, Coletto et Jean Dotto, le directeur technique des Tricolores expédie à l'avant Géminiani et donne l'ordre à Dotto de l'attendre. Géminiani, flanqué de Caput et de Monti, rattrape effectivement les échappés près de Saint-Pons (kilomètre 109). C'est là que Dotto tombe dans la descente du petit col de Cousines.

« Quelle leçon de courage ! s'exclamait M. Pierre Benoit, sociétaire de l'Académie française, dans la bousculade de l'arrivée, mais les coureurs du Tour sont bien des héros et vous avez raison de les glorifier comme tels. Ce petit Dotto a été extraordinaire ! Quelle volonté... J'aimerais lui exprimer mon admiration. Présentez-le moi, demain, au départ, je vous en prie, demanda-t-il à Jacques Goddet. »

Pierre Benoit vit ainsi venir à lui, le lendemain, un jeune homme enturbanné. « C'est monsieur Pierre Benoit... » murmure-t-on à l'adresse du Varois. Les prunelles de ce dernier s'animèrent un peu plus, celles de l'Académicien aussi : « Ah, monsieur Benoit, je suis bien content de vous voir. Vos yaourts sont excellents et je peux vous dire que je ne m'en prive pas ! » Cruelle méprise. Le vainqueur du Tour d'Espagne avait confondu l'homme de lettres avec son livreur de fromages blancs. On ne peut connaître tout le monde.

Quant à l'abbé Pistre, qui avait promené tout au long de l'étape sa soutane et son chapeau (« ce chapeau sans lequel, prétendait-il, le curé n'est plus le curé »), il confiait à deux rugbymen qui l'avaient accueilli à sa descente de voiture : « Nous avons suivi la marche d'un martyr ! »

Le lendemain Jean Dotto s'affiche au départ de Narbonne coiffé d'un énorme pansement qu'il arbore sous la casquette. Il a la tête bien lourde mais il termine l'étape sans problème, malgré une crevaison. Puis, le Tour observe une journée de repos à Ax-les-Thermes. Ce fut son malheur « car, dira-t-il, ma tête enflait en raison du manque d'activité de la circulation sanguine qui ne s'effectuait pas aussi bien que durant la course ».

Il répond présent à l'appel de l'étape Ax-les-Thermes / Toulouse. Il n'ira pas loin malgré son immense courage. Chaque cahot de la route résonne dans sa pauvre tête meurtrie et une affreuse migraine lui tenaille les tempes. Décroché après une trentaine de kilomètres, Il renonce du côté de Marcus-Garrabet, dans l'Ariège, à une dizaine de kilomètres de Foix.

« D'une façon générale, Jean Dotto semble égaré dans le tourbillon du cyclisme moderne, disait Jean Bobet, qui a partagé avec lui la sélection dans l'équipe de France du Tour 1955. Sociétaire de cette équipe Tricolore, il aurait pu devenir une vedette, se produire sur les vélodromes d'hiver, se faire remarquer… Seulement il appelle ça «une vie de fada». Au mois d'octobre, Dotto ne quitte plus Cabasse. Par timidité, ce n'est pas impossible. Par sagesse, c'est certain en tout cas. Aux *sunlights*, il préfère la lumière du soleil. Jean Dotto c'est finalement un homme trop discret pour faire un champion. »

Il appartient à la race des purs grimpeurs. Spécialiste de la haute montagne et des courses de côte, il s'est taillé une solide réputation dans l'art d'escalader les cols. Mais malgré une belle victoire d'étape en solitaire à Aix-les-Bains sur le Tour de France 1954, puis sa victoire au Tour d'Espagne en 1955, il disparaît ensuite brusquement du premier plan de la scène.

Marcel Bidot, en 1957, avait hésité à l'enrôler au sein de l'équipe de France. Et puis, l'équipe de France ne semblait pas lui porter bonheur. Il avait donc gagné sa formation originale, celle du

Sud-Est. Le Tour, dans les Pyrénées venait de nous rendre le grand grimpeur qu'il était en réalité. Au départ de Saint-Gaudens, il piaffait d'impatience. Il se savait en forme. Accentuant progressivement l'intensité de son action, Dotto, en quatrième position au sommet du Tourmalet, distança tous ses rivaux dès les premières pentes de l'Aubisque dont il devait franchir le sommet, seul en tête, avec 34 secondes d'avance sur Lorono qu'il lâcha dans le dernier kilomètre d'ascension.

L'année suivante (1958), il n'est toujours pas sélectionné en équipe de France. Il prend place au sein de la formation du Centre-Midi dirigée par Adolphe Deledda, avec pour capitaine de route Raphaël Géminiani que Marcel Bidot, directeur technique de l'équipe de France, n'a pas sélectionné sur les injonctions de Jacques Anquetil. Il s'en mordra les doigts car l'Auvergnat va se montrer l'adversaire le plus coriace des coureurs Tricolores, à la tête de ses troupes composées de Dotto, Graczyk, Busto, Anglade, Gay, Rolland, Anglade, Bertolo et Pierre Polo.

À l'occasion de la traversée de la Bretagne, Dotto ne tient pas en place. Lors de la 7ème étape Saint-Brieuc / Brest, il s'insère dans l'échappée qui prend corps une cinquantaine de kilomètres à peine après le départ. Elle ira jusqu'à son terme. Ils sont trois courageux : Jean Dotto, l'Italien Arrigo Padovan et le Britannique Brian Robinson. Dotto termine troisième de l'étape, laissant l'Italien et l'Anglais se disputer la victoire. Padovan se joue irrégulièrement de Robinson et s'en trouve déclassé, permettant ainsi la première victoire d'étape d'un Anglais dans le Tour de France.

On s'étonne de voir Dotto se porter, ainsi, à l'avant, en Bretagne, lui, le Méridional. On oublie simplement qu'il est né à Saint-Nazaire et qu'il veut rendre hommage à la province où il a vu le jour. Mais il est un peu en avance sur l'horaire car l'arrivée de la 9ème étape, Quimper / Saint-Nazaire, c'est pour le surlendemain. Qu'importe ! Dans cette 9ème étape, on retrouve encore le coureur de Cabasse au commandement, en compagnie de son coéquipier Jean Graczyk, André Darrigade, l'Italien Vito Favero, le Belge Rik Luyten, le Portugais Antonio Barbosa et l'Irlandais Seamus Elliott. Darrigade l'emporte au *sprint*, Dotto doit se contenter de la 6ème place dans sa ville natale.

S'il apparaît effacé dans les Pyrénées, il resurgit dans les Cévennes lors de l'étape Béziers / Nîmes. On retrouve en effet, échappé en compagnie de Bahamontès, le Dotto des meilleures années dans les cols du Vent et de Rogues. Mieux encore, le lendemain, dans l'étape du mont Ventoux, gravi individuellement contre-la-montre, Dotto termine troisième derrière les ténors, Gaul, vainqueur, et Bahamontès. Le lendemain, il passe en tête au sommet du col du Perty et termine à Carpentras avec les meilleurs. Quelques jours plus tard, à Aix-les-Bains, il se positionnera dans les dix premiers du classement général et troisième du classement de la montagne. C'est le classement définitif de ce Tour car la montagne est terminée pour les concurrents.

Hélas, dans l'avant-dernière étape, la malchance s'acharne à nouveau sur Jean Dotto. Au cours de l'étape contre-la-montre, Besançon / Dijon, sur une route pourtant dégagée, deux motards s'accrochent à l'instant où Bergaud double Dotto et où Gaul vient de les dépasser tous les deux. Ils déséquilibrent le malheureux Dotto qui s'affale lourdement. Quand le docteur Dumas accourt pour le soigner, on craint une fracture du crâne. Le visage ensanglanté, l'équipier du Centre-Midi pleure autant de douleur que parce qu'il est contraint à l'abandon. Quand il se dirige vers la voiture-ambulance, le Tour perd l'un de ses meilleurs coureurs et le Centre-Midi l'un des équipiers qui s'étaient tant dévoués pour la cause de son *leader*, Raphaël Géminiani.

C'était un pédaleur merveilleusement aérien.

Il devint commerçant, confortablement replet, fidèle à son personnage qui a toujours su accorder ses ambitions à la mesure de ses possibilités. Un Tour d'Espagne, deux Critériums du *Dauphiné libéré* un comportement remarquable sur l'ensemble de ses treize Tours de France, cela représentait alors quatre hectares de bonne et belle vigne, à Cabasse, un bar-restaurant prospère sur la placette près de la fontaine sans compter quelques dépendances dans le village. Les problèmes souvent délicats de la reconversion ne se sont jamais posés à lui. Il fut coureur sans jamais cesser d'être vigneron. Sa saison de routier s'adaptait exactement à celle d'un travailleur agricole.

Au Tour d'Italie 1980, alors que l'épreuve entamait les montées des Dolomites, j'eus une pensée émue pour le petit Jean qui avait remporté, en 1955, la plus belle étape du *Giro*, Cortina d'Ampezzo / Trente, après une échappée solitaire dans ces hautes montagnes qui comprenait l'escalade du Falzarego, du Pordoï, du Rolle et du Brocon. Il devenait le héros des Dolomites.

Le jour de repos, à Sirmione, au bord du lac de Garde, je lui adressai une carte postale libellée ainsi : « En souvenir d'il y a 25 ans où, sur les pentes dolomitiques, un petit vigneron français connut "l'ivresse" du triomphe. » Bernard Hinault la parapha et, tandis que je l'écrivais, je racontais au Maillot rose, qu'en cette année 1955, le dénommé Jean Dotto avait remporté le Tour d'Espagne, gagné la plus belle étape du Tour d'Italie et disputé le Tour de France en juillet où… il s'était fendu le crâne.

Ca valait bien une carte postale, non ?

26. LE TOUR ET L'ACADÉMIE

En 1955, l'académicien Pierre Benoit, on l'a vu, rendait visite au Tour de France. Il l'attendait à Millau, décidé à l'accompagner à Albi puis à Narbonne et, séduit, souhaitera poursuivre l'aventure. À son arrivée, il est salué par Élie Wermelinger, commissaire général, Pierre Scize et Steve Passeur qui rédigent des chroniques pour les quotidiens *le Figaro* et *l'Aurore*.

Jacques Goddet l'invite ensuite à sa table. Les frères Bobet, qui dînent dans la même salle, à l'hôtel du Commerce, place du Mandarous, dans la cité millavoise, viennent, déférents, lui présenter leurs respects. Raphaël Géminiani se déplace aussi avec Antonin Rolland, Maillot jaune, si timide que Marcel Bidot doit le prendre aux épaules pour le conduire devant le prestigieux invité. Jean et Louison Bobet échangent également quelques propos avec l'invité d'honneur. Jean avait lu une grande partie de ses œuvres, notamment les inévitables *Kœnigsmark* et *l'Atlantide* ; il insista, aussi, sur *le Déjeuner de Sousceyrac, la Châtelaine du Liban* et *le Casino de Barbazan*, pour lui dire toute son admiration.

Le lendemain, le Tour de France stationnait à Albi, ville natale de l'académicien. Celui-ci regretta qu'un Français n'ait pas triomphé dans sa cité. Un Hollandais ne l'avait pas voulu, un géant qui répondait au patronyme de Dan de Groot qui s'assura un gain d'une vingtaine de minutes sur le peloton, pour l'emporter en solitaire. André Darrigade sauva l'honneur en signant la deuxième place. Pierre Benoit tint à le féliciter en lui demandant :

« Vous êtes du Sud-Ouest ? Je ne me trompe pas ?

– Je suis, en effet, de Dax, répond André.

– Dax ? reprend l'académicien, mais c'est le berceau de ma famille. La villa *les Platanes*, à Saint-Paul-lès-Dax, m'a vu y revenir très souvent. Mon père était colonel et se trouvait en garnison à Albi, lorsque je suis né. J'ai ensuite vécu, toujours au fil des garnisons, une partie de mon enfance en Algérie et en Tunisie. »

Le vainqueur de l'étape ne lui fut pas présenté. La barrière de la langue constituait une totale opacité à un éventuel dialogue. En revanche, le régional de l'équipe du Sud-Ouest, Georges Gay, qui avait terminé troisième, lui fut amené par l'un des directeurs du Tour, Félix Lévitan :

« Monsieur Benoit, je suis de Saint-Céré. J'y ai grandi. J'étais maréchal-ferrant. Nous l'étions de père en fils dans la famille depuis des générations. J'ai commencé à courir, en 1947, aidé par le père Gambade, président du club local… et l'on parle toujours beaucoup de vous, là-bas… »

Pierre Benoit, étourdi par ce tourbillon de paroles cascadantes, se montra, néanmoins, intéressé. Il trouva, d'entrée, le personnage de Georges Gay particulièrement attachant. Son accent sentait bon le terroir.

« Ah ! Saint-Céré, se souvient-il. J'ai été séduit par ce petit village. Je m'étais installé à l'hôtel Touring, place du Gravier. Cela remonte à 25 ans déjà. J'y ai beaucoup écrit et j'occupais la chambre numéro 2. C'était, m'avait-on dit, la plus petite. Mais elle m'intéressait parce que la fenêtre donnait sur les tours de Saint-Laurent. J'y suis resté quinze ans. Lorsque j'ai été élu à l'Académie française, j'y ai même donné un banquet, en 1931. »

« Il se souvient de la date, reprendra quelques minutes plus tard Antoine Blondin, à qui l'on rapportait les faits. Mais avouait-il ce qu'il avait commis ce soir-là ? »

Le journaliste Pierre Chany tendit l'oreille et Antoine parla : « Il n'était pas très frais, à l'issue de ce banquet, le nouvel académicien qui, en vérité, ne l'était pas encore officiellement. Dans son état éthylique prononcé, il demanda à la « muse de l'arrondissement » de se dévêtir totalement. Ce qu'elle fit. Alors, la jeune fille, frissonnante et ravie, reçut des mains de Pierre Benoit et du ministre de l'Éducation nationale, Anatole de Monzie, une douche au champagne. L'Académie française, informée de l'événement peu dans l'esprit de cette vénérable maison, fit retarder d'un an sa réception sous la Coupole. » Il était pourtant en accord avec lui-même, son œuvre romanesque ayant mêlé l'aventure et un certain érotisme.

Blondin raconte encore qu'après la guerre de 1914-1918, il avait créé avec ses compagnons Francis Carco, Roland Dorgelès et Pierre Mac Orlan une association qui se proposait, notamment, de récompenser le plus mauvais livre de l'année. Le prix en était, pour l'auteur de l'ouvrage primé, un billet de train pour rejoindre sa terre natale, accompagné d'une lettre où il lui était demandé… de ne plus jamais revenir.

Au départ d'Albi, Pierre Benoit retrouva Louison Bobet, moulé dans son beau maillot de champion du monde, sur la place Sainte-Cécile, devant la cathédrale du même nom où se déroulaient les opérations de départ. Les deux hommes se saluèrent et Pierre Benoit ne manqua pas d'évoquer cette ville où il était né et avec laquelle il avait conservé un lien privilégié. Il lui parla surtout de la cathédrale en laquelle il voyait l'une des sources de son inspiration romanesque…

Et le Tour de France les reprit. Pierre Benoit, au départ, fut frappé par la vue de deux hommes : Tony Hoar, le Britannique, lanterne rouge du classement général, et Nello Laurédi. La raison ? La marque de cycles imprimée sur leur poitrine comme pour tous les autres concurrents. Mais celles-ci étaient un peu plus… frappantes : Hercules[1] pour l'Anglais et Vampire[2] pour le Français.

---

[1] La grande firme de cycles Hercules, de Birmingham, *sponsor* ambitieux, regroupant les meilleurs les meilleurs insulaires, et seule équipe à caractère international, envoya une dizaine d'hommes s'aguerrir dans le sud de la France à l'occasion des épreuves de début de saison 1955. Au mois de juin, dix hommes de cette firme formèrent la première équipe d'Angleterre invitée au Tour de France.
[2] La marque Vampire n'eut qu'une durée de vie très éphémère chez les professionnels. Créée par le Cannois Charles Ceppi, elle présentait des vélos de couleur argentée et les sociétaires portaient un maillot bleu ciel à bandes jaunes. Nello Laurédi n'appartint qu'une seule saison à cette formation, tout comme Louis Caput.

27. CE SACRÉ GRAND FUSIL

Tour de France 1955. Le soir de l'étape Thonon-les-Bains / Briançon, l'équipe de France est réunie à l'hôtel Moderne, à Briançon. La crainte et le doute se sont ximmiscés sournoisement dans le mental de Louison Bobet. Il veut gagner son troisième Tour consécutif, mais un jeune trublion nommé Charly Gaul se montre en passe de lui ravir la vedette : le Luxembourgeois vient de réaliser un festival dans les cols alpestres et a triomphé en solitaire à Briançon, laissant les favoris, dont Louison Bobet, à près de 14 minutes ! Il se déclare bien décidé à réitérer son exploit le lendemain.

Oui, Gaul s'était envolé la veille. On avait d'abord crié au fou. C'était insensé, si loin du but… Mais Charly Gaul, resplendissant de jeunesse avait mesuré les risques de l'aventure et courait avec l'enthousiasme de ses vingt ans (il en avait 23). Il n'était d'ailleurs pas seul : le géant batave Jan Nolten, qui l'accompagnait dans sa randonnée depuis le col des Aravis, accomplissait sa part de travail avec beaucoup de conscience. L'un était rose, potelé, l'autre blafard, anguleux. L'un pédalait avec légèreté, l'autre avec application. C'était une partie de plaisir pour Gaul ; un martyre pour Nolten. Le Hollandais traînant sa misère était absorbé dans le Galibier par les Bobet, Fornara, Brankart et autre Antonin Rolland, lancés à la poursuite du Luxembourgeois depuis plusieurs heures, mais Gaul était déjà de l'autre côté du Tunnel, au-delà du Lautaret, plongeant sur Briançon.

Dans *l'Équipe* du 15 juillet 1955, Antoine Blondin le décrivait dans tous ses états :

« Charly Gaul, avec l'ingénuité des enfants prodiges, se chargea d'anéantir ces monuments fragiles (en l'occurrence le Télégraphe et le Galibier). L'œil vacant, la casquette sur la nuque comme d'un gavroche distingué, la pédale de vent d'une ballerine au bout du pied, il fonça vers l'arrivée, un roseau souple entre les dents… »

Ce soir-là, Louison manifeste ouvertement son appréhension : « Et puis, après les Alpes, il fera un festival dans le Ventoux, dit-il. C'est fini, tout est fichu pour moi ! » Éternel pessimiste, il vient de gagner la table commune. Géminiani a écouté. Il n'a pas dit un mot. Il est prêt à exploser.

Il a envie d'envoyer dans les cordes ce Bobet qui le fatigue. Pas étonnant qu'on l'ait un jour appelé « Bobette-la-pleureuse ! » Mais il se contient. « Bon ! lance-t-il, comme s'il n'avait rien entendu. Je vois que Tonin (lisez Antonin Rolland) a retrouvé le Maillot jaune. Marcel ! Du champagne. Il faut arroser ça ! » Marcel Bidot renâcle un peu.

« Enfin, Marcel, lui dit Raphaël, vous n'allez pas faire le radin !
– Tu peux parler, toi, l'Auvergnat ! » a répliqué le directeur sportif. »

On ne résiste pas à Géminiani surtout quand il s'agit de… nobles causes. Mais l'ambiance n'y est guère. Et là, « Gem », euphorique à la troisième coupe d'apéritif, explose vraiment : « Faites pas ces gueules ! Quoi, Gaul vous fait peur ? Demain je me le paie ! »

La boutade a le mérite de détendre l'atmosphère. Un moment de franche rigolade s'instaure et le repas s'achève ainsi, dans une relative bonne ambiance.

Le lendemain matin, au rassemblement, au départ de la 9ème étape Briançon / Monaco (275 kilomètres), Raphaël arbore une mine légèrement renfrognée. A-t-il conscience que ses propos ont dépassé un certain seuil ?

On pourrait le penser car Charly Gaul indique, d'entrée, qu'il est décidé à renouveler son récital. Le voici qui attaque dès les premières pentes du col de Vars. Il grimpe les mains au bas du guidon, jouant en souplesse des épaules et du buste sans se lever de la selle. Il avance, écrasant les autres de son insolente facilité, comme la veille à l'étape de Briançon, à la différence qu'il est désormais l'homme à surveiller. 3ème du classement général, sa position ne permet plus qu'on lui laisse la même liberté d'action que la veille et c'est pourquoi Bobet s'applique à revenir sur lui, dans un style moins facile, peut-être, mais tout empreint de vigueur, d'application et de résolution. D'autres coureurs, Gelabert, Fornara, Brankart, Bauvin, se sont accrochés au wagon « Louison ». Mais Gaul insiste et insiste encore. Il parvient à se détacher et s'en va rejoindre le régional de l'équipe du Nord-Est-Centre, Gilbert Scodeller, qui caracole en tête pratiquement depuis le départ. Les deux hommes transitent en tête au sommet de Vars. Bobet se pointe à 1 minute 12. Géminiani ne s'est pas encore réveillé.

On n'attendait pas Gilbert Scodeller, coureur originaire du Pas-de-Calais, à un tel niveau. Excellent rouleur, il a gagné Paris-Tours l'année précédente et inscrit Paris-Valenciennes à son palmarès à deux reprises. Quant à démontrer des talents de grimpeur, on était bien loin de l'envisager. Et pourtant. Son directeur sportif Sauveur Ducazeaux lui a assuré au départ du Tour : « Si tu attaques les cols en tête, tu verras que tu les monteras bien ! » Gilbert a écouté le conseil du bon Sauveur, mais il pensait tout simplement accompagner Gaul, comme l'avait fait la veille, le Hollandais Jan Nolten et il surprit agréablement son monde par la façon dont il grimpa le col de la Cayolle, qui se situait au kilomètre 109, et ou Bobet perdait encore du terrain, passant à 3 minutes 40 des deux fuyards, Géminiani étant, lui, à 9 minutes 35.

L'entreprise luxembourgeoise se trouva cependant compromise par une chute de Scodeller, suivie d'une crevaison. Gaul ralentit pour l'attendre mais on lui apprit que le Nordiste était tombé une seconde fois et avait également été victime d'une crevaison. Il dut alors se résoudre à poursuivre seul. Des bourrasques de pluie glacée avaient succédé à une lourde chaleur d'orage. Gaul tomba à son tour, perdit une bonne partie de son avance et aussi et de sa superbe. Quand Bauvin et Walkowiak, déchaînés, arrivèrent les premiers à sa hauteur, il hésita presque à prendre leur sillage.

Dans les gorges du Cians, ce fut soudain la tourmente : le Tour descendait sur une patinoire.

« Une descente aux enfers écrira Antoine Blondin : de Breuil à Pra-d'Astier, sur 15 kilomètres, nous avons vécu dans une cicatrice de la terre. Pas une habitation, pas un être humain, pas un seul mètre de chemin qui ne se tire-bouchonnât vertigineusement vers quelque issue. La Clue refermait sur nous ses murailles rouges, où, de place en place, de maigres touffes d'une âpre verdure prenaient, par contraste, la frivolité dérisoire des poils follets. L'eau ruisselait partout, arrachant aux parois des éclats de roc qui s'en allaient teinter les eaux rosées du Cians. La folle plongée, sous cette galerie ouverte dans la montagne, avait disséminé les voitures et les coursiers. Chacun ne roulait plus que pour lui-même, soucieux de ramener sa carcasse dans la vallée… »

Soudain apparut Raphaël Géminiani. Le Clermontois ne connaissait plus ni père ni mère, oubliait qu'il avait une famille. Il voyait rouge. Et il descendait comme un forcené, rejoignant bientôt Bobet et Rolland. Marcel Bidot, incrédule, assistant à son retour, faillit tomber à la renverse. Ce « Gem » tout de même !

Ce « Gem » semblait en pleine hallucination. Il incitait Bobet et Rolland à accélérer. Louison saignait du coude et n'était pas très reluisant. Gaul et ses compagnons de fuite occupaient toujours le devant de la course. Raphaël se chargea de mener les opérations tambour battant. Et bientôt, Gaul, échappé en compagnie de Bauvin et Walkowiak, fut muselé, à Saint-Laurent-du-Var, au kilomètre 217. Mais on allait à Monaco (kilomètre 275) et il fallait franchir La Turbie. Soudain, Gaul attaque, Géminiani contre-attaque. Le Français, forces décuplées, possède encore des réserves.

Le champagne de la veille lui monte à la tête. Il se montre irrésistible. « Aujourd'hui, c'est le père Gem qui régale ! » hurle-t-il à l'adresse de son adversaire. Il se paie même le luxe d'une crevaison. Et à Monaco, il gagne l'étape, en solitaire, laissant le chérubin luxembourgeois à 3 minutes 36. Il s'était payé Gaul !

Ce soir-là, à table, à l'hôtel *Monte-Carlo Palace*, Bobet le prendra par l'épaule et lui dira, affectueusement : « Ah, sacré grand fusil ». Le sobriquet lui restera.

28. LA SAINE ALLIANCE

Durant le Tour de France 1955, un gentleman britannique nommé Tony Hoar figurait en permanence à la dernière place du classement général. Il appartenait à une formation entièrement consacrée aux sujets de Sa Majesté, sujets, par malheur, nullement aguerris aux vicissitudes du Tour. Pourtant, durant de nombreuses années, les cyclistes anglais avaient rêvé au jour où une équipe nationale serait invitée à disputer le Tour de France. Hélas ! ils furent toujours tirés de leur rêve par la réponse des organisateurs qui affirmaient : « Que vos hommes prouvent d'abord qu'ils sont aptes à courir le Tour en tenant leur place dans différentes courses à étapes. »

La firme cycliste Hercules, de Birmingham, accepta de se plier à la règle et, nous l'avons vu, envoya dix coureurs dans le sud de la France s'aguerrir aux épreuves azuréennes. Ils disputeront également de nombreuses courses à étapes, comme le Tour du Calvados, le Tour de Picardie ou le Tour de Hollande. Mais le Tour de France se disputait sur un autre registre et, dès la 2ème étape, les rangs de cette équipe de Grande-Bretagne commencèrent à s'éclaircir, par abandon ou par élimination. On vit ainsi disparaître, peu à peu, les Jones, Pusey, Bedwell, Steel, Maitland, Wood, Krebs, Mitchell… Il n'en resta bientôt plus que deux : Brian Robinson, déjà accoutumé aux courses à l'européenne, vainqueur d'une belle étape, en solitaire, à Augburg, au Tour d'Europe, 4ème de la Flèche Wallonne, *leader* du Tour du Sud-Est… et ce brave Tony Hoar qui traînait sa peine à l'arrière du peloton.

Il ne se sentait en aucune façon honteux de se voir relégué dans les profondeurs abyssales du classement général. Il n'en concevait même aucune humilité, conforté par son directeur sportif, l'ancien *sprinter* amateur Sydney Cozens, qui promenait son embonpoint subtil et sa mèche méditative.

Pourtant, à cette époque, chaque suiveur ressentait une nuance de commisération émue lorsqu'il évoquait cette lanterne rouge accrochée au fourgon de queue du convoi du Tour. Hoar, grand gaillard dégingandé doté d'un nez retroussé et d'un œil rieur, semblait voir dans cette situation comme une manifestation d'un humour typiquement anglo-saxon et s'en amusait ouvertement : « The last, but not the least… »

On pouvait s'attendre à trouver ce coureur britannique conforme aux canons que l'on prête aux gens de sa race : froid, distant, un rien gourmet et buvant du thé avec une lointaine affectation. Il n'en était rien et la première chose qu'avait exprimée, un jour Hoar, devant le journaliste Max Favalelli, était celle-ci : « J'adore les boissons françaises et surtout vos petits vins du Beaujolais ».

En 1955, comme ses camarades, il tentait l'aventure professionnelle en France. Installé sur la Côte d'Azur, il apprenait patiemment le métier, s'affirmant dans différentes courses à étapes comme le Tour de Hollande où il remportait une étape. C'est alors qu'il connut la joie suprême de la sélection au sein de l'équipe anglaise appelée à participer au Tour de France. C'est d'ailleurs là que l'on vit, peu à peu, faiblir son « insularisme » et que l'on sentit se relâcher ces liens qui unissent fortement tout Anglais et sa patrie. Deux éléments agissaient sur lui : des pancartes sur lesquelles des inscriptions, qui proclamaient « Vive Hoar ! » mais surtout des lettres, de nombreuses lettres que de charmantes Françaises lui adressaient en utilisant des mots d'une douceur ensorcelante… Auprès d'elles, il ne se comporta jamais en lanterne rouge.

Chacun sait que ce n'est pas de gaieté de cœur qu'un sportif britannique se résigne à la dernière place du classement général. Hoar, lui-même, issu pourtant du pays de l'humour, n'avait pas recherché cette situation. Mais après le départ de huit de ses camarades, il constituait avec Brian Robinson le dernier bastion de l'honneur du cyclisme britannique et s'accrochait à cette dernière place comme l'alpiniste, dévalant vers l'abîme, s'accroche à l'arbuste miraculeusement rencontré.

Tony était un grand garçon très sympathique, souriant, fort bien bâti. Malgré d'indiscutables qualités, il souffrit beaucoup sur ce Tour. Au cœur d'une équipe plus expérimentée, les Anglais auraient fait beaucoup mieux. Mais ils cédèrent peu à peu au découragement et la plupart durent renoncer. Hoar, lui, tenait bon. Chaque jour, on le voyait arriver après tout le monde, sous l'apparence d'un monsieur en parfaite santé, mais incapable d'aller plus vite. Plusieurs fois on laissa entendre qu'il allait abandonner. Plusieurs fois en le doublant sur la route, on se disait que le soir il serait éliminé. Mais il était toujours là.

Il subit d'abord l'humiliation quotidienne puis finit par comprendre quels avantages s'attachaient à la possession de la lanterne rouge. De ce jour, il se transforma. Le combat changeait l'homme : lanterne rouge il était, lanterne rouge il entendait rester. En Angleterre, sa famille et plus spécialement sa sœur, attendait chaque soir, avant de se mettre à table, de savoir si Tony avait terminé l'étape !

Alors commença son duel avec un certain Henri Sitek. Ce Parisien aux yeux bleus, d'origine polonaise, né à Varsovie, au nez épaté comme un boxeur en fin de carrière riche en horions, naturalisé Breton pour un mois (il appartenait à l'équipe de l'Ouest), était un roublard, un personnage très drôle qui imitait à la perfection les roulades du sifflet des agents de police. Il espérait bien déposséder Hoar mais l'Anglais était obstiné et, en quelques jours, il maîtrisa l'art de parvenir dernier à la ville-étape sans se faire éliminer. Art très difficile.

Les deux hommes avaient fait connaissance à l'arrière du peloton. La conversation n'atteignait pas des sommets linguistiques, barrière de la langue oblige, mais ils avaient tout de même sympathisé car si la course engendre de farouches rivalités, des amitiés profondes pouvaient aussi naître, spontanément, surtout dans l'infortune et le désarroi. Leurs relations se révélaient plutôt drôles car le tempérament des deux gaillards n'engendrait pas la mélancolie, l'essentiel étant pour eux d'arriver à l'étape avant la fermeture du contrôle. Ils conclurent ainsi un pacte secret dont l'objectif était d'arriver avant-dernier et dernier au Parc des Princes. Pari tenu.

Auparavant, il y eut un fait d'armes à placer au bénéfice d'Henri Sitek.

Évanouis les souvenirs de dix-huit étapes effectuées avec le voisinage de la voiture-balai et du seul Hoar, effondré. La route était libre, cette fois, dans l'étape Pau / Bordeaux et Sitek tenta sa chance avec un courage exemplaire, battant des coudes, jetant le buste sur le guidon, écrasant les pédales, sans élégance mais avec une farouche volonté. Quelle mouche l'avait donc piqué ? On allait vite comprendre. Il voulait surtout passer en tête dans la traversée de Barsac dont sa femme était originaire. Hélas, il fut rejoint par cinq coureurs contre-attaquant, s'accrocha à leurs basques et décida de les accompagner jusqu'au vélodrome. Ils avaient nom : le Hollandais Wout Wagtmans, l'Italien Danilo Barozzi, le Suisse Max Schellemberg, le régional Gilbert Bauvin et le sociétaire de l'équipe de France Bernard Gauthier.

Dans un monologue imaginaire, Antoine Blondin laisse Henri Sitek s'exprimer :

« Pourquoi Barsac ? C'est mon jardin secret. C'est là que j'ai pris ma licence, que j'ai fait ma première communion de coureur cycliste. C'est là aussi que j'ai connu ma femme. Pierrette est née à Barsac, mais elle ne me verra pas passer. Elle m'attendra au vélodrome dans son petit tailleur en toile bleu, avec son corsage rayé. Il y aura aussi mon beau-père, mais ça n'empêche pas les sentiments. Ce soir je ne partagerai pas la chambre de Maurice Quentin.

Si je travaillais en usine, je serais là, sur le bord du trottoir, à regarder passer les coureurs qui sont tous des champions. Je me demande si je tiens le bon bout. Pourtant, il me semble qu'on approche. Si j'étais décollé en ce moment, je prendrais de l'embauche sur place. Il doit y avoir des chantiers à Bordeaux. J'aperçois des grues. Bordeaux est le troisième port français, peut-être même le second au classement général. Moi, je suis l'avant-dernier.

C'est le vélodrome de Bordeaux. Vingt mille personnes et Pierrette. Il faut faire quelque chose. Je sais bien que je ne suis pas très rapide et puis j'ai des excuses : 160 kilomètres seul en tête… pour finir le dernier devant sa femme… Mais seulement le dernier des six… Il y en aura d'autres derrière, je te le jure ! »[1].

Henri Sitek aura tout tenté. Il est entré le premier sur la piste du vélodrome de Lescure et a reçu l'ovation folle le récompensant de son exploit malheureux. Puis il s'est rendu au bord d'une loge d'arrivée dans le dessein de remettre la gerbe à une charmante jeune femme en instance de maternité : son épouse native de Barsac. Pour le reste, il est toujours avant-dernier du classement général. Plus que jamais, Hoar sait qu'il conservera cette lanterne rouge dont il aura besoin pour… percer le *fog* londonien.

Il retournera alors entre les pages de David Copperfield dont il paraissait s'être échappé…

Mais ce ne sera pas une fin en soi. Après le Tour, une correspondance régulière va s'établir entre Tony et « Riton ». L'amitié a la vie longue.

« Albi, le 15 juin 1957,
Mon cher Tony,
Tu m'excuseras de t'écrire toujours en français. La lettre en *english* ce sera pour une autre fois. Malgré tes bons conseils, je ne progresse que très lentement. Je suis aussi doué pour apprendre les langues étrangères que pour monter les cols […]. Comment ça va dans ton île ? Si tu peux retrouver ton chemin dans le brouillard, viens nous voir. Tu sais que ça nous fera toujours plaisir. On mangera du foie gras et des cèpes du Ségala. Ca te changera un peu du *porridge*. Et il y a quelques bonnes bouteilles à la cave qui t'attendent. Je sais que tu aimes ça. Tu trouveras de nouveaux locataires car j'ai un singe, un cardinal de Virginie et un perroquet. Le perroquet dit "Patate" quand il me voit. C'est ma femme qui lui a appris ça. Mais il sait dire aussi *"good morning"* et *"all right"*.

---

[1] *L'Équipe*, 28 juillet 1955.

Comme ça tu pourras discuter le coup avec lui.

À bientôt. Prépare ta valise. Le short suffira, car il fait beau ici. Ton vieux Riton. »

Tony Hoar courut encore un peu en 1956, mais les Anglais n'étaient plus invités à participer à la Grande Boucle. La vie allait, pour lui, prendre un autre virage.

Rentré en Angleterre, plombier de formation, il travailla quelques mois dans une entreprise du bâtiment dirigée par son frère. Puis il s'expatria au Canada où le labeur ne manquait pas. Il travailla d'abord dans la construction puis collabora à l'installation de salles de contrôle, d'usines de papeterie et de raffineries de pétrole, là où son employeur l'envoyait : au Pakistan, au Moyen-Orient, au Mexique, au Chili, au Danemark. Un véritable *globe-trotter*.

Durant seize ans, il ne pensa plus à la bicyclette. Puis, doucement, sa passion resurgit : il remonta sur un vélo et organisa des courses en Colombie britannique où il résidait depuis 1956. Après sa retraite, il décida de dessiner des plans de semi-remorques, de petites charrettes pour le transport des kayaks et bien d'autres choses. Son entreprise (*Tony's Trailer*) prit de l'ampleur.

J'ai bien connu Henri Sitek mais n'ai jamais rencontré Tony Hoar. En revanche, en 1980, lors des championnats du monde sur piste, à Besançon, j'étais logé chez l'habitant en compagnie du journaliste anglais John Wadley. Nous nous rencontrions au petit déjeuner et la conversation, un jour, roula sur cette équipe britannique du Tour de France 1955, formation fantôme s'il en fût, et je me mis, de mémoire, à décliner devant lui l'identité des dix sélectionnés de cette première équipe anglaise très vite décimée : Bedwell, Jones, Hoar, Maitland, Pusey… Je prenais mon temps pour épeler les noms, devinant une admiration amusée dans les yeux de mon interlocuteur qui, à chaque personnage cité, m'interrompait d'un *Acht* de contentement, d'étonnement admiratif, voire d'amusement.

C'était un personnage attachant. Il écrivait pour de nombreux journaux et magazines et avait même fondé et animé une revue anglaise *International Cycle Sport.* En cette année 1980, il venait de terminer son 26ème Tour de France. Je le connaissais de réputation surtout par quelques confidences de mon ami Gil Delamarre, du *Miroir du Cyclisme,* qui lui était venu en aide dix ans plus tôt.

« C'est un passionné de cyclisme, disait mon confrère, qualité qui ne l'empêche pas de rester Anglais. C'est un compagnon de voyage très agréable qui se définit pittoresquement comme un journaliste : *Sans coureur, sans voiture, sans chambre et, quand le camion à bagages fait des siennes, sans valise.* »

Wadley écrit chaque soir un article pour le *Daily Télégraph* qui consacre la moitié d'une colonne au cyclisme. Il m'a raconté cette savoureuse anecdote :

« Je téléphone chaque soir mon papier à Londres. J'ai beaucoup d'ennuis avec la standardiste. Par exemple, dans une phrase, je dis : *Merckx a fait ceci...*

– Qui ça ?

– Merckx.

– Qui ?

– Merckx, M comme... et comme...

Deux phrases plus loin, Merckx a dit... et de nouveau la standardiste : *Qui ?* Le seul nom qui ne pose pas de problème, c'est celui de Gonzalès Linarès. Parce que je n'ai qu'à dire à la standardiste, Gonzalès comme le joueur de tennis, et elle me répond : « Oui, très bien, continuez. »

Si Merckx poursuit ses exploits, il est probable qu'un jour, même les standardistes sauront écrire son nom sans hésitation.

29. LE GRAND TOURNANT

À la fin de l'année 1953, le monde sportif s'interroge : « Les structures du cyclisme routier se trouvent-elles à un tournant de leur histoire ? » Les marques de cycles qui ont jusque-là été les seules à bénéficier du tremplin publicitaire représenté par les compétitions vont-elles céder la place à des firmes extra-cyclistes disposant de budgets publicitaires importants ?

Un mouvement vient de se créer en ce sens en Italie avec, comme novateur, le champion Fiorenzo Magni. Le triple vainqueur du Tour des Flandres et ancien Maillot jaune du Tour de France, impuissant à trouver une firme acceptant de rémunérer ses services à leur juste valeur, accepte les offres de la marque de crème de beauté Nivea. C'est déjà une révolution.

En France, le problème semble provisoirement sans issue. Les constructeurs français opposent un refus formel à l'inscription des marques publicitaires sur les maillots. Les maisons de cycles traversent pourtant une période critique (certaines tombent en faillite), ce qui bien sûr n'est pas sans répercussions sur l'infrastructure cycliste.

Le champion de France Raphaël Géminiani, qui se présente au Salon du cycle afin de renouveler son contrat avec la firme corrézienne Rochet, se voit ainsi proposer une réduction de ses mensualités de l'ordre de... 30 %, proposition assortie d'une menace du directeur de la société M. Manière : « Tu seras contraint de signer chez moi car, ailleurs, tu ne décrocheras pas un sou de plus. Aucune marque ne fera de surenchère ».

Furieux et désabusé, le Clermontois fustige l'attitude de ses camarades : « Je ne comprends pas l'inertie des coureurs en général devant leurs employeurs, c'est-à-dire les maisons de cycles. Je comprends bien que celles-ci aient des intérêts à défendre, mais un coureur doit vivre. Cette année, combien y en a-t-il qui vont courir au cachet, sans rien d'assuré ? Il y a eu entente des directeurs sportifs pour diminuer les appointements des coureurs. Et ces derniers n'ont pas réagi. Ils se sont laissé berner comme des enfants. J'en connais qui ont signé pour une bouchée de pain, la valeur d'un vélomoteur, par exemple… »

Deux fois déjà, Géminiani s'est trouvé en procès avec une maison de cycles, deux fois il a obtenu gain de cause. De l'Auvergnat, il possède le sens de la défense de ses intérêts et prend même parfois quelques risques : « Au Salon du cycle, raconte-t-il, amer, j'ai tout de suite senti que le vent avait tourné. J'ai flairé une entente sur mon dos. Ma maison refusait mes conditions comme si elle était de toute façon certaine que je n'obtiendrais pas meilleur traitement ailleurs. Je me suis donc arrangé avec un petit constructeur. J'ai vendu mon nom pour quinze ans. Je bénéficie d'une liberté absolue. Je cours sur un vélo *Géminiani* et je préfère ça. Il n'est pas certain que l'affaire soit rentable avant deux ans, mais je saurai être patient. La liberté, ça vaut bien deux années de sacrifices. »

Il tient alors à apporter une précision sur le précédent créé par Fiorenzo Magni :

« Son histoire de crème de beauté fait couler beaucoup d'encre. C'est lui qui est dans le vrai, comme les cyclistes italiens, d'ailleurs. Ils ont su créer, chez eux, une association de coureurs professionnels. Tout le monde se trouve solidaire, y compris Coppi et Bartali, pour défendre Magni contre les directeurs sportifs français. Que veulent prouver ces derniers ? Ils avouent qu'ils ne peuvent plus maintenir de "riches" équipes de course, mais ils n'acceptent pas que les coureurs trouvent des appuis extérieurs ! Tôt ou tard, il faudra en passer par là. »

La saison 1954 précipite un peu plus encore les marques de cycles vers l'abîme, et c'est encore Géminiani qui aura le dernier mot. Son prénom étant l'homonyme d'une marque d'apéritif, le Clermontois conçoit un astucieux projet. Il rend visite à la société Saint-Raphaël-Quinquina, qui dispense beaucoup de publicité dans le domaine sportif. Le responsable de ce domaine, M. Marcel Thomas, homme actif et réaliste, mesure très rapidement les avantages publicitaires qu'il pourrait tirer des pelotons où des coureurs seraient vêtus de maillots portant le nom de la marque. Hélas, pour l'heure, la Fédération française de cyclisme demeure intransigeante. Le président Achille Joinard s'emploie à appliquer avec la fermeté la plus vigilante, en France, les règlements protégeant les constructeurs. La société Saint-Raphaël n'entend pas heurter de front le pouvoir fédéral, mais consent à équiper en bonneterie l'équipe Géminiani.

Au départ de la grande Classique printanière Milan / San Remo 1955, l'ex-champion de France et ses équipiers apparaissent le torse fièrement moulé dans de rutilants maillots rouges cerclés de noir et de blanc portant l'inscription *Géminiani Saint-Raphaël-Quinquina*. Va-t-on leur interdire le départ ? Rien ne se passe et pourtant, on apprendra, un peu plus tard, que le président français Achille Joinard, également président de l'Union cycliste internationale, a expédié un télégramme comminatoire invitant les organisateurs de l'épreuve à faire savoir que Géminiani se trouvait toujours soumis au règlement français et qu'il fallait lui interdire le départ si ce règlement n'était pas observé. Mais Joinard sait que Géminiani a raison. Il s'assure que le télégramme arrive à son terme, certes, mais bien après le départ de la course.

Ainsi, une porte a été entrouverte, elle ne se refermera plus. Les extra-sportifs, que l'on va bien vite baptiser *sponsors*, entrent dans l'histoire du sport cycliste.

30. LE RÉGIONAL DE L'ÉPATE

Au temps des équipes régionales, les coureurs du cru connaissaient une popularité fantastique et atteignaient, dans le noble exercice de leur régionalisme, une gloire locale qui pouvait avoir des répercussions sur le plan national.

L'idée d'un article m'était venue en retrouvant sur le Tour de France l'une de ces anciennes célébrités : Eugène Letendre. Normand bon teint, rigolard d'une espèce assez vite disparue et qu'Antoine Blondin avait baptisé le « Régional de… l'épate », Eugène nous a quittés au mois d'avril de cette année 2014 et j'en ai éprouvé une profonde tristesse. J'avais effectué de nombreux déplacements avec lui, lors des critériums, et je n'ai jamais tant ri qu'avec ses farces désopilantes.

En 1956, il avait jeté un coup d'œil affolé sur son premier Tour de France. « Quelle organisation effrayante, avait-il dit, et quel peuple aux arrivées. C'est cent fois mieux que dans les kermesses de mon pays ! » Il restait béat d'admiration. Mais il n'avait jamais pris le métro aux heures d'affluence. D'ailleurs, il n'était venu que deux fois à Paris et encore sans quitter les abords immédiats de la gare Saint-Lazare qui sont, comme chacun sait, le prolongement de la Normandie.

Eugène Letendre était originaire du département de la Manche, de Saint-Hilaire-du-Harcouët, précisément (il s'en flattait). Il roulait aussi bien les « r » que les épaules mais simplement et sans la moindre prétention. Il avait un visage rond des chapeaux de Bretagne mais le sourire malin des Normands. Il était garçon de ferme, à l'origine, lorsqu'il se mit en tête de devenir coureur cycliste comme les jeunes gens qu'il voyait, de son champ, défiler le dimanche alors qu'il était encore à l'ouvrage. Avec ses économies, il fit l'achat d'un infâme vélo auquel il ne restait qu'un demi-pédalier et qu'un guidon verni… de rouille. Il se munit d'une lanterne comme en possèdent les charrettes de foin et commença à s'entraîner de huit heures du soir (après que les travaux fussent terminés) jusqu'au milieu de la nuit. Il confondit souvent les sillons et la route, trébucha plus d'une fois dans les plans de navets, mais persista dans ce qu'il considérait une mission sacrée.

Il devint militaire, comme tous ceux de son âge, et fut affecté à Rennes. Un jour, il s'engagea dans une course qui partait de chez lui. Il accomplit à vélo les 80 kilomètres de sa caserne au départ puis les 90 kilomètres de l'épreuve qu'il remporta et rentra à Rennes avant l'appel de onze heures. Il ne monta la garde, ce soir-là, qu'avec un grand détachement… dans l'allure s'entend.

Sa première grande victoire, il ne s'en cacha jamais, fut une escroquerie : « C'était au pays de Bobet, au village de Saint-Onen », disait-il fièrement. Letendre était en tête à un tour de la fin, mais il ne pouvait plus mettre une pédale devant l'autre. Il s'arrêta, sans autre forme de procès, et se cacha derrière une meule de foin. À l'arrivée, on lui remit solennellement la couronne… qu'il fut contraint (bien mal acquis ne profite jamais) de restituer. Mais les prix ne lui furent jamais retirés.

Il connut plusieurs succès régionaux et, bientôt, attira l'œil du sélectionneur qui l'engagea dans l'équipe de l'Ouest du Tour de France, en 1956. Il s'y distingua, d'abord, en traversant sa Normandie, en délivrant une rasade de « calva » aux suiveurs, lesquels avaient commencé à s'intéresser de près à ce concurrent, petit de taille, mais grand par le génie du système D.

La concurrence restait pourtant redoutable, cette année-là, car, dans l'équipe des Bretons à laquelle il affichait son appartenance, un autre facétieux avait élu domicile en insultant les points cardinaux. C'était un Alsacien du nom de Roger Hassenforder, dont les pitreries faisaient autorité et atteignaient le sublime.

Eugène Letendre, à ses côtés, se fraya une place et on alla jusqu'à le baptiser le « Hassenforder du pauvre » pour bien situer ses limites sur le plan national et le « Saint-Hil(a)re-du-Harcouët » pour délimiter son territoire. Bien vite, il devint « Gégène », fit rire aux éclats, tout en prouvant au passage qu'il savait se distinguer ailleurs que dans la carrière de guignol, sur sa bicyclette, par exemple.

« Gégène », providence des échotiers, inventait des sketches ; on aimait sa compagnie, on vantait ses talents mais on oubliait qu'il avait connu une enfance miséreuse toute tournée vers le travail de la terre. Très vite il montrait ses mains calleuses et fissurées. Quand en cyclisme il commença à glaner quelques bouquets, la gloire ne lui tourna pas la tête. Revenu pensif à sa demeure, il lui arrivait de se baisser pour ramasser une poignée de terre grasse, la palper et ce seul geste le ramenait à une large humilité. Il appréciait ainsi la chaleur des amitiés simples.

Eugène-Le-Tendre, comme on aurait pu dire Jean-Le-Bon avec la même respectueuse emphase, avait le rire dans les yeux. Il voulut le faire partager à ses amis journalistes et, comme brillait en lui la malice des paysans, il les invita toujours à boire de belles rasades de son vieux tord-boyaux, vieilli en fûts de chêne. Une façon, pour lui, de ne jamais manquer… de pot.

31. LE DOCTEUR PIERRE DUMAS

Il présentait une allègre silhouette sportive et tantôt portait un collier de barbe, tantôt se présentait rasé de près. C'était selon l'humeur. « Il faisait plutôt penser à un membre des Auberges de jeunesse qu'à un toubib », assurait l'un de mes confrères. Il ne se plaisait qu'en short, chemise ouverte ou torse nu, la moustache conquérante et le cheveu au vent. Il apparaissait solide, plein de santé, de vitalité, ce qui s'avérait bien utile lorsqu'il convenait de s'occuper du matin jusqu'au soir d'un peloton d'individus qui ne perdaient pas les pédales. Il séduisait sans chasser le naturel.

Le sport était sa vraie vocation. Il était persuadé que la médecine et le sport devaient constituer une interpénétration indispensable. Il avait poussé l'audace (raisonnée) jusqu'à soumettre à des électrocardiogrammes tous les anciens champions du Tour, qu'ils soient chauffeurs, chroniqueurs ou directeurs sportifs. En tout état de cause, il disait : « Je suis persuadé que le vélo n'est pas assassin ».

Dès son arrivée dans les pelotons, il manifesta sa volonté de faire une chasse implacable au dopage (le *doping*, comme on disait à l'époque). Il souhaitait l'instauration de contrôles très stricts mais ne disposait d'aucun moyen pour les imposer : impossible de contrôler tout le monde, partout, et de plus, comment établir des sanctions ? Il parvint toutefois à convaincre un certain nombre de concurrents de ne pas céder à la tentation.

Pierre Dumas était devenu le troisième médecin en poste au Tour de France. Le premier fut le parisien Pierre Mathieu qui officia en qualité de médecin-chef de 1949 à 1951. Il fut aussi médecin de la délégation française aux Jeux olympiques à partir de 1928 (J.O. d'Amsterdam) jusqu'aux Jeux olympiques de Rome, en 1960.

Un médecin (accoucheur) le remplace sur le Tour de France, en 1952 : le docteur René Berthy, originaire de Plouay, directeur de la clinique du Blanc-Mesnil. Il effectuera trois Tours de France. Mais le samedi 23 juin 1955, les organisateurs du Tour apprennent le décès dans sa 58ème année, après une brève maladie, du bon docteur Berthy. Le Tour partait le 7 juillet, du Havre. MM Goddet et Lévitan prennent conseil de leurs amis, les docteurs Philippe Encausse et Pierre Mathieu, qui leur recommandent le docteur Pierre Dumas, médecin-chef de l'ENSEP de Joinville.

Pierre Dumas a 34 ans à l'époque. Son œil bleu de marin trahit une ascendance bretonne dont de toute façon, il ne se cache pas : son père était originaire de Guingamp. Mais Pierre, quant à lui, est né dans une direction diamétralement opposée, à Verdun, le 9 août 1921. Comme pour se dédouaner, il s'empresse de dire qu'il a été conçu à Rennes.

Il possède déjà une longue et belle histoire. Durant la guerre, réfractaire au S.T.O, il fut interné à la prison de la Santé, le 11 novembre 1940, puis transféré à Alès. Il parvint à s'évader et devint membre du groupe « Ceux de la Résistance », à Reims. Il a une démarche de montagnard, des épaules et des bras de lutteur. Une intense vitalité se dégage de sa silhouette carrée. Il voulait préparer Navale, mais sa myopie l'en empêcha. Il se tourna alors vers Saint-Cyr, passa l'examen mais ne fut jamais appelé, car ses notes étaient introuvables : disparues, comme par enchantement ! Il fit ses études de médecine à la Faculté de Paris et parallèlement, il enseignait l'éducation physique dans un cours complémentaire. Il sera ensuite nommé à l'ENSEP où il éduque et soigne les futurs professeurs d'éducation physique depuis 1951. Il est marié et père d'un garçon et d'une fille.

Dumas est un sportif toutes disciplines, pourrait-on dire. Nageur émérite, ceinture noire de judo, il a participé à de périlleuses expériences de sauvetage en hélicoptère sur la Mer de glace.

Amoureux du risque, c'est un homme d'activités physiques naturelles plutôt qu'un sportif de compétition et de performances contrôlées. Il y a pourtant un sport qu'il n'a jamais pratiqué : le vélo. Un comble. Bref ! Il se préparait à partir pour un séjour en montagne quand intervint la proposition de devenir médecin du Tour de France. Il pensa un instant refuser cet honneur mais estima que ce refus pouvait paraître offensant face à des supérieurs hiérarchiques qui lui marquaient, en somme, leur estime. Il accepta donc mais sans grand empressement.

Cela ne l'empêcha pas de prendre ses fonctions avec conviction. Il arriva au Havre, au palais des Expositions, tout près de la gare, vint saluer le directeur général du Tour, Jacques Goddet, le directeur adjoint, Félix Lévitan, puis Jean Garnault, bouillant secrétaire général, et Elie Wermelinger, commissaire général, d'une rigidité toute militaire. À la permanence, on lui remit divers documents, dont le livre de bord de l'épreuve incluant le profil de toutes les étapes, les hôtels des concurrents, la liste des officiels… Il fut un peu étonné d'y trouver un nom qui n'était pas le sien dans la rubrique « service médical ». « Docteur Brami », était-il écrit. On s'excusa près de lui. Les délais d'impression de la société Collet, dans le 9ème arrondissement de Paris, avaient été trop courts. Dumas effaça ce détail d'un revers de main. Ses pensées étaient ailleurs.

Il évoqua d'entrée son aversion pour le dopage et entreprit d'en dénoncer les dangers.

« Certains coureurs faisaient tout et n'importe quoi. On me recevait courtoisement dans les chambres, révèlera-t-il, mais on ne pouvait s'empêcher de me faire sentir qu'on serait tout à fait ravi de me voir partir.

Les premiers qui m'ont réservé un bon accueil ont été les gars de l'équipe du Sud-Est, le brave Marius Guiramand et sa bande aux accents chantant : les frères Lazaridès, le Jurassien Adolphe Deledda, le Marseillais Raoul Rémy, le placide Azuréen, Lucien Teisseire, le savoureux José Mirando, le poète à ses heures, Pierre Molinéris, Armand Di Caro, le philosophe, et Nello Lauredi, le «fakir» que l'on retrouvait souvent à terre mais qui encaissait comme un boxeur. À ceux-là, il convenait d'ajouter René Génin, d'abord remplaçant, puis partant à la place de Mirando, qui se demandait finalement ce qu'il était venu faire dans cette galère. Ils étaient tous pleins de gentillesse et de rondeur. Ils ne m'ont pas consulté pour un traitement mais ils m'ont demandé, puisque j'étais médecin, de leur faire leurs piqûres avec leurs produits à eux. Vous voyez d'ici l'effroi que j'ai pu ressentir. Je n'oublierai jamais Apo Lazaridès me montrant la boîte d'un produit qui était, je crois, à base de venin de crapaud. J'ai voulu les mettre en garde en leur disant que c'était, d'une part inefficace, d'autre part dangereux.

– Écoutez, docteur, m'ont-ils répondu, nous avons besoin de fortifiants, vous ne savez pas ce que c'est que le vélo ! Si vous ne voulez pas nous faire nos piqûres, nous les ferons nous-mêmes. »

Pierre Dumas luttera toujours contre le dopage. Il restera aux commandes du service médical du Tour durant treize ans. Logiquement, il prendra ensuite en charge l'organisation du contrôle antidopage jusqu'à sa retraite, à la fin de l'année 1980.

Je suis allé lui rendre visite à plusieurs reprises à son domicile de La Varenne, tout près de la Marne. Il m'apportait toujours des précisions intéressantes sur ce qui avait été son sacerdoce. La mort de Simpson restera, on peut s'en douter, son plus mauvais souvenir. Il avait tant prévenu les uns et les autres des dangers encourus par l'absorption des produits dopant. Il avait même prévu qu'il risquait de se passer des drames, dans cette étape Marseille / Carpentras.

Victime d'un grave accident, Pierre Dumas ne se déplaçait plus qu'en fauteuil roulant. Il n'avait cependant pas perdu son sens de l'humour. Il est décédé au mois de février 2000.

Je tiens, bien entendu et parallèlement, à rendre hommage à tous les médecins du Tour et, en particulier, au docteur Gérard Porte qui a accompli un nombre important de Grandes Boucles et qui est devenu mon ami. Jamais il ne s'est soustrait à une interview avec les journalistes. Qu'il trouve, ici, l'assurance de ma reconnaissance.

Tour de France 1939. L'étape Nantes / Lorient traverse Quimper.
Pierre Cloarec salue sa famille et ses supporters devant son magasin de cycles,
rue René-Madec.

Après une messe d'actions de grâces sur le parvis de la basilique de Lourdes,
le peloton s'élance vers les grands cols (1948).

I

Cette photo a nourri une grande polémique en Italie : lequel de Coppi ou de Bartali donnait-il à boire à l'autre ? quand l'adversité devient fraternité… (1949).

Les deux gloires françaises du début des années 1950 : Louison Bobet (double champion de France) et Pierre Barbotin. Entre eux, le directeur sportif Paul Le Drogo.

Bartali escalade la Casse déserte (col de l'Izoard, 1953).

Pour quelques instants, le Tour 1950 est tombé à l'eau !
Le peloton, dans une large unanimité, a répondu à l'appel de la mer.

Orson Welles s'apprête à ouvrir la voie aux concurrents du Tour.

Paul Giguet ravitaille son *leader* Louison Bobet (1950).

Bartali annonce officiellement à Jacques Goddet son retrait du Tour (1950).

Magni, maillot jaune, replie son beau trophée et regagne l'Italie
en compagnie notamment de Bartali, son chef de file.

Le bel Hugo,
au départ de l'étape
contre-la-montre
du Tour 1951
à La Guerche-de-
Bretagne.

À la Une de *Miroir Sprint*,
Bobet, proclamé une
première fois vainqueur
de l'étape, ne sait pas
encore qu'il devra céder
la victoire à Hugo Koblet
en raison d'une erreur
de chronométrage
(1951).

Koblet félicite Van Est
au départ de l'étape
Tarbes / Pau.
Quelques heures plus tard,
le Hollandais s'abîmera
au fond d'un ravin.

Le Hollandais Wim Van Est,
miraculé du ravin
de l'Aubisque (1951).

Le col du Galibier accouche d'un moustique :
le petit Jean Le Guilly (vingt ans), sorti de sa lande bretonne.

Un porteur d'eau qui gagne le droit de se restaurer : l'Italien Carrea (1952).

Bourvil gratifie ses admirateurs sur le dos de Robic (1948).

Jean Robic dans l'ascension du col d'Aspin (1953).

Louison Bobet effectue un tour d'honneur au vélodrome Beaufeuillage à Saint-Brieuc,
au terme de la 5ᵉ étape du Tour de France 1954.
Il est maillot jaune depuis la veille et traverse la Bretagne en *leader*.

Action de grâces pour l'abbé
Roussel, bon samaritain, auprès
de l'infortuné Vandenbrande.
Tour de France 1954,
pont de La Roche-Bernard.

Géminiani en 1953,
vers la victoire au Championnat
de France.

Révélation de Jacques
Anquetil au Grand Prix
des Nations.
Le jeune Normand affiche
ses dix-neuf ans.

Jean Robic, lors de l'étape
contre-la-montre du Tour
1947, achève l'ascension
de Mûr-de-Bretagne.

Darrigade remporte le *sprint* du peloton à Bordeaux (1954) devant Ockers et Kubler.

Abandon aussi dramatique
qu'insolite de Bahamontès
dans le Tour 1957.

Jacques Anquetil porté en triomphe par les Frères Jacques
après sa victoire d'étape à Rouen (1957).

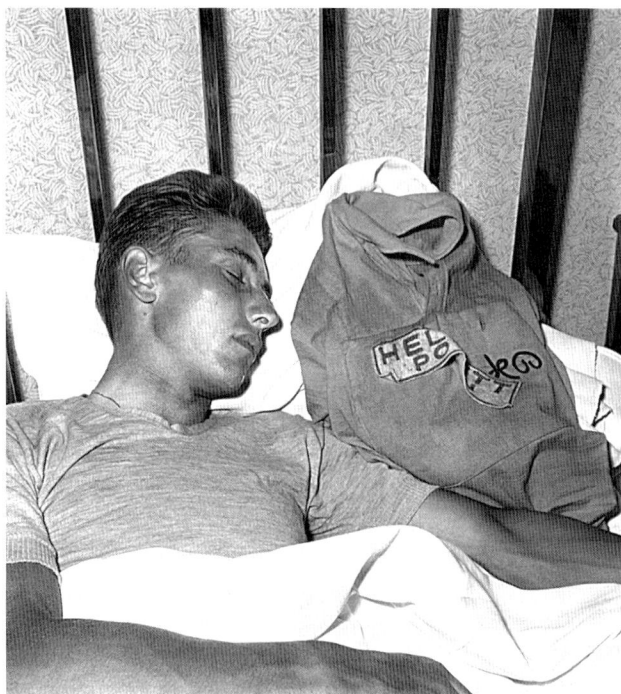

Anquetil dans ses rêves.

Victoire de Darrigade à Bordeaux (1964).
Le Landais vit l'un des plus beaux moments de sa vie.

La photo qui a ému le monde entier :
Anquetil et Poulidor au coude à coude dans le Puy-de-Dôme (1964).

Bernard Hinault s'affirme en 1978, dans son premier Tour de France. Il remporte la 20ᵉ étape Metz / Nancy, contre-la -montre, et s'empare du maillot de *leader*.

Tour d'Italie. Fignon, après l'arrivée à Val Gardena, reconnaît les cols du lendemain en compagnie de Cyrille Guimard et de l'auteur.

32. LE NANTAIS AU CŒUR TENDRE

Dans la carrière de Louison Bobet et également, à un degré moindre, dans celle de son frère Jean, un homme a beaucoup compté : le Nantais Pierre Barbotin. Il était la bonté même et j'avais une immense admiration pour lui. C'est pourquoi je lui ai un jour demandé d'être le maître de mon volant durant le Tour de France. Il resta trois années en ma compagnie, ce qui signifie qu'il était chargé de m'emmener jusqu'au rendez-vous des motos pour le reportage en direct. Là se trouvait toute l'infrastructure qui allait retransmettre aux téléspectateurs les images de l'épreuve. Arrivé sur place, je laissais Pierrot poursuivre seul son chemin vers l'arrivée et montais sur la moto. Le reportage commençait.

Un jour, alors que l'étape quittait la Normandie pour gagner Nantes, il me raconta le calvaire qu'il avait enduré sur ces mêmes routes, mais en sens inverse, sur le Tour de France 1957.

Cette année-là, le grand départ avait été donné à Nantes. Pour Barbotin, le ciel dans cette toute première étape avait décidé d'être sombre. Il était pourtant parti sous les vivats et les applaudissements de sa famille, près de la tribune d'honneur.

Il était chez lui. Il se sentait bien. Partir pour le Tour, c'était mourir un peu. Mais prendre le départ au seuil de sa porte, c'était plus cruel. « Bah ! Je serai vite revenu, disait-il à la ronde. »

Il pensait à une absence d'un petit mois. Il revint à Port-la-Blanche, hélas, dès le lendemain. Sa femme le retrouva, des larmes plein les yeux. Les femmes de coureur ont ceci de commun avec les femmes de journalistes : elles savent qu'un mari qui revient prématurément du Tour est un guerrier vaincu.

Au départ de cette première étape qui devait se terminer à Granville, il suscitait une sorte d'exclamation populaire et admirative. Mais voilà : au bout de cent kilomètres de course, l'allégresse disparut. La tête du doux Pierrot devint lourde, insoutenable. L'insolation le frappait et le condamnait à l'élimination avec deux autres coéquipiers : le Normand Claude Le Ber et le Dinardais Marcel Carfantan. Les délais d'arrivée étaient très courts : 8% du temps du vainqueur. Pierrot était donc rayé de la liste des participants à la course. Désormais il ne serait plus le même. Comme si sa carrière s'éteignait à petit feu.

La vie sportive du valeureux Nantais ne fut qu'une succession d'orages traversés, çà et là, de brillantes éclaircies. Il était doux, Pierrot, trop doux. Dès ses débuts professionnels, sa classe éclatait par toutes les poches du maillot orange et bleu sur lequel s'inscrivaient en gothique les lettres *Stella*. Bobet reconnut en lui l'homme de son destin et s'attacha ses services.

Les deux Bretons partirent alors vers les plus beaux succès. Là où Louison s'affichait premier, Pierrot se classait deuxième. Une glorieuse litanie commençait à s'égrener : Milan-San Remo, Critérium national, Championnat de France… Elle aurait dû se poursuivre encore si le manteau de la maladie n'avait soustrait le Nantais du monde des cyclistes. Il revint d'un Tour d'Algérie, malade et diminué. Selon lui, des fruits de mer douteux dégustés dans la baie de Sidi-Ferruch en étaient la cause. Il perdit peu à peu la santé, son élan, et tout aussi discrètement qu'il était venu, il se retira. Une dysenterie amibienne compliquée intoxiquait son organisme : reins, foie, estomac se trouvaient engorgés. Et tandis que Bobet se hissait vers les sommets, son lieutenant plongeait vers l'abîme.

La providence l'arracha sa chute vertigineuse. Maurice Mességué, célèbre guérisseur, comprit son mal et, cinq ans plus tard, le rideau de la maladie se dissipa. Barbotin revint au-devant de la scène comme si rien ne s'était passé. Ses yeux sombres devinrent aussi clairs que les eaux de l'Erdre qui coulait devant chez lui, à Port-la-Blanche. Il fut le premier à passer les 45 kilomètres dans l'heure, en 1956, lors de l'étape contre-la-montre Avignon / Apt au Critérium du *Dauphiné libéré* et termina 2ème de Paris / Nice.

À nouveau, il pédalait dans l'allégresse. Bobet comprit qu'il pouvait renouer avec lui. Dans le Tour d'Italie 1957, l'union se retrouva scellée et de quelle façon.

Un matin, Louison, sur le ton de l'affectueuse fermeté, lui dit :

« Aujourd'hui, Pierrot, il y le col du San Lugano. Tu vas faire le ménage comme tu sais si bien le faire. Il faut que le peloton tout entier saute sous tes coups de hachoir. Éparpille-moi tout le monde, même si dans ta roue je gueule et j'ai mal.

Et Louison hurla :

– Moins vite, Pierrot ! »

Mais le Nantais au cœur tendre accéléra. Le peloton se retrouva alors dans la nature, pauvre chenille disloquée.

C'était cela, mon ami Pierre Barbotin, force tranquille impitoyable, homme simple et bon qui a tiré définitivement, sur cette terre, sa révérence un jour de février 2009.

33. LES AILES BRÛLÉES

L'année 1957 vit se dérouler l'un des Tours de France les plus caniculaires de l'histoire. Dans la 2ème étape, Granville / Caen, l'implacable soleil eut raison de Charly Gaul, « l'Ange de la montagne » qui se complaisait dans la tourmente mais craignait la chaleur comme la peste.

L'air chaud devait en plus sentir la poudre. Les coureurs traversaient la localité de Briquebec. À l'avant passaient treize échappés. Derrière eux, une contre-attaque se dessinait avec, aux avant-postes, deux Régionaux : Jean Bobet et Antonin Rolland.

La radio de la course annonçait Gaul en difficulté. Ceux qui le connaissaient se doutaient bien qu'il allait souffrir de la chaleur écrasante qui liquéfiait le goudron de la route. Ne pouvant absorber que du liquide, le Luxembourgeois commençait à souffrir de crampes d'estomac et sentait une main de fer lui serrer les tempes. Il avait l'impression que sa cervelle se mettait à bouillonner sous son crâne. Il s'affichait à l'avant-dernière place du peloton.

Candidat potentiel à la victoire finale, brillante révélation des deux précédents Tours de France, Gaul était ainsi terrassé par une insolation et s'apprêtait à déserter dans la plaine normande. Jean Bobet et Antonin Rolland, quant à eux, étaient sur le point de lâcher leurs compagnons d'échappée. Lorsqu'ils se dressèrent sur leurs pédales, Gaul perdit pied dans une petite bosse sans valeur montante. Sous la grande tour du château de Briquebec, son sort semblait réglé.

Plusieurs équipiers se laissèrent alors glisser à sa hauteur : Willy Kemp, son ami Marcel Ernzer, son ex-ennemi Brian Robinson venu avec sa qualité d'Anglais faire partie de cette équipe que l'on aurait pu nommer « Organisation des nations désunies » puisqu'elle comportait également dans son sein, des Portugais et un Allemand. On lui préféra la dénomination officielle de « Luxembourg-mixte ».

Charly tenta de renvoyer ces hommes qui pendaient à sa selle : « Allez-vous en, je ne veux personne. Partez ! » Il y avait de la férocité dans son ton. Mais ils restèrent jusqu'à Cherbourg.

Là, Gaul recolla aux dernières places du peloton. On pouvait espérer qu'il allait s'en sortir mais, lorsque vint la côte qui marquait la fin de la cité portuaire, pourtant insignifiante, qui répondait au vocable étrange de « Mare à canards », la bataille reprit. Le Belge Jean Adriaenssens et Jacques Anquetil, en démarrant, lui donnèrent le coup de grâce. Le Luxembourgeois rétrograda une nouvelle fois. Il ressentait des éblouissements. La route devenait soudain molle sous ses roues. La mécanique ne tournait plus très rond. Devant lui, il n'y avait plus rien que le bleu trop éclatant du ciel. Les roues continuaient à enfoncer dans l'asphalte liquéfiée. À ses côtés, Willy Kemp et Marcel Ernzer sentaient que tout était perdu mais continuaient avec lui et d'autres compagnons d'infortune tels le jeune Hollandais Adrien Van Wetten et les régionaux Raymond Meyzenq et Ferdinand Devèze. Le directeur sportif luxembourgeois, Nicolas Frantz, désemparé, suivait le groupe debout dans sa voiture. L'allure était si faible que l'enterrement n'était même pas de première classe.

Charly mit bientôt pied à terre. Frantz se précipita avec son adjoint Josy Mersch. Frantz, d'ordinaire mesuré, criait presque. Mersch essayait de l'encourager, plus calmement.

Vaguement conscient que son devoir était de pédaler, même s'il dut en mourir, Gaul remonta, lentement, sur sa machine et repartit. De temps à autre, il portait deux doigts dans sa bouche pour se contraindre à vomir. C'était, outre son allure réduite, le seul signe extérieur de sa défaillance.

Ils traversèrent ainsi, devant les populations stupéfaites de déchiffrer le numéro 86, Saint-Joseph, Valognes, Sainte-Mère-Église, Carentan, cités d'histoire frappées par le sceau de mitraille de la Seconde Guerre mondiale.

On était au 175ème kilomètre, à Longueville. Il était 16 heures et le soleil imposait ses rayons de plus en plus perfides. Brusquement, mais sans hâte, Gaul s'arrêta. On calcula qu'il lui restait 50 kilomètres à couvrir. Kemp, Ernzer ainsi que Meyzenq et Devèze l'imitèrent. Un groupe se forma aussitôt. Charly secouait la tête et lança dans sa langue maternelle : « Das ist vertig, ich bin tot ! » (« C'est fini, je suis mort ! »)

Le caméraman des actualités télévisées, Gilbert Larriaga, béret écossais sur la tête, le filmait sous toutes les coutures, armé de sa « Bell Howell ». Charly ne parlait plus. Son dossard lui fut enlevé. Il monta ensuite dans la voiture-balai qui affichait déjà (presque) complet. Ce fut un dilemme pour le conducteur du fourgon « funèbre ». L'étape s'avérait si éprouvante que dix hommes au total et au fil des kilomètres arrachèrent leur dossard. Dans la camionnette de Charly avait pris place le Belge Frans Schoubben, un bon routier flamand qui participait à son premier Tour de France, le jeune Adri Van Wetten qui ouvrait de grands yeux tristes tout en demandant ce qui lui arrivait et Raymond Elena, le Marseillais, routier déjà vaincu lors du Tour de France précédent où il avait été contraint de se retirer dans les tout derniers kilomètres, victime de féroces douleurs à l'estomac. Décidément, il ne verrait jamais le Parc des princes. Dans une autre voiture venait de monter son coéquipier de la formation du Sud-Est, Raymond Meyzenq, celui-là même qui avait battu Louison Bobet dans l'épreuve Marseille-Nice, en 1956. Meyzenq était l'homme des cols. Il les attendait avec impatience mais il était vaincu dans la plaine. De toute façon, la guerre d'Algérie était passée par là et Raymond payait sa prodigalité offensive des djebels…

Chacun éprouvait ainsi des états d'âme différents mais personne ne s'exprimait tout haut. Charly Gaul ne décrochait pas un seul mot…

Comme il existe toujours un brin d'ironie dans les grandes catastrophes, Charly Gaul logeait, ce soir-là, à Caen, à… l'hôtel de la Victoire. Cela ne l'empêcha pas de confier à ses équipiers désemparés : « Je vous ai trahis et j'ai trahi mon pays ! ». Par dérision, voire désillusion, il sortit de sa poche, le soir, à table, le télégramme qu'il portait sur lui et qui datait de la veille. Il émanait du prince Jean, du Grand-Duché, qui lui souhaitait simplement : « Bonne chance ».

Alors Charly serra les poings. Sans doute devait-il se dire, comme jadis le général américain Douglas MacArthur, aux Philippines : « Je reviendrai ! ».

À l'heure des conclusions, Maurice Vidal, directeur de *Miroir-Sprint*, revint sur le calme de Gaul en détresse : « Ce qui me revient aujourd'hui, c'est l'impression d'insolite ressentie ce jour-là. Lorsque nous attendîmes Charly sur la route, redoutant un drame poignant, à la hauteur des ambitions passées de l'homme vaincu, nous trouvâmes un Gaul étonnamment calme. Il pédalait sans conviction, certes, mais sans douleur. Aucune crispation ne marquait sa face. Il baissait seulement un peu plus la tête et refusait de regarder vers nous, vers tous ceux qui venaient le voir tomber. Il semblait plus buté que blessé. Ses traits étaient tirés mais sans excès. Le moral n'inscrit pas toujours ses stigmates sur un visage. Lorsqu'il descendit de façon définitive, il n'y eut aucun doute. Avec cette volonté orgueilleuse qui le caractérise, Charly ne voulait rien entendre. Il avait souvent triomphé seul, contre tous les conseils, contre tous les avis. Il partait seul. »

34. À LA CONQUÊTE DE PAULETTE

Le Tour de France 1957 atteignait Colmar, terme de la 7ᵉᵐᵉ étape. La chaleur écrasait les massifs vosgiens et notamment le col de la Schlucht. Neuf échappés devançaient le peloton et, au vélodrome de Colmar, franchissaient la ligne d'arrivée, épris d'indépendance au pays natal de Bartholdi, statuaire de « la Liberté éclairant le monde ». Le public ravi venait d'assister à la victoire du turbulent coureur de talent qu'était Roger Hassenforder, stimulé par l'air du pays. Il devançait au *sprint* le Hollandais Geerit Voorting, François Mahé, Jacques Bianco, Louis Bergaud, Piet De Jongh, Jésus Lorono, Jean Bourlès et un régional de l'équipe Paris-Nord-Est.

Soudain les regards se focalisèrent sur ce dernier, gamin de Paris d'origine italienne, au nom un rien seigneurial : Nicolas Barone. Se jouant de l'insolente puissance de l'équipe de France, Barone venait de chiper pour trente-huit secondes le Maillot jaune à Jacques Anquetil, jeune professionnel de vingt-trois ans mais déjà célèbre. À l'énoncé solennel du verdict, Nicolas se mit à pleurer toutes les larmes de son corps. Maillot jaune ! Le rêve de toute une vie. Jamais il n'avait connu ce genre de félicité. Ce trophée n'était pas pour un régional sans grade comme lui. Successivement, ses coéquipiers, Jean Bobet, Stanislas Bober, Guy Million, André Le Dissez, Raymond Hoorelbeke... vinrent lui appliquer sur la joue quelques effusions détrempées, mais il ne s'appartenait plus et n'écoutait pas le reporter de la Radiodiffusion française, Georges Briquet qui, en s'égosillant, retardait l'instant où il recueillerait ses premières impressions. On le dépouilla de la tunique rouge rayée de bleu, celle de son équipe régionale, trempée d'eau, de sueur et de larmes. On lui enfila le Maillot jaune clair au monogramme HD. Puis on lui remit un bouquet.

Le Breton Joseph Thomin, *leader* du classement par addition de points, était venu près de lui, fleuri, lui aussi, avec son maillot tendre vert… Alors il réclama ses copains.

« Jean, où qu'il est, Jean Bobet ? et Stani Bober ? Allez le chercher, Stani. »

Jean Bobet et Stanislas Bober étaient les deux équipiers qui se distinguaient également dans ce Tour. Jean, depuis le départ de Nantes, se projetait en permanence à la pointe du combat. Il faisait partie de toutes les échappées décisives et d'abord celle de l'étape Roubaix qui permettait à Jacques Anquetil de prendre le Maillot jaune tandis que Stanislas Bober s'emparait pour un jour du Maillot vert du classement par point.

On photographiera le baiser de Jean Bobet à Nicolas, le baiser de Stanislas Bober à Nicolas.

Le journaliste du *Miroir des Sports*, André Chassaignon, participe aussi à la fête. C'est un ami de la famille Barone.

« Je pensais à Micheline, écrivait mon confrère. Je la voyais dans la petite boutique de teinturerie à l'enseigne *M. N. Barone* (Micheline et Nicolas Barone) avec toutes les clientes du XIIIᵉ autour du comptoir, les complets vestons repassés pendus au plafond, la radio branchée, la photo 40 x 30 du grand frère dans la vitrine. J'imaginais des dialogues qui ne devaient pas être tellement différents de ceux qui s'échangeaient sur la pelouse du vélodrome alsacien. Ne pleurez pas, Micheline. Puisqu'il est *leader* du Tour de France, votre frère.

Et j'étais bien content pour ces gens simples et travailleurs. »

« Mes chers auditeurs, Nicolas Barone pleure d'émotion… Le Maillot jaune sur les épaules, le Parisien rêvait secrètement à quelqu'un d'autre.

– Comment s'appelle votre fiancée ? risquait le reporter.

– Paulette, répondait timidement Nicolas, en avalant ses larmes ; et, comme pour légitimer son affirmation, il ajoutait : Paulette Deshays. Elle est coiffeuse. »

On ne lui en demanda pas plus et il gagna son hôtel dans la fragrance envoûtante de l'instant. Son directeur sportif, Jean Mazier, connaissait son lourd secret : Paulette n'avait pas droit de cité chez les Barone, gens simples du XIIIᵉ arrondissement de Paris, qui avaient mérité leur bonheur à force de travail. Non vraiment, ils ne pouvaient accepter cette fille à l'accent des faubourgs. On lui trouvait tous les disqualificatifs de la création : elle n'était pas d'origine italienne, son parler vulgaire irritait. On allait même jusqu'à dire qu'elle était de mauvaise vie…

Ce soir-là, à Colmar, à l'hôtel du Centre, place de la Cathédrale, à la table commune, Jean Mazier, raclant sa gorge altérée par une trop forte consommation de tabac, voire de pastis, frappa lestement son verre de la fourchette et se leva. Il promena un regard circulaire sur ses hommes et parla. On aurait juré qu'il se glissait un peu de la solennité de Napoléon dans son propos : « Mômes, je suis content de vous. Je suis fier pour Nicolas. Ce Maillot jaune va l'aider à gagner la bataille de la vie et de son amour ! » C'était joliment dit et si vrai.

Jusque-là, personne n'avait pu ravir le poste de *leader* aux puissants routiers de l'équipe de France. Barone serait d'ailleurs le seul, à l'issue de la Grande Boucle à réaliser cet exploit, même si le lendemain, il se voyait dépossédé de son bien par le Lyonnais Jean Forestier.

Cela, pour le Parisien, n'avait plus d'importance. Désormais, il serait plus puissant pour imposer Paulette à sa famille. Ils se marieront et auront des enfants.

Pour en revenir à ce Tour de France 1957, il convient de noter qu'un seul classement final échappa aux sociétaires de l'équipe de France : celui de la combativité.

Au départ de l'ultime étape Tours / Paris, Barone comptait sept points de retard sur Anquetil. Le courageux Parisien décida alors d'attaquer. Avec ce courage indomptable qui attirait les sympathies, le banlieusard parisien, grâce à deux démarrages dans la vallée de Chevreuse, reprit les points qui le séparaient du futur vainqueur du Tour, montrant qu'il possédait un bien beau talent.

Une précision d'importance s'impose. Nicolas, souffrait depuis les Pyrénées d'une plaie ouverte à la selle. Il allait devoir pédaler debout, s'asseoir de travers puis, tout à fait en fin de course, se faire lâcher, passant ainsi les cols d'Aubisque et du Tourmalet, couvrant 195 kilomètres dans les Landes, 66 kilomètres contre-la-montre, 300 kilomètres de Libourne à Tours, en grimaçant de douleur et de rage. À l'hôtel, il montait dans sa chambre marche après marche, s'appuyant aux deux parois de ses bras écartés, soulevant une jambe puis l'autre. Il souffrait vraiment le martyre et ne pouvait marcher sans gémir.

Il s'était montré d'un courage rare. Jamais un coureur du Tour de France rêvant de rallier Paris sur son vélo ne l'avait tant mérité. En toute justice, le public parisien, au Parc des princes, lui témoigna d'ailleurs une grande admiration.

L'élégant Barone, le beau Nicolas au cœur tendre, s'était révélé un lutteur farouche.

Je viendrai de temps en temps lui rendre visite sur la Côte d'Azur, à Mougins, boulevard Courteline, où il avait élu domicile. Il s'était spécialisé dans la création ou la réfection de villas avec son fils Laurent. Ce Nicolas avait de l'or entre les mains. Je me souviens du jour où il me ressortit de l'armoire son unique Maillot jaune souillé par l'asphalte dans ce Tour, l'un des plus chauds de l'histoire. Et je fis connaissance de Paulette, la jeune fille de jadis, qu'il avait enfin épousée après son aventure « en jaune ».

Avec quelques-uns de ses amis, il avait repris goût au vélo et l'on pouvait le voir le samedi ou dimanche matin sillonner les petites routes de la Côte. Mais Nicolas était un battant, se sentait encore aussi fort que lorsqu'il appartenait à l'équipe de l'Île-de-France ou du Paris-Nord-Est dans le Tour de France. Il avait hélas l'âge de ses artères. En avril 2003, il connut une première alerte, fut précipité au sol. Relevé, il présentait un visage méconnaissable. Soixante points de suture s'avérèrent nécessaires. Il eut la gentillesse de m'en informer et commença une lettre dans laquelle il plaça une photographie de son visage déformé. Il n'eut pas le temps de la terminer. Il repartit sur les routes et cette fois, son cœur trop sollicité cessa soudain de battre : rupture d'anévrisme, diagnostiqua la Faculté. Nicolas décéda à Mougins, le 31 mai 2003. Sa deuxième épouse Vicky (Paulette était décédée d'un cancer quelques années auparavant) tint à m'adresser le courrier qu'il envisageait de me faire parvenir avec l'image de son visage ravagé. Je n'eus pas le courage de le conserver.

35. UN MAÎTRE DES ONDES S'EN EST ALLÉ

Ancien dessinateur et échotier pour *le Matin* ou *l'Auto*, ancien journaliste et éditorialiste qui couvrit entre autres, les Jeux olympiques d'Amsterdam, en 1928, Alex Virot devint « prince du micro » dès 1929, au *Poste parisien*, puis à *Radio-Luxembourg*. À l'instar de Georges Briquet, sa voix était reconnaissable par tous.

Le 14 juillet 1957, alors qu'il continuait à couvrir le Tour de France, il connut un destin funeste et injuste.

Sa mince silhouette aux cheveux blancs se profilait toujours derrière les échappés du jour. Il mettait sa coquetterie de radio-reporter à ne rien perdre de la course et jugeait que seule la moto convenait à ce dur travail. Il voulait faire corps avec l'épreuve comme un aviateur avec son appareil.

Le 14 juillet 1957, le Tour de France parcourait sa 16ème étape : Barcelone / Ax-les-Thermes. Depuis le 60ème kilomètre, un coureur breton caracolait en tête : un Morlaisien du nom de Jean Bourlès. Il avait anticipé sur la liberté que pouvait lui accorder les « Grands » du peloton, occupés à se surveiller mutuellement. Anquetil portait le Maillot jaune et allait remporter le premier Tour de France de son histoire. Mais il lui restait encore à passer les cols pyrénéens.

Les concurrents évoluaient encore en territoire ibérique. L'escadron de gendarmes espagnols les escortait jusqu'à la frontière. Leurs collègues français les accompagnaient afin de prendre à nouveau les rênes du Tour au moment venu après ce petit inter-mède géographique. De lourds nuages masquaient les sommets.

Virot, piloté par son motard chevronné et fidèle, René Wagner, s'accordait un instant de répit en bavardant avec Gilbert Vasseur, l'un des motards (français) de la Garde. Par *Radio-Tour*, il apprenait peu avant le ravitaillement de Ripoll, encore en territoire espagnol, que Marcel Queheille, le Pyrénéen, s'était échappé et amorçait une contre-attaque. Il décida de s'arrêter pour mesurer l'écart. Gilbert Vasseur resta à une centaine de mètres pour lui signaler le danger que pouvait représenter l'engin stationné sur le bord de la route. La moto de Virot qui longeait le « rio » Ter, culant dans de profondes gorges, s'arrêta donc, prenant soin de ne pas gêner les autres suiveurs qui défilaient. Marcel Queheille arriva. Ce sera le dernier concurrent auquel le reporter de *Radio-Luxembourg* s'adressera, en l'informant de son retard sur Bourlès : 15 minutes.

Wagner et Virot décidèrent alors de repartir sur cette route plate et sans balisage. Le garde républicain Vasseur les suivaient du regard. Ce qu'il vit alors allait le marquer pour le reste de sa vie : leur moto accrocha soudain une borne kilométrique et les deux hommes basculèrent de douze mètres dans le gouffre. Quand Vasseur se retourna, ses deux amis avaient disparu, comme envolés. Alex Virot fut tué sur le coup, l'arrière du crâne défoncé. René Wagner décédait quelques heures plus tard, dans l'ambulance qui le conduisait à l'hôpital de Ripoll.

Le reporter avait 67 ans et mourrait victime de sa passion. Il tenait de son origine savoyarde la démarche un peu cahotante des montagnards. Lent et précis dans ses paroles et dans ses actes, il conservait une vivacité, une jeunesse d'esprit, un dynamisme, qui faisaient l'étonnement de tous ses camarades. Il formait avec René Wagner un équipage incomparable dont le maître mot était la prudence. Wagner, âgé d'un peu plus de quarante ans, était réputé pour son équilibre, sa maîtrise de soi, la sécurité de sa conduite et aussi ses qualités de cœur. Il pilotait sa moto chaque jour. Jamais le moindre incident ne lui était arrivé.

Gilbert Vasseur se précipita, se pencha vers le ravin et aperçut les deux corps fracassés sur les rochers du Ter. L'accès était particulièrement difficile ; il fit aussitôt appel à l'ambulance et attendit pour descendre. Les deux corps rompus gisaient sur les rochers en contrebas de la route. Alex Virot avait cessé de vivre. Vasseur aida à transporter Wagner : sa bouche, d'où coulait le sang, remuait encore, mais la vie s'en allait très vite de ce corps pantelant, de ce visage couleur de cire… Il devait mourir dans l'ambulance espagnole qui l'amenait à la clinique de Ripoll, quelques minutes plus tard…

Pour Vasseur, le reste de l'étape constitua un tourment. Comme un automate, il reprit son arme 70 kilomètres plus loin, à Bourg-Madame, localité marquant le retour en France, selon les termes du règlement qui veut lorsque le Tour entre dans un pays, on laisse le pistolet à la frontière et on le reprend au sortir de ce même pays.

À l'arrivée à Ax-les-Thermes, il se rendit à l'entrée de la salle de presse pour récupérer le courrier de ses collègues. Il rencontra le directeur du magazine *Miroir-Sprint*, Maurice Vidal et lui donna quelques précisions supplémentaires sur l'accident relaté par *Radio-Tour*. Les deux hommes pénétrèrent dans la salle de l'école des filles, tout près de la Poste, qui tenait lieu de permanence. Le gradé prit les lettres destinées à l'escadron. Vidal, lui, n'avait pas reçu de missives, mais dans son même casier aux lettres V-W, il en existait deux qui ne seraient jamais lues.

Pour les gardes républicains qui, ensemble, le soir, à table, écoutèrent de la bouche de leur camarade Vasseur la façon dont s'était déroulé le drame, ce fut ce choc qui allait rester le plus fort de ce Tour de France 1957.

Le visage du bon Gilbert, sous sa tignasse blonde, avait perdu, ce soir-là, son légendaire sourire. « Quand je les ai sortis du gouffre, croyez-moi, ce jour-là, malgré ma campagne d'Indochine où j'avais appris en ces temps de guerre, à ne plus faire de sentiment, je n'ai pu empêcher les larmes de me monter aux yeux ».

Michel Clare, ancien athlète international, spécialiste de demi-fond, devenu journaliste à *l'Équipe*, me parlait de temps en temps d'Alex Virot, les soirs où nous dînions ensemble à l'issue des compétions de la coupe du monde de ski, à travers l'Europe.

L'accident l'avait marqué. Il avait encore dans la tête les mots martelés par le *speaker* de *Radio-Tour* :

« Attention ! Attention ! On demande l'ambulance à l'avant de la course… Un très grave accident vient de se produire. »

Un silence terrible succéda à ces quelques mots qui jetaient le trouble parmi les suiveurs. Nous faisions toutes les suppositions. La voix reprit : « C'est notre confrère Alex Virot et son motard qui ont été victimes de l'accident… »

À tous ceux qui avaient entendu ce message pathétique, il restait cependant un espoir immense. Personne n'osait croire le pire. On se souvenait de l'accident survenu à Jean Quittard, l'année précédente. Jean s'était rétabli malgré la gravité de l'état dans lequel on l'avait trouvé sous sa *jeep* renversée. Cette fois, il fallut nous rendre à l'évidence : tout était bien fini.

Il était un peu plus de midi et l'on était à une dizaine de kilomètres de la bourgade espagnole de Ripoll où était prévu le premier ravitaillement des coureurs. Personne d'entre nous n'osait y croire. Nous pensions vivre un affreux cauchemar tandis que nous emportions dans nos cœurs l'image atroce de ces deux hommes étendus sur le roc près de touffes d'herbe, au bord d'une rivière, de cette moto noire, près d'eux, de leurs copains de route, atterrés, qui avaient espéré quand même jusqu'au dernier moment, de cette foule espagnole inconnue dont les femmes pleuraient, de deux prêtres qui priaient. Nous cherchions à comprendre comment ils avaient quitté cette route plate, à la sortie d'un léger virage, pour choir sur la berge tragique une dizaine de mètres plus bas, à pic. Pourquoi à cet endroit précisément y avait-il eu cet accident inexplicable, à droite de la route ? En tout autre lieu, les choses n'eussent pas été aussi graves. Ailleurs, la pente était en inclinaison douce avec des arbres, ou bien, il y avait un petit mur ou un garde-fou. Mais là, par malheur, il n'y avait rien. Rien que de petites bornes blanches d'une cinquantaine de centimètres de haut et espacées de plusieurs mètres. Entre chaque borne, le côté de la route fuyait directement sur le vide. La chaussée était jonchée de petits graviers. On ne pouvait invoquer rien d'autre que la fatalité pour avoir frappé là, justement alors qu'ils roulaient vraisemblablement à une vitesse inférieure à cinquante à l'heure.

La moto avait heurté plusieurs bornes avant de basculer (il y avait des traces de sang sur deux bornes) et l'un des deux cylindres à plat de la BMW avait éclaté. On retrouva un piston sur la route.

Capitaine de réserve, Alex Virot avait pris le maquis en 1942 et dirigé un groupe de résistance en Haute-Savoie : « La brigade anti-gestapo » de l'A.S. (Armée secrète).

Mon confrère Émile Besson m'a raconté bien des choses sur le « Capitaine Alex », qu'il côtoya au sein ce même commando et retrouva lors de son premier Tour de France. Il fut, outre Marcel Queheille, l'un des derniers à lui parler et, avec ses confrères de l'U.F.I. (Union française d'information), Lucien Grimaud, Robert Penillaut et leur chauffeur André Latte, l'un des premiers à arriver sur les lieux du drame.

Un jour, afin de présenter de façon plus originale aux auditeurs *Radio-Luxembourg* le temps qu'il allait faire, Virot « inventa » une grenouille (Caroline) qui, répondant aux questions posées, donnait le temps ! Ce batracien savant allait devenir la plus grande vedette du Tour. Bien entendu, la bête n'existait que dans l'imagination de Virot. Ce qui n'empêcha pas les auditeurs de l'adopter, de lui adresser d'innombrables lettres, de lui tricoter des maillots, de lui offrir des bocaux afin qu'elle change de domicile !

Et lorsqu'à Toulouse, le car de la radio fit escale, une foule d'admirateurs exigea de Virot qu'il exhibe son « baromètre vivant » !

Cruel embarras ! Les affirmations de l'ingénieux reporter, suivant lesquelles Caroline n'était qu'un être fictif, ne furent pas prises au sérieux : le peuple voulait Caroline ! Si bien qu'en désespoir de cause, Virot dut demander à Paris qu'on lui expédie une grenouille d'extrême urgence.

Caroline a fini ses jours dans le jardin d'une admiratrice d'Aubusson qui, pour n'avoir jamais pu en tirer autre chose qu'un coassement indistinct, eut au moins la satisfaction de recueillir une des gloires du Tour. Et nombreux sont ceux qui lui avaient disputé cet honneur[1]…

---

[1] La nouvelle a également été racontée dans *Sport-Sélection* (septembre 1952).

36. HOMME DE CLASSE EN APPRENTISSAGE

En 1957, Jacques Anquetil prend le départ de son premier Tour de France. Louison Bobet a déclaré forfait. Le Normand est considéré comme grand favori. La partie est loin d'être gagnée. Il ne connaît pas les courses à étapes ou si peu. Il a participé au Critérium du *Dauphiné libéré* mais cela ne dépassait pas neuf jours de course. Ici, il va devoir affronter une épreuve de vingt-deux étapes dont quelques-unes sur des cols de haute montagne auxquels il ne s'est encore jamais frotté. Au départ de Nantes, il n'est donc pas très rassuré.

Comme à l'ordinaire, il apparaît distant à l'heure de l'événement. Son copain André Darrigade a beau le conduire « par la main » à travers le dédale de l'organisation, avec l'assurance d'un ancien (il en est à son cinquième Tour), Anquetil n'est pas très fier. Sous des dehors détachés, il s'interroge sur ses réactions futures, celles aussi que ne manqueront pas de provoquer la course et ses traîtrises, celle aussi qui naîtra du comportement de ses futurs équipiers et plus encore de celui du directeur sportif, Marcel Bidot.

Le contact avec les Tricolores et leur mentor est bon, sans plus. Il reste sur ses gardes, les autres aussi. Enfant gâté, Jacques Anquetil s'ingénie à ne pas le paraître. Il se laisse plaisanter sur les chemises blanches de sa garde-robe, admet sans discuter les premières consignes de Marcel Bidot, se montre aimable, mais ferme, dans sa conversation. Ainsi nul ne le prend en grippe, ni non plus ne le suppose disposé à toutes les concessions.

Marcel Bidot, que la pratique des coureurs a rendu aussi perspicace que circonspect, se défend d'accorder plus d'intérêt à Anquetil qu'à Bauvin, à Forestier ou à Mahé. Qui ne connaît pas les intentions d'Anquetil, très désireux de s'imposer en *leader* de l'équipe de France ? Mais le directeur sportif pense qu'il est prudent d'attendre, précisément, que les circonstances de la course propulsent le Normand au premier rang ; ainsi ne contrariera-t-il pas les ambitions de Bauvin, les espérances de Forestier, les convoitises de Mahé.

C'est, par avance, accepter de jouer les funambules, et l'on devine déjà que Bidot saura se montrer habile sur la corde raide.

Anquetil s'impose très vite : victoire d'étape à Rouen, chez lui, le troisième jour, Maillot jaune à Charleroi, le cinquième jour, nouvelle emprise à Thonon-les-Bains, à l'issue de la 9ème étape. Bref, les éléments lui semblent plutôt favorables. Mais il sent que plusieurs de ses équipiers seraient prêts à jouer les trublions si on les laissait faire. Exemple, Jean Forestier qui s'est emparé du Maillot jaune. Lors de la 10ème étape qui comporte l'ascension du Galibier, Anquetil reprend les commandes et entend les garder.

Il reste à passer les étapes dites « de transition » et, ensuite, avaler les cols des Pyrénées. On annonce le mistral dans Marseille / Alès, et la tramontane, le lendemain, dans Alès / Perpignan.

À l'arrivée de l'étape des Cévennes, à Alès, Anquetil sent qu'un malaise s'empare de l'équipe de France. Le moral du Normand en prend un sérieux coup. Il a vu ses coéquipiers rentrer au Grand Hôtel d'Alès et il n'a pas eu besoin d'explications pour saisir que rien ne va plus. Il n'y a qu'à voir leur tête pour être fixé. Bauvin s'empresse de jouer les naïfs :

« C'est une très bonne journée, pas ? On a repris un quart d'heure ; on se regroupe en tête. Lorono se rapproche aussi, mais il n'est pas à craindre. »

Anquetil le regarde sans rien dire, mais il est sur le point d'éclater. Marcel Bidot l'a compris. Il intervient immédiatement, toute bonhomie dehors : « Bien joué les enfants ! Pour un peu, Gilbert prenait la troisième place. Jacques en tête, Jean deuxième, Gilbert qui revient. On gagne le challenge par équipe et nous n'avons plus rien à redouter pour le classement final. Si André n'avait pas raté son *sprint*, tout serait pour le mieux !»

C'est Forestier qui, d'une phrase, exprime tout ce qu'Anquetil et lui ont sur le cœur :

– Oui, mais nous avons dû mener toute la chasse dans le vent pour n'être pas trop distancés.

Comment Bidot conduit-il la course de son *leader* ? Étonnant qu'il ne le protège pas davantage.

D'ailleurs, cela n'échappe pas au Belge Désiré Keteleer, le vétéran, celui qui sent le mieux la course par étape. Il a sympathisé avec Anquetil et s'inquiète devant lui de la tactique de l'équipe de France :

– Je ne comprends pas Marcel Bidot. Pourquoi te laisse-t-il seul et autorise-t-il trois Français à rouler avec Lorono, Defilippis, Adriaenssens ? Il me semble qu'il joue un jeu dangereux. »

Il est bien difficile pour Anquetil de protester. Il est le nouveau de l'équipe, tout Maillot jaune qu'il soit et, sur le plan tactique, les explications de Marcel Bidot se tiennent : rapprocher Bauvin avant les Pyrénées (et demain François Mahé, peut-être) n'est pas une mauvaise opération. L'équipe de France est la seule qui soit encore complète. Elle a les moyens de « contrer » les concurrents dangereux, le moment venu. Il faut profiter de la force de l'ensemble pour obtenir une victoire écrasante.

Mais il y a autre chose de plus profond, de plus grave : il pense que le directeur technique de l'équipe de France n'a pas confiance en lui.

« Il pense, confie-t-il à son compagnon de chambre André Darrigade, que je vais "craquer" un jour. Sinon, pourquoi multiplierait-il les *leaders* de rechange ? Qu'est-ce qu'il me reproche ? D'avoir vingt-quatre ans ? De ne pas gagner le Tour à l'ancienneté ? De m'imposer d'un seul coup sans avoir fait patiemment mes classes ? Si je craque dans les Pyrénées, il pourra dire : *j'avais raison de me méfier.* Et pourtant ce sera bien à cause des efforts inutiles qu'il m'oblige à faire en ne me protégeant pas. Est-ce que c'est cela qu'il veut ? »

Non, ce n'est pas ça et Anquetil le sait bien. Il sait que Marcel Bidot est incapable d'un pareil calcul, d'un tel machiavélisme, lui, l'honnêteté personnifiée. S'il agit comme il le fait, c'est qu'il pense sincèrement qu'il a raison. Sa mission est d'amener un vainqueur au Parc des Princes. Pour lui, le nom importe peu. Seul compte l'appartenance à l'équipe de France. Il prend ses précautions : Anquetil, Forestier, Mahé, Bauvin, c'est bien le diable si l'une des cartes n'est pas gagnante.

Anquetil ne peut rien dire. Il ne peut que se réfugier dans le silence, feindre d'accepter les explications techniques et raisonnables de Marcel Bidot. Admettre ou faire semblant d'admettre que Bauvin et demain F. Mahé ont aussi le droit de se rapprocher au classement général, de participer à des échappées qui enrichissent la caisse commune lorsqu'un Tricolore gagne l'étape et que l'équipe s'adjuge le classement par équipe du jour. Il n'est que Jacques Anquetil, enfant prodige que son vieux maître grisonnant contemple, admiratif et circonspect, dépourvu devant ce phénomène cosmique : un champion à l'état pur.

Non, Jacques Anquetil ne frappera pas du poing sur la nappe blanche. Il s'assiéra bien gentiment devant son assiette avec le sourire qui est, ce soir, de commande sur toutes les lèvres.

D'un accord tacite, il ne s'est rien passé de particulier dans cette étape Marseille / Alès. Seulement, autour de la table disposée en T, les convives se sont groupés apparemment par hasard, en réalité selon une hiérarchie subtile. Anquetil préside avec Darrigade et Marcel Bidot à sa droite. Forestier est à sa gauche. Les autres sont au bout de la table. Bauvin, le plus près de Forestier.

Chaque jour, Anquetil a pris conscience de ses possibilités. Peu à peu, il s'est forgé une âme de porteur du Maillot jaune.

À Alès, il a pensé que la leçon infligée par les événements (le retour de Lorono dans les roues de Bauvin, de Darrigade et de Stablinski) suffirait à persuader Marcel Bidot de la nécessité de mettre toute l'équipe à son service exclusif. Il n'a rien osé dire.

Mais le lendemain, d'Alès à Perpignan, c'est François Mahé qui fit partie de la fugue comprenant notamment Hassenforder et Ruby et s'est hissé à la troisième place du classement. Et s'il y avait eu un coup dur pendant ce temps ?

Il a failli en avoir un. Le hasard des « bordures » (la tramontane soufflait) l'a relégué dans un deuxième peloton. Il en est sorti avec l'assistance de Darrigade et Privat et, pour bien montrer à Nencini, à Lorono et aux Belges qu'il ne les craignait pas, il s'est livré à une démonstration spectaculaire. Seul, il a pris deux cents mètres et pendant dix minutes a tenu tête à toute la meute lancée à ses trousses. Après quoi il s'est relevé juste comme Marcel Bidot se portait à sa hauteur pour lui interdire d'aussi aléatoires fantaisies.

Et voilà qu'à Barcelone rien n'est encore changé. Privat, Darrigade et Bauvin ont pris les trois premières places de l'étape… « Ca ne peut pas durer comme ça…

À table, le soir, alors que Marcel Bidot vient d'évoquer à nouveau la possibilité de placer trois hommes en tête au classement général, Anquetil, de sa voix posée, intervient :

– C'est très intéressant comme objectif. Seulement moi je veux gagner le Tour.

– Bien sûr, dit Bidot. Cela va de soi, Jacques.

Anquetil le dévisage. Il dévisage tous ses équipiers. Ceux dont il est sûr et ceux dont la fidélité lui apparaît douteuse. Il a cessé de sourire et martèle ses mots.

– Cela va de soi si tout le monde se met à mon service. Sans arrière-pensée. C'est bien de vouloir gagner sur tous les tableaux, seulement je vous préviens : si jamais je perds le Maillot jaune parce que vous m'aurez laissé me crever, seul, contre les Belges et les Italiens, je rentre à la maison immédiatement.

– C'est une plaisanterie, Jacques, dit Marcel Bidot en s'efforçant de rire pour masquer son embarras. Tu sais bien que personne ne songe à te tirer dans les pattes.

– Alors qu'on le prouve, dit Anquetil, résolu. Je veux un engagement formel de tous. Tout le monde à mon service. Je n'accepterai plus qu'on renouvelle le coup d'Alès, le coup de Perpignan ou le coup d'aujourd'hui, à Barcelone. Nous avons suffisamment gagné d'argent comme cela. Si vous n'avez pas envie de sacrifier un gain d'étape à la victoire finale, dites-le. »

Il y a un bref silence. On commence à bien connaître Jacques dans la formation Tricolore. Il ne parle pas souvent mais quand il le fait, les propos ont une réelle portée. On sait qu'il est homme à faire ce qu'il dit ; à mettre sa menace à exécution.

Tous les équipiers acquiescent en reconnaissant sa supériorité. Personne n'ose dire que, dans cette étape Alès / Perpignan, le *leader* du Tour s'est mis lui-même en péril. Avec sa manie de courir en queue de peloton, il n'a pas vu les coups partir. Tous les ténors, coalisés, se sont portés en tête et si Darrigade ne réagit pas, adieu Maillot jaune !

Désormais les regards sont tournés vers les Pyrénées. Quatre cols sont au programme de la 17ème étape Ax-les-Thermes / Saint-Gaudens.

La journée se révèle pénible. Anquetil fléchit dans l'insignifiant col des Ares et engloutit difficilement le terrible Portillon. Mais tous les équipiers se mettent au service de leur *leader* menacé. Celui-ci n'en revient pas. Qu'il ait eu un passage difficile, c'est normal. Il savait bien qu'il ne ferait pas le Tour sans connaître, à un moment donné, une certaine fatigue, mais il n'imaginait pas le réconfort de l'amitié à cet instant :

« Je ne savais pas que c'était cela une équipe ! C'est formidable. C'est sensationnel ! Vous avez tous été chics. Merci les gars. Merci André, merci Lily, merci Gilbert… »

Ce qui l'a le plus profondément touché, ce n'est pas le dévouement de Darrigade se laissant glisser de l'échappée pour « se mettre à plat ventre » jusqu'à usure de ses forces dans l'escalade du Portillon, quand il s'agissait de revenir sur Nencini, Lorono et Janssens. André est son ami et d'un ami, c'est normal. Le dévouement de Bergaud, sacrifiant des points précieux pour le challenge du meilleur grimpeur afin de l'assister dans les Ares et le Portillon est dans l'ordre des choses, lui aussi.

Mais Bauvin ! Bauvin jouant les « mère poule » ! Bauvin couvant Anquetil, Bauvin mettant toute l'expérience de ses huit Tours de France à sa disposition comme un trésor jeté dans la balance pour l'infléchir du bon côté !

Déjà, dans le Portet-d'Aspet, il s'est porté à sa hauteur dès qu'il a senti que la splendide mécanique en jaune s'essoufflait, que le moteur avait un passage à vide. Anquetil ne connaissait pas le truc de l'épaule fraternelle qui s'appuie sur votre propre épaule pour pousser sans en avoir l'air. Ils ont fait cent mètres ainsi ; les plus durs. Puis Bauvin, fatigué, s'est relevé pour reprendre haleine.

Après, il y a eu la montée des Ares. Bergaud était là pour donner la cadence, mais c'est encore Bauvin, revenu dans le groupe, qui a été le plus précieux. La fatigue s'est dissipée, Bergaud lui a donné un coup de main dans le Portillon. Anquetil ne s'est pas affolé quand Nencini et Lorono ont démarré. Devant lui, il y avait Planckaert victime d'un terrible « coup de buis », « cueilli » comme il aurait pu l'être sans l'abnégation de tous, sans l'abnégation de Bauvin. Le Belge l'a laissé passer sans réagir, sans même le voir et Anquetil a pensé : « Nencini aussi peut avoir son compte et Lorono.. ». Ça l'a ragaillardi. Et puis Darrigade a surgi, a *sprinté* deux kilomètres avec lui, Anquetil dans sa roue. Quand Darrigade s'est relevé, chaviré par l'intensité de l'effort, la partie était plus qu'à demi gagnée. Comme Bauvin l'avait prévu, Anquetil a rejoint dans la descente et ça s'est regroupé avant Saint-Gaudens.

Des difficultés sont encore à venir. Désormais se présente la grande étape des Pyrénées avec les cols du Soulor, de l'Aubisque et du Tourmalet. Au départ l'équipe de France présente un triste visage.

Jacques Anquetil regarde ses camarades au petit-déjeuner, à l'hôtel du Commerce, place du Foirail. Leurs visages présentent une pâleur inquiétante, une mine défaite par une nuit d'insomnie. Il a compté six malades qui ne parviennent pas à enrayer les effets d'une brutale grippe intestinale. Gilbert Bauvin est même tellement éprouvé qu'il tient à peine sur ses jambes.

Les craintes les plus vives planent sur l'équipe de France. De fait, Anquetil est seul dans la descente de l'Aubisque. Depuis longtemps, il a été abandonné par ses frères d'armes qui s'accrochaient encore, sans doute, désespérément au flanc de l'Aubisque. Sa puissante garde nationale, qui assurait jusqu'alors la police du peloton et sa propre sécurité, se trouve derrière, en pleine détresse.

Marcel Bidot se retourne, se penche, regarde au-dessous de lui les lacets où l'on distingue de minuscules taches de couleurs, comme autant de petits insectes sur l'échine colossale du Tourmalet. La tache verte de Forestier n'est pas là. Les taches bleu blanc rouge de Mahé et de Bauvin non plus. L'équipe de France disparaît dans la tourmente.

Le directeur technique sait bien que les difficultés des jours précédents sont la cause de tout. La descente du Puymorens dans l'orage glacé a marqué les organismes (et pas seulement ceux de l'équipe de France) et l'épopée du Portillon a porté le coup de grâce aux athlètes affaiblis par la dysenterie. Mais il sait aussi que l'inexpérience de Jacques Anquetil entraîne la déroute des siens. En voulant, coûte que coûte maintenir le contact avec Lorono et Adriaenssens, en s'efforçant, comme il le fait, de décramponner Janssens, le *leader* de la course précipite les Tricolores vers l'abîme.

Anquetil monte toujours dans son style si particulier de poursuiteur plus que d'escaladeur de cols. Près de lui, le régional Georges Gay, Jean Bobet et le dangereux Belge, Marcel Janssens. Georges Gay raconte :

« Dans l'équipe du Sud-Ouest, nous étions tous des mercenaires. Comme je n'étais pas mauvais grimpeur, je m'étais retrouvé avec les meilleurs dont Jacques Anquetil qui se trouvait esseulé. Jacques, attaqué de toutes parts par les Italiens et les Belges, ses plus dangereux rivaux, m'avait embauché en pleine bagarre. J'ai donc travaillé pour Jacques jusqu'au sommet pour lui permettre de limiter les dégâts. Ce jour-là est un très bon souvenir pour moi, car le Normand a tenu sa parole en me rétribuant royalement. J'ai gagné en une seule journée ce qui était mon mois en temps normal. Et, en plus, je termine deuxième de l'étape derrière Gastone Nencini. »

Ce maillot que portait le Normand sur les épaules lui avait été confié et il souffrait pour tous et pour la première fois peut-être dans le Tour.

La grosse vague de chaleur n'avait fait que l'effleurer, alors qu'elle avait abattu bien des vedettes dans ce Tour. Le Galibier, les

Alpes avaient été très aimables pour lui. Il avait pédalé avec une déconcertante facilité, tout lui avait souri : la foule, la vie et la victoire. Son Tour d'essai allait être un Tour de maître.

Et maintenant, il sentait confusément qu'il était à la merci d'une défaillance ou d'une chute dans l'un de ces virages diaboliques qui tournoyaient même dans sa tête. Il avait peur et il avait laissé échapper Marcel Janssens, c'est-à-dire peut-être le succès final. Il descendait vers Pau dans un véritable gouffre.

Il crut même être victime d'une hallucination après le village de Sévignacq, au kilomètre 183, à 24 kilomètres de l'arrivée. La route infernale allait soudain basculer et il vit surgir un nouveau col qui cette fois pouvait l'achever.

Le col n'était en réalité qu'une côte qui culminait à 468 mètres.

Bidot l'évoquera comme s'il s'agissait de l'élément majeur qui aurait pu faire basculer le destin d'Anquetil dans le Tour 1957 : « Jamais obstacle ne m'a fait plus peur, devait-il avouer. Jacques était livide, je voyais monter et grandir en lui la défaillance qui l'avait déjà pris à la gorge au sommet de l'Aubisque. Je pouvais tout redouter car il était au bord de l'effondrement. »

En 300 mètres, il pouvait perdre une bataille de 4 700 kilomètres.

Jacques, sur les conseils de son directeur sportif, qui se porta alors à sa hauteur, croqua un morceau de sucre. Ce n'était rien, un morceau de sucre. Et pourtant, c'était le petit réconfort qui eut un effet psychologique immédiat. Puisque Marcel lui disait… Puisque Marcel était là. Lui, devait savoir.

Jacques prit donc son morceau de sucre et Ribeiro Da Silva, le Portugais solitaire, qui voguait dans les parages, vint le relayer car il estimait que c'était son tour de mener. Ce fut la bouée de sauvetage ! Le naufrage était évité.

Anquetil allait remporter le Tour de France lors de sa première participation. Les augures décrétaient : « Déjà Napoléon pointait sous Bonaparte. »

37. BONJOUR À L'INCONNU

À la fin des années 1950, au temps des équipes nationales et régionales, un directeur sportif au parler truculent, à la patte folle, au visage en lame de couteau mais à l'expérience pratique, dirigeait l'équipe des Parisiens du Tour de France. Il s'appelait Jean Mazier. On le surnommait familièrement « Tonton Jean ». Nous avons évoqué sa personnalité quelques lignes plus haut. En 1957, il succéda à Julien Prunier à la tête de la formation de l'Île-de-France qui, en 1958, devint l'équipe Paris-Nord-Est.

Cette année-là, après de nombreuses observations sur le déroulement de la saison, il décida de sélectionner, au départ du Tour de France, des routiers aguerris et d'autres remplis de promesses : Jean-Claude Annaert, Édouard Delberghe, André Dupré, Jean Dacquay, Raymond Hoorelbecke, Stanislas Bober, Maurice Moucheraud, le vétéran Maurice Quentin, Serge David, Nicolas Barone, Claude Barmier et un total inconnu répondant au patronyme de Fernand Lamy.

« Qui est ce Lamy ? » demanda, la lippe légèrement moqueuse, Jacques Goddet à Jean Mazier, dès la publication de la première liste des sélectionnés. Les chroniqueurs se mirent à l'ouvrage et très vite apprirent que Fernand Lamy, né le 4 novembre 1931 à Meaux, n'était pas professionnel mais appartenait à la catégorie des « indépendants », qu'il se classait chaque dimanche à l'honneur chez les amateurs et indépendants : 2ème de Paris / Pacy-sur-

Eure, 2ème de Paris / Auxerre, 3ème de Paris / Conches, 4ème du Tour de Normandie (en cinq étapes)… Était-ce suffisant pour mériter une sélection dans une épreuve aussi exigeante que le Tour de France ?

« A-t-il remporté des courses ? poursuivait, intrigué, Jacques Goddet.

– Aucune ! répliqua "Tonton Jean".

– Alors, mon cher Jean, continua le directeur du Tour, je ne comprends pas pourquoi vous y tenez tant. Vous ne préférez pas X ou Y qui possèdent des références plus solides ?

Mais Mazier n'avait pas fini de surprendre.

– Je peux les prendre, révéla-t-il, avec des accents belliqueux, si vous me l'ordonnez, monsieur Jacques, et je peux aussi former l'équipe des bizarres… Seulement, il n'y a pas, parmi les gens que vous me proposez, un homme capable de terminer dans les dix premiers. Alors je préfère les inédits.

– Mais enfin, mon vieux Jean, révélez-nous davantage d'informations sur ce jeune homme !

– C'est un garçon endurant et consciencieux, qui n'a pas la tête enflée et qui écoute. Ce n'est déjà pas si mal. Et j'ai au moins la certitude qu'il marche à l'eau minérale. Si vous voulez en savoir plus, son père Kléber est propriétaire d'un garage rue Alexandre-Parodi, dans le XXe arrondissement de Paris ! »

Le sort en était jeté. On vit alors débarquer à Bruxelles, à la permanence du départ du Tour de France, tout près de l'Atomium, un personnage qui ressemblait fort à un paperassier de sous-préfecture, aux yeux myopes agrandis par de petites lunettes toutes rondes, et à la calvitie précoce. Certains auraient même pu imaginer dans son altitude altière, voire austère, une fonction de *clergyman*.

Le docteur Dumas, qui le vit arriver lors de la traditionnelle visite médicale des concurrents, se demanda si on n'était pas en train de lui faire une farce. En manière de certitude, il se permit de l'ausculter deux fois en annonçant : « 1 mètre 66, 61 kilos ». Personne ne pouvait penser qu'un tel personnage entrait dans le cénacle très restreint et réservé des coureurs du Tour.

Même au sein de sa formation, il fut l'objet d'un certain

ostracisme. Personne ne voulait partager la chambre avec lui. Jean-Claude Annaert et Nicolas Barone semblaient les plus redoutables opposants. Qu'importe. Il resterait seul, se reposerait mieux.

Durant les premières étapes, il observa ses adversaires au sein du peloton. Le deuxième jour, entre Gand et Dunkerque, fut difficile. Il n'avait pas eu le temps de se ravitailler et se retrouva à l'arrière avec Bahamontès, qui souffrait de problèmes gastriques, et quelques-uns de ses équipiers qui l'avaient attendu. Lamy, personne ne l'avait attendu. Il pouvait bien rentrer, de toute façon, avec ces Espagnols de l'armée en déroute, tels Carmelo Moralès ou encore Francisco Moreno. Au sein de sa formation, on le voyait déjà faisant sa valise. Ses équipiers n'auraient trouvé là rien que de très normal. Ce soir-là, il avait peur, peur du lendemain, peur de s'asseoir à table avec ses coéquipiers dans cette salle de restaurant du grand hôtel de La Plage, à Bray-Dunes. Mazier le rassura. « Demain lui dit-il, en confidence, tu ne quittes pas la roue de Maurice Quentin ! » Maurice était le vétéran de l'équipe et se nourrissait d'une solide expérience. Lamy se le tint pour dit.

Le lendemain (troisième jour), dans l'étape Dunkerque / Eu-Le-Tréport, il sentit l'orage. Le peloton, nerveux, n'allait pas tarder à éclater. Pratiquement dès le départ, il vit partir une échappée, jaillit du peloton et parvint à l'intégrer. Elle comprenait l'Italien Vito Favero, qui allait terminer deuxième de ce Tour, le Hollandais Wim Van Est, les Tricolores Gilbert Bauvin et Jean Stablinski ainsi que son coéquipier Jean-Claude Annaert, l'un de ceux qui s'étaient opposés, à l'origine, à sa sélection. Et l'échappée devait aller jusqu'à son terme. Lamy étonnait. Il ne rechignait pas à prendre de longs relais comme ses camarades, affichant par là une expérience de briscard confirmé acquise dans les pelotons des Indépendants blanchis sous le harnais.

L'inconnu de Meaux se classa 6ème de l'étape. Jean Mazier, qui avait suivi sa chevauchée, impérial dans son véhicule, exultait. Son coureur venait d'effacer quelques semaines d'infamie. Il connaissait une notoriété soudaine. Les photographes se précipitèrent dans sa chambre qui faisait face aux falaises du Tréport. Une photo par-ci, une photo par-là. Jean-Claude Annaert fut sollicité et accepta (enfin) de poser avec lui à l'entrée de sa chambre de l'hôtel de Calais, au Tréport, dont la vue donnait sur les falaises.

Mais son coup d'éclat n'était pas sans susciter quelques jalousies larvées parmi ses équipiers. Il était de plus le protégé du « patron ». Il est vrai qu'il ne s'intégrait pas vraiment au sein de ces coureurs déjà aguerris. Comment l'aurait-il pu puisqu'il sentait un rideau de défiance s'installer autour de lui. Et il hésitait, par exemple, à attendre l'un des siens, victime d'une crevaison. On se liguait alors contre lui en disant : « Dès qu'il devra s'arrêter un jour pour changer de boyau, personne ne l'attendra. » Mais les dieux étaient avec lui : jamais il ne fut victime d'une perçure de boyau !

Il poursuivit dont son chemin, prenant de l'assurance au fil des étapes. Dans la 11ème, Royan / Bordeaux, il se glissa encore dans l'échappée finale et, lui qui n'avait jamais vu un col de sa vie, il passa honorablement les Pyrénées et les Alpes. Les journalistes s'étonnaient de le trouver en aussi belle compagnie et, quand il le pouvait, à la pointe du combat. Il terminait par exemple à la 25ème place de l'étape contre-la-montre du mont Ventoux. Ce qui n'était pas si mal. Il répondait en plaisantant : « Toujours là et même pas las ! ».

Il termina ce Tour à la 48ème place. Une semaine après l'arrivée, il fut même sélectionné pour participer sur piste, au Parc des Princes, à l'individuelle du Tour de France. Stupeur : il remporta la course avec un tour d'avance sur André Darrigade et les autres ! Le public du Parc lui réserva une ovation fantastique en applaudissant à tout rompre. « Lamy du Tour » était enfin devenu « Lamy du Peuple ».

Après le Tour de France, il reçut plusieurs offres de participation à des critériums. C'était la rançon de la gloire. Il accomplit ainsi un autre tour de France.

Un jour qu'il venait d'arborer sa tenue de coureur, dans un hôtel de Treignac, en Corrèze, il rencontra une jolie serveuse, qui remarqua l'élégant jeune homme. Tous deux s'aimèrent et se marièrent. Fernand courut encore une année, mais se sentit soudain un peu seul dans cette horde qui allait de plus en plus vite et où il sentait une atmosphère délétère. Il avait vécu au Tour une belle aventure et pensa qu'il ne pourrait en connaître une seconde. Il raccrocha son vélo Peugeot au clou et s'installa avec son épouse sur les pentes du col du Tanneron, qui domine Mandelieu, au milieu des mimosas. En 1960, il devint expert automobile auprès d'une compagnie d'assurances. C'est là que je le rencontrai, au début des années 1980 : je passai avec lui et son épouse quelques belles heures et lui consacrai un reportage dans la série d'émission intitulée « Ces gens du Tour » que je diffusais chaque jour durant le Tour de France. Il fut heureux de me faire faire le tour du propriétaire et m'accompagna à Golfe-Juan afin de me montrer son joli bateau de plaisance.

Il décédait, hélas, courant juin 2003, à Cannes, à l'âge de 72 ans.

38. LA MÉSAVENTURE DE BARMIER

L'histoire de Fernand Lamy, sur le Tour 1958, se double d'une autre aventure, plus dramatique celle-là.

Avec Fernand, Jean Mazier sélectionna dans l'équipe Paris-Nord-Est, un coureur du nom de Claude Barmier. Ce n'était pas un grand, ni même totalement un inconnu, comme Lamy, mais il disparut sans gloire, mais non sans mérite, à un endroit qui aurait dû sentir la poudre et qui s'appelait Ivry-la-Bataille, dans le département de l'Eure.

C'était un banlieusard parisien de 25 ans qui avait vu le jour à Sartrouville. Chez les amateurs, il avait conquis quelques beaux succès notamment dans Paris-Orléans, Paris-Verneuil, Paris-Pacy-sur-Eure. Il fut même champion de France des sociétés avec le Vélo-club de Courbevoie-Asnières. Il se comportait également fort bien sur la piste.

Il était passé professionnel, en 1956, au sein des cycles Rochet. Hélas, il connut un grave accident dans Paris-Bruxelles et éprouva bien des difficultés à retrouver, par la suite, la grande forme. L'année suivante, au sein du groupe Royal-Fabric, il ne put confirmer les espoirs qu'il avait fait naître et n'inscrivit qu'une petite victoire à son tableau d'honneur, au grand prix de Saint-Junien. Ce n'était pas suffisant.

En 1958, aucun groupe sportif ne souhaita l'engager. Mais Jean Mazier veillait. Grande fut cependant la surprise lorsque ce dernier annonça qu'il le retenait pour le Tour de France. Les critiques se mirent à pleuvoir sur le directeur technique de l'équipe Paris-Nord-Est déjà passablement chahuté après la sélection de Lamy. Le gentil Claude ne présentait cette saison-là qu'une modeste 8ème place au Tour de l'Oise.

Mazier prit toutes les critiques avec hauteur, voire avec dédain, et répondit qu'il connaissait son métier, que Barmier ferait un bon Tour de France et qu'il s'y préparait depuis plusieurs mois sur ses conseils.

Effectivement, Barmier, du départ de la première étape, à Bruxelles, à la 4ème étape qui s'achevait à Versailles, participa au travail commun (qui n'était pas mince étant donné les malheurs de l'équipe) sinon brillamment, du moins sans rechigner. Et le dimanche 29 juin lorsqu'il franchit la ligne dans la cité du Roi-Soleil, à quelques tours de roues de chez lui, tout le monde se réjouissait, même ceux qui avaient critiqué sa sélection, comme on s'était réjoui du bon comportement de Fernand Lamy.

Mais le lendemain, au départ de la 5ème étape Versailles / Caen (232 kilomètres), il se sentit les jambes un peu lourdes. Cela arrivait à d'autres et il n'y avait pas de quoi s'alarmer.

L'étape partit sur les chapeaux de roue. À l'avant les vedettes avaient décidé de se neutraliser. Tout allait vite, trop vite. Les choses commençaient mal pour Barmier, qui fut bientôt victime d'une crevaison. Le temps de changer de roue, il n'y avait pas péril en la demeure. N'empêche qu'il aurait eu un peu de mal à revenir sans l'aide de quelques-uns de ses équipiers. Ces derniers n'avaient pas discuté pour l'attendre car Claude, nous l'avons dit, s'était montré équipier dévoué.

Hélas, trois fois hélas ! Le mécanicien n'avait pas bien serré la roue et celle-ci se décentrait. À Ivry-la-Bataille, au 60ème kilomètre, le peloton défilait dans cette petite ville décorée à profusion pour le passage du Tour. Tout à fait à la fin, juste devant les voitures, un homme jura soudain et sauta à terre : c'était Barmier. Arrêté au milieu de la chaussée, évité de justesse par les suiveurs, il resserra sa roue et repartit en quelques secondes. Il se trouvait au milieu des dernières voitures.

En principe un coureur dans le sillage des voitures n'est pas lâché. Il profite de l'important tourbillon causé par les véhicules et peut remonter tranquillement la caravane sous l'œil noir des commissaires qui ne peuvent sanctionner cette entorse involontaire au règlement. Mais dans le cas de Barmier, il se produisit ce qui arrive souvent à la sortie d'une ville : la route se rétrécit dans l'agglomération et si les coureurs n'ont aucune peine à passer, les voitures doivent ralentir, et souvent se mettre en file indienne. À la sortie de la ville, elles reprennent l'ordre qu'elles occupaient primitivement, en accélérant considérablement. C'est ce qui provoqua la perte du coureur parisien.

Il était à hauteur des dernières voitures, à la sortie d'Ivry-la-Bataille. L'accélération du peloton se produisit alors. Les compteurs des voitures firent un bond : 40 puis 45 km/h. En trois cents mètres Barmier se retrouva seul sur la route. Pas tout à fait. Il était suivi de l'ambulance et de la voiture-balai, ce sinistre véhicule qui guette, de son œil vert clignotant, le pauvre coureur attardé, comme le coupe-jarret au coin d'un bois.

Barmier ne se faisait pas encore de souci même si une morne plaine se déroulait sous ses roues entre les villages de Couture-Boussey, Mousseaux, Saint-André-de-l'Eure, les Authieux, Bailleul. Il savait que ses équipiers allaient l'attendre et revenir.

Effectivement, on vit bientôt décrocher du peloton, un deux trois maillots violets, puis deux autres. Cinq équipiers attendaient Barmier : l'affaire était dans le sac. La vérité oblige à dire que Claude « ne faisait pas l'avion ». Visiblement il n'était pas en bonne condition, ce matin-là. Mais enfin, il revenait doucement sur ses cinq camarades. Et même lorsqu'il les aperçut, enfin, lui-même, il se dressa sur les pédales et changea de rythme.

C'est alors que se produisit l'incroyable, devant ses yeux et ceux de quelques suiveurs. La voiture de son directeur technique, décrocha elle aussi du peloton. Elle s'approcha des cinq équipiers qui attendaient, se retournant sans cesse. Barmier vit Mazier parler à Maurice Quentin, capitaine de route de l'équipe. Il en conçut sans doute de la reconnaissance à celui qui l'avait sélectionné et qui, par conséquent, tenait à ne pas le perdre sans une dernière tentative. Il s'attendait même, sans doute, à voir Mazier venir vers lui et l'encourager. Non, cette fois il se trompait :

Mazier retournait vers le peloton. Après tout, on n'avait pas besoin de lui. Mais, derrières ses lunettes noires, Barmier se demanda soudain s'il rêvait : devant lui, ses coéquipiers, à cent cinquante mètres, deux cents peut-être, courbaient à nouveau l'échine : ils roulaient… Ils l'abandonnaient.

Maurice Vidal, directeur de *Miroir-Sprint*, dans sa rubrique « Les Compagnons du Tour », assista à la scène. Il lui consacre un chapitre dans le numéro du 3 juillet 1958 :

« Je peux témoigner de ce qu'a ressenti Claude Barmier sur la route de Caen, à une petite centaine de kilomètres de son village. Affronter sa détresse était pénible.

Il n'en croyait pas encore ses yeux.

– Ce n'est pas vrai ? Ils ne me laissent pas tomber ? Ah ! les V… Moi, je les ai attendus chaque fois que l'un d'entre eux crevait. »

« Je ne trouvais rien à répondre, écrira encore Maurice Vidal. Rien, aucun mot ne pouvait faire que Barmier ne soit perdu définitivement, qu'il ne subisse les sarcasmes, qu'il ne rentre chez lui en vaincu comme, hélas, chacun l'avait prévu. Car il restait cent quatre-vingts kilomètres de course.

– Je suis foutu, maintenant, tout seul dans cette plaine…Quels sont les délais d'élimination ?

J'en ajoutai un peu :

– Plus de trente minutes. »

Il secouait la tête. Il appuyait plus fort sur les pédales par inter-mittence. Je crois bien que les idées n'étaient plus en place…

L'homme demeura seul sur la mer… C'est une phrase de roman d'aventures. Barmier saura, maintenant, qu'elle a un sens.

Plus tard, Claude est monté dans la voiture fantôme. Il a vu que, si le feu qu'elle porte à l'avant est vert, il est rouge à l'arrière. Devant cette voiture, la route est libre. Derrière, la porte se referme sur l'enfer. C'est la défaite. Ici, on appelle cela l'abandon. Sans préciser si l'abandon est le fait des autres. »

C'était à Damville, dans l'Eure, au kilomètre 90, à environ cent kilomètres de l'arrivée de l'étape. Le soir, dans sa chambre de l'hôtel de France, à Caen, Claude Barmier pleura…

39. LE MONUMENT DE LA MALCHANCE

En 1958, le jour de l'étape Gap / Briançon, un paysan était descendu de sa montagne pour voir passer le Tour de France à Sainte-Marie-de-Vars. Il se prénommait Francis. Un solide paysan au visage rougeaud dont l'épiderme craquelé attestait d'un rude labeur et d'une exposition répétée aux ardents rayons du soleil. Il avait posé, sans hâte, sur le talus, sa vieille bécane et était venu mêler son accent rocailleux à celui des gens de la caravane dont certains s'étaient arrêtés sur le bord de la route pour se restaurer. Tout ce petit monde était reparti. Le Tour de France arrivait en dévalant à plus de 80 kilomètres à l'heure.

Il y eut soudain un grand bruit. Le coureur François Mahé, dont la valeur n'était plus à prouver, dévalait à fond dans les virelets. Francis s'était trop approché de la chaussée. Le coureur de l'équipe de France ne put l'éviter. La course, pour les deux hommes, s'acheva dans un bain de sang. Dans un état comateux profond, le paysan oscillait entre la vie et la mort. Mahé quant à lui, recouvrant bientôt vie et force, s'inquiéta de savoir ce qu'était devenu le spectateur qu'il avait renversé. On lui répondit, sans ménagements, que celui-ci était mort. Le coureur breton souffrit et se mura alors dans le silence durant quelques minutes d'éternité.

Certes, le temps efface les plus grandes douleurs mais François pensait toujours à Francis.

En 1982, la station de Vars organisa une grande fête afin d'honorer d'anciens champions. J'étais également invité avec quelques confrères. François Mahé était également présent, en compagnie de Yolande, son épouse. Comme pour se libérer d'un fardeau, il ne put s'empêcher de livrer ce qu'il pensait être une révélation :

« Ici, j'ai tué un homme dans le Tour de France.

Là, un miracle se produisit : le maire de la localité, doucement, plaçant la main sur son épaule, le reprit :

– Non, M. Mahé, cet homme n'est pas mort. Il est bien vivant près du hameau de Sainte-Marie. Il s'en est tiré ! »

Le visage de l'ex-coureur Tricolore passa par toutes les couleurs de l'arc-en-ciel. Il ressentit soudain comme un immense bonheur qui lui descendit jusqu'aux entrailles. C'est presque une autre vie qui s'offrait à lui et, alors qu'il se remettait de toutes ces turbulences, en s'exprimant par quelques onomatopées, des gens du pays étaient allé chercher le vieux, un vieux d'hier qui ne semblait pas plus vieux aujourd'hui, car la nature l'avait gardé comme elle l'avait fait.

Instant d'émotion où les cœurs se serrent. François ne parle pas. Francis bredouille un charabia cascadant. Mais que dit-il donc ? Est-il content de s'en être tiré ? Est-il heureux de vivre ? Rien de tout cela. Il parvient simplement à articuler :

« Quand je suis tombé, monsieur, j'avais un sac, un bon sac, il y avait deux lanières, comme ça (il esquissait le geste) et des poches tout autour. C'était bien pour mettre mon briquet et mes pierres (lisez pierres à briquet). C'est Guitte qui me l'avait offert et il était bien pratique. Je ne l'ai jamais retrouvé ! »

Mahé n'en revient pas. Cet homme qui avait frôlé la mort ne se souvenait que d'une chose : un sac tyrolien envolé un jour de juillet dans la descente d'un col poussiéreux. Il fallait faire quelque chose. Avec son épouse, il se mit alors en quête d'un sac répondant, de près ou de loin aux caractéristiques précitées. Tous deux sillonnèrent la vallée de l'Ubaye et trouvèrent enfin un produit approchant l'original. Puis, le maire organisa un autre cocktail à l'hôtel-restaurant des Escondus, aux fins d'une remise solennelle. Francis retourna l'objet sous toutes les coutures, nota que « ça n'était pas tout à fait le même, mais enfin… »

Quelle histoire ! Il aurait fallu attribuer à François Mahé, le prix de la Malchance à perpétuité. C'était un coureur de grande classe, poursuivi en effet par l'adversité, mais qui allait toujours jusqu'au bout de la souffrance.

Je ne le revois plus très souvent, hélas, car la distance nous sépare. Ses yeux bleus n'ont jamais perdu de leur éclat, émaillant un visage chargé de douceur, auréolé d'une sorte de rêve qui n'en finit plus et vient tout droit du golfe du Morbihan d'où il est originaire.

Il arrive encore qu'on parle de lui dans les maisons bretonnes. Pour chaque Armoricain de souche, le Morbihannais n'a pas réalisé la grande carrière qui lui était prédite. Discret jusqu'à la timidité, malchanceux jusqu'à la défaite, son palmarès est jalonné de places d'honneur que l'on oublie trop vite, d'exploits que l'on enterre trop aisément.

Se souvient-on, par exemple, qu'il a porté le Maillot jaune du Tour de France, en 1953 ? Robic était *leader* et, le lendemain, dans l'étape Luchon / Albi, au profit d'une longue échappée, Mahé s'emparait de la précieuse tunique pour la passer le jour suivant à son équipier Jean Malléjac. C'était le temps où le supporter breton ne vivait que pour « son » équipe de l'Ouest, dirigée par le Finistérien Léon Le Calvez. Époque idyllique qui en amena une autre lorsque Français se trouva, un jour, serré contre Yolande qui n'était autre que la fille de… Léon Le Calvez. Ils ne parlèrent pas cyclisme mais voitures de sport. François en possédait une. Un luxe qu'il avait rêvé de s'offrir aux temps déjà lointains où il ramenait ses premiers bouquets à Trévière-Arradon où il était né, le 2 septembre 1930. Billo, Ploeren, Sainte-Anne-d'Auray, Elven, Bubry, furent ses succès initiaux avec le championnat de Bretagne.

Dans les rangs professionnels, il apparut aussitôt que ce grand gaillard au sourire timide, presque farouche, possédait des qualités qui ne demandaient qu'à s'épanouir. Après deux Tours de France au sein de la formation de l'Ouest, le directeur technique Marcel Bidot, le retenait aux côtés de Louison Bobet dans l'équipe de France. Il ne la quittera pratiquement plus, terminant notamment 5ème, en 1959, alors qu'il était revenu dans l'équipe de l'Ouest, et remportant la demi-étape Besançon / Épinal, en 1954.

Il ne compta jamais parmi les *sprinters* ; peut-être pécha-t-il par manque de conviction, ce qui vaut à son palmarès d'innombrables places d'honneur : 2ème du Tour des Flandres, du Midi-Libre, du Tour du Maroc, de Paris / Nice, de Bordeaux / Paris à trois reprises.

J'ai gardé une deuxième place pour la fin : celle du Tour d'Espagne. Il avait course gagnée lorsqu'à l'avant-dernière étape, il chuta lourdement sur la chaussée après que son vélo se soit encastré dans les rails d'une voie de tramway. Il pouvait espérer la victoire malgré la faiblesse avérée de ses coéquipiers regroupés dans une formation hybride nommé l'AFCAS (Association française des constructeurs et associés sportifs). Blessé au visage, respirant difficilement, les adversaires en profitèrent et la victoire finale revint à l'Espagnol Angelino Soler pour quelques misérables secondes. C'était le drame de François Mahé, drame d'un coureur hautement valeureux qui n'avait pas su gagner une épreuve digne de lui. Éternel placé, il se trouvait toujours à l'honneur mais jamais au pinacle. Sur un podium, il figurerait toujours mais n'aurait droit qu'à la marche inférieure.

Un mélange de douceur apparente et de volonté farouche sur un corps d'athlète qui se mouvait tout en longueur sur une bicyclette.

En 1965, lorsqu'il décida de se retirer, il le fit sans forfanterie comme un bon, fidèle et honnête serviteur. Sous la cendre de ses courses couvaient toujours quelques regrets, on le comprend. Ils l'accompagnaient jusqu'à la petite chaumière de Chennevières-sur-Marne. Lorsqu'il racontait à ses enfants, et un peu plus tard à ses petits-enfants, les épreuves que la malchance lui avait fait perdre, ses yeux devenaient, paradoxalement, encore plus bleus et plus purs. Il avait puisé dans les milieux cyclistes la science qui allait présider aux destinées de la société de transports Le Calvez-Mahé. Une équipe qui n'en finissait pas de rouler dans la « course à l'américaine » (épreuve qui se dispute à deux coureurs) la plus longue de sa vie.

Et à Bonneuil, là où la Marne dessine une boucle, Léon Le Calvez était là pour rappeler à son gendre que si le Tour de France n'apporte pas toujours gloire et fortune, il apporte parfois une chaumière et un cœur.

J'ai passé de belles heures dans la chaumière de Chennevières entre Yolande et François et avec les enfants Florence et Yvan. Léon Le Calvez, rigolard et un brin paillard, venait se joindre avec son épouse que nous appelions « Mamie » qui était la bonté divine et la classe feutrée naturelle. Je me sentais, chez eux, comme le fils de la maison et je les ai souvent accompagnés dans leur résidence secondaire, à Villerville, en bordure de mer, sur les hauteurs de Trouville-Deauville. Avec Yolande, belle et blonde, l'essentiel de François était resté intact : timidité, sagesse, affabilité faisaient de lui, dans les pelotons, un adversaire qui n'avait pas d'ennemis, un coureur qui n'avait pas d'histoires. Dans le fond, c'était un vrai père tranquille. Et tant qu'il allait pouvoir s'offrir un chien et un fusil, il ne se plaindrait jamais. Parce qu'à la chasse, il devenait peut-être le meilleur. Une petite revanche sur le sort, en somme...

40. LE CHIEN JAUNE

Les concurrents du Tour se méfient toujours des étapes auvergnates, piégeuses à souhait. Le Tour de France y a connu de très belles heures et de purs grimpeurs, tel Bahamontès, ne manquèrent pas de s'y mettre en évidence, en 1959 par exemple. Ce fut le cas de l'étape d'Aurillac où le Tour s'arrête encore de temps en temps.

Le chef-lieu du Cantal enregistra, cette année-là, une bien touchante histoire. Le peloton venait d'Albi après maintes éructations au fil des monts auvergnats, sur des routes cabossées qui ressemblaient à une sorte de mauvais matelas promis à quelque sommeil illicite. Aurillac adoubait, à l'arrivée, un bouledogue flamand, du nom de Jos Hoevenaers, qui venait s'incliner gravement devant le Maillot jaune qu'il ne tardait pas à endosser. Un bon coureur, ce brave Flandrien de 26 ans et demi, né à Anvers, et que rien ne rebutait. Il était déjà un palmarès prestigieux mais sa discrétion était telle qu'on en arrivait à l'oublier. N'avait-il pas remporté la Flèche wallonne, Rome / Naples / Rome... ?
En 1958, à Dunkerque, il avait déjà connu la joie de revêtir le maillot de lumière. En 1960, il portera durant dix jours le Maillot rose de *leader* du Tour d'Italie.

À lui, à nouveau, l'allégresse mais aussi, désormais, les risques et les tourments. Il savait que d'autres, plus habiles, plus machiavéliques, lui raviraient l'emblème très vite, d'autant que le destin s'y mettait aussi en l'obligeant à passer la nuit à l'hôtel… Terminus.

Le placide Jos ne changea rien à ses habitudes et se mura dans le mutisme qui l'habitait en permanence. Il n'eut même pas un sourire de contentement supplémentaire lorsqu'on lui attribua une chambre individuelle, privilège réservé au *leader* du Tour par son directeur sportif, Jean Aerts, ancien champion du monde. Le Maillot jaune ne bouleverserait pas sa vie et, seul dans sa chambre, il restait égal à lui-même. Il se retira donc, laissant la porte légèrement entrebâillée, comme il le faisait toujours.

Dans la nuit suffocante du chef-lieu cantalou, un visiteur se présenta, discrètement, de manière féline et feutrée. Les ténèbres s'appesantissaient sur le nouveau *leader* du Tour sans que celui-ci connaisse le moindre hoquet d'angoisse. Au petit matin seulement, le Flamand, qui s'apprêtait à toucher son trophée pour se rendre compte qu'il lui appartenait encore perçut un ronflement inhabituel. Sur l'autre lit, vide, tout près du sien, un vieux cocker à poil jaune s'était lové dans le Maillot jaune… pour y trouver la plénitude. Il faut croire que les lainiers du Nord avaient consciencieusement filé l'étoffe soyeuse car la bête dormait toujours.

Intrigué, Jos la réveilla et soudain, alors qu'il l'observait, prêt à lui apporter quelque caresse, il resta frappé de stupeur. Le cocker, aveugle, levait vers lui ses yeux aux couleurs de craie, semblant mendier quelques secondes supplémentaires de bonheur. L'Anversois laissa alors le vieux chien se rendormir et descendit rejoindre ses camarades au petit-déjeuner, évitant d'ailleurs de conter son aventure pour ne pas disperser ses forces en babillements inutiles. À son retour, songeur, il dut se résoudre à remettre le canidé à la porte par laquelle il avait effrontément pénétré. Ce fut alors comme si la magie du Maillot jaune avait opéré : l'animal avançait droit vers la lumière. Antoine Blondin avait écrit un article, en son temps, intitulé « Les animaux malades de la veste ». Il ne pensait pas si bien dire. En tout cas, ce petit chien avait bien montré qu'il existait encore des bêtes « mordues » de cyclisme et qu'à les respecter, Hoevenaers n'aurait pas un mal de chien à conserver sa tunique. Henry Anglade, vainqueur la veille, sur le petit vélodrome d'Aurillac, ne lui avait-il pas dit que ce Maillot jaune lui allait… au poil ? Hoevenaers-le-Flamand n'avait pas compris le jeu de mot. Il manifestait la plus grande indifférence à la langue de Molière.

41. LES AIGLES À DEUX FACES

Il voulait aller jusqu'au bout de ce Tour de France 1959. À 34 ans et demi, il avait déjà neuf Tours dans sa besace. Il éprouvait le besoin de demander un peu plus à son organisme fatigué. Les étapes des Cévennes, puis les Alpes, avaient contribué à le terrasser. Il s'appelait Louison Bobet et on ne l'arrêterait pas ainsi.

Et pourtant : Louison s'était effondré sur son lit, les bras en croix, pareil à un boxeur k.o. Il n'avait plus la force de remuer un membre, d'aller prendre son bain. Il avait dépouillé sa casaque tricolore, son maillot de corps trempé de sueur, son cuissard, ses socquettes et il était là, nu et glabre comme un mort qui appelle le linceul.

La fatigue suintait de ses muscles comme une vapeur. Il ne pensait à rien. Paradoxalement, il était trop épuisé pour dormir et pourtant, comme il aurait aimé sentir le sommeil venir sous les paupières closes et lourdes ! Il s'était souvent retrouvé dans cette situation, même en pleine gloire, alors qu'il avait tout donné. Il se souvenait de sa victoire d'étape à Avignon, en 1955, quand il avait vaincu le Ventoux. Jean l'avait retrouvé dans sa chambre, portant toujours ses chaussures. Il était sur le ventre et n'en pouvait plus…

Le bain ! Il devait satisfaire au bain. Il se sentirait mieux après. Cela faisait partie du métier, le bain, avec le massage, avec les soins… Il fallait faire son métier jusqu'au bout, mais à quoi cela servait-il de faire son métier ? Il se posait la question mais son professionnalisme répondait pour lui. Il devait poursuivre son sacerdoce. Il avait encore en mémoire, cette terrible étape Albi / Aurillac, quelques jours plus tôt. Il avait déboursé une minute dans la descente de Polissal et il l'avait payé d'une terrible défaillance dans la montée du col de Montsalvy.

« Une folie, avaient écrit les journaux. Pourquoi une folie ? N'était-ce ainsi qu'il avait gagné tous ces Tours de France, d'un coup de force, alors que son intégrité physique était défaillante avec ses éternels furoncles ? »

Une folie, ils avaient raison puisque aujourd'hui, sur le coup de fusil tiré pour essayer de prendre encore quelques minutes à Gaul, il s'était retrouvé à l'arrière, dans un peloton anonyme, à peine capable de tenir les roues, la tête bourdonnante et vide, la gorge sèche, les jambes douloureuses, avec, autour de lui, cette sourde rumeur apitoyée qui emplissait sa cervelle : « Bobet, c'est Bobet ! ».

Fugitive, répercutée en écho, une autre clameur, joyeuse, celle-là, la clameur de la vallée de Chevreuse venait se juxtaposer : « Bobet, c'est Bobet ! »

C'était il y a peu de temps encore dans le célèbre Bordeaux-Paris. Il en retenait toujours une belle satisfaction mais versait aussitôt dans le pessimisme. « Je crois que cette Classique m'a tout de même rectifié ».

Il s'accrochait de toutes ses forces à cette explication. Touchait-il à la vérité ou le Bordeaux-Paris triomphal de mai justifiait-il l'Auvergne misérable de juillet.

Le Tour de France allait le détromper. Il avait pourtant paru à l'aise lors de la réunion de Poigny-la-Forêt qui avait réuni avant le départ les parties en présence, voire en partance : Anquetil, Rivière, Gémininani, Bobet. Ils avaient discuté et discuté. Marcel Bidot restait l'arbitre. L'était-il vraiment ? Marcel sentait cruellement qu'il n'était plus maître du jeu. Chacun faisait sa petit cuisine. Comment une telle union pouvait-elle appeler le succès ? Anquetil et Rivière ne pouvaient se mettre d'accord. Bobet et Géminiani n'espéraient plus jouer dans la cour des Grands. Le machiavélique Géminiani, sans le dire, souhaitait de toute façon jouer la carte de son protégé Rivière. Cela ne trompait personne…

Anquetil, vainqueur du Tour ? Rivière, vainqueur du Tour ? Personne ne jouerait le jeu de l'équipier. Personne n'admettrait la supériorité de l'autre.

Louison n'osait l'avouer, voulait encore jouer un rôle, mais au fond de lui-même il savait que la cause était perdue. Il n'avait cependant pas l'impression de faire le combat de trop. L'union sacrée n'était qu'illusion.

Pendant ce temps, dans l'équipe du Centre-Midi, le champion de France fraîchement couronné fourbissait ses armes. Il venait de terminer 2ème du Tour de Suisse, avait gagné le Critérium du *Dauphiné libéré*… Il n'avait pas été sélectionné en équipe de France. On le craignait trop. Alors, il fourbissait ses armes.

Dans les Alpes, Bobet était hors de combat. Géminiani aussi. Anquetil et Rivière s'observait. La victoire finale ? Peut-être. Pire. Il fallait que l'un termine avant l'autre et l'honneur, pour eux serait sauf. C'était bien triste. Louison ne voulait pas comprendre. Il était hors du coup. Mais cela n'entrait pas dans ses conceptions de la course. Il en concevait de l'amertume.

Il ne jouait plus aucun rôle. Dans la 18ème étape Grenoble / Saint-Vincent-d'Aoste (243 kilomètres), il se voyait irrémédiablement lâché. Il poursuivait sa route comme un automate, passa Orphée Ménéghini, le jeune coureur parisien, puis se retrouva flanqué d'un Italien trapu du nom d'Ernesto Bono. Il n'en pouvait plus. Il voulait gravir ce col qui avait nourri quelques-uns de ses songes depuis qu'en 1949, cette montagne, inscrite au profil du Tour de France, lui avait échappé car il avait abandonné dans le petit col d'Osquish, souffrant de ses éternels furoncles « mal placés ». Il allait le franchir ce col mais après, comme une dernière victoire, puis abandonnerait. Comme ce mot sonnait mal à ses oreilles !

Dans un replat, peu avant la véritable descente sur Val-d'Isère, il s'arrêta. L'arrivée était loin, à 128 kilomètres exactement. Aucun spectateur ne le verrait. Il ne l'aurait pas supporté. Mieux, pour que personne ne puisse le voir, il sollicita du journaliste Roger Flambart, qui l'avait recueilli dans la voiture du *Parisien libéré*, sa propre casquette, « afin qu'on ne le reconnaisse pas ».

Pendant ce temps-là, Anquetil et Rivière laissaient volontairement le Tour leur échapper au bénéfice de l'Espagnol Federico Bahamontès. Bobet le pressentait. *Radio-Tour*, qu'il écoutait comme les journalistes de la voiture où il avait pris place, le confirmait, sans émettre, bien entendu, le moindre commentaire.

Le soir, toute l'équipe de France se trouvait au Grand Hôtel Billia. Pour la dernière fois, ils dînaient ensemble et pour Louison Bobet, c'était vraiment la dernière fois. Jamais plus il ne disputerait le Tour de France. Jamais plus il ne s'assiérait à une table avec ses coéquipiers, en survêtements, joyeux, blagueur, oubliant dans une ambiance de collégien les fatigues de la course.

Marcel Bidot, plus ému qu'il ne voulait le paraître (ce n'est pas de gaieté de cœur que l'on voit un Louison Bobet dire adieu au Tour) s'efforçait de mettre un peu de gaieté dans ces agapes ; mais malgré la somptuosité de l'hôtel valdotain où ils étaient descendus, malgré la table fleurie et la rapidité du service, ils demeuraient sombres, tous. Pas à cause de l'abandon de Bobet. Ils s'en désintéressaient totalement, mais parce qu'ils étaient vaincus, parce qu'ils s'étaient vaincus. Le pire, c'est qu'ils cherchaient des arguties.

« Si je n'avais pas crevé deux fois, répétait Rivière, ça changeait tout. »

Et c'était si vrai, il le sentait si profondément que lui, le Stéphanois dont l'accent légèrement traînant ajoutait habituellement une note complémentaire à sa surprenante décontraction, martelait les mots comme des balles en serrant le poing.

Sans ces deux crevaisons dans cette horrible descente caillouteuse du Petit-Saint-Bernard, il se retrouvait en tête avec Anquetil et Baldini, Gaul et Anglade. Et alors.

« On lui aurait fait sa fête à Féderico… »

C'est Géminiani qui employait sa formule habituelle avec son rire jovial.

Oui, « ils lui auraient fait sa fête » à Bahamontès, à ce grand escogriffe qui, au lieu de s'assurer la marge de sécurité qui lui eût permis une descente facile, les avait laissés groupés au col, et qui, sur ce versant italien, se cramponnait à ses freins.

« À nous six, on lui mettait dix minutes à Aoste, répétait Rivière.

– Et c'est nous qui lui avons sauvé son Maillot, constata Anquetil en haussant les épaules. Il fallait bien qu'on roule puisque Gaul et Baldini étaient devant avec Anglade. Il en a profité lorsque nous sommes retombés sur lui. »

Ils en étaient malades tous, de cette occasion manquée et qui ne se retrouverait peut-être plus d'ici la fin du Tour, si proche désormais, mais il y avait tout de même une gêne inavouée dans leurs propos. La malice de la course les avait contraints de rouler « pour » Bahamontès, « contre » Anglade. N'était-ce pas là le nœud gordien de l'affaire. Et ils osaient faire des commentaires.

Il y eut un léger silence, un silence imperceptible qui ne dura qu'un instant. Puis, Anquetil lâcha, enfin, l'aveu.

« On ne pouvait tout de même pas laisser Anglade prendre encore du temps. »

La petite phrase, lourde de sens, avait tout de même été dite. Elle expliquait tout, tout ce que Bobet voulait leur faire préciser devant Marcel Bidot.

« Oui, nous avons perdu le Tour et nous le savons. Mais nous préférons encore que ce soit Bahamontès qui gagne plutôt qu'Anglade. Nous voulons que ce soit l'un de nous, Rivière ou Anquetil qui terminions premier des Français au Parc, mais pas Anglade, surtout pas Anglade… »

C'était à ça que se résumait finalement ce fameux pacte des Grands, moralement Poigny-la-Forêt, et qui avait fait couler tant d'encre, peu avant le départ. Tant de bruit pour aboutir à cette mesquinerie !

Bobet ne se retrouvait plus dans ce Tour de France qui avait pourtant façonné sa gloire.

Il n'avait, certes, pas voulu abandonner, mais dans le fond, l'atmosphère était devenue trop délétère et il ne regrettait rien.

42. VISAGE DU DESTIN

Le Nordiste Pierre Everaert, coureur des années 1950-1960, était un personnage délicieux. Discret, timide, il fuyait toute forme de publicité. Son visage fin, sa silhouette frêle appelaient la douceur. Et quel merveilleux coureur. Il jouissait d'un palmarès enviable qui l'avait vu notamment remporter Paris-Bruxelles. Il possédait de plus de solides références dans les courses à étapes, ayant été, entre autres, *leader* du Tour d'Espagne en 1959.

Nous sommes en 1960. Le Tour de France s'annonce en terre nordiste. Le départ va être donné à Lille, le dimanche 26 juin.

Pierre Everaert attend à Dunkerque son ami René Privat, excellent routier comme lui. Privat est un « taiseux ». Il sait se déchaîner sur sa machine et, en ces occasions, chez lui, l'ange et le démon se livrent plus que jamais une bataille farouche. Les deux hommes s'entendent à merveille. L'année précédente, ils ont déjà fait chambre commune dans le Tour de France, alors qu'ils appartenaient à l'équipe de France. Tous deux décident donc de reconduire l'opération, toujours en équipe Tricolore. L'Ardéchois arrive chez son ami Pierrot le mardi précédant le départ, au volant de son ID 19, en compagnie de son épouse et de sa petite fille Catherine.

Pierre Everaert est privé de voiture depuis le lundi de Pentecôte. Il avait laissé son véhicule à Paris, gare de Lyon, pour participer à un critérium dans la Nièvre mais le lendemain la voiture s'était envolée. Immédiatement, à Dunkerque, le docteur Andriès se propose de lui prêter sa 403. Ce médecin était comme un père pour Pierre Everaert : un personnage d'une infinie bonté, d'un désintéressement et d'un dévouement exemplaires. Il aimait le sport, le cyclisme en particulier et, avec une poignée d'amis, il avait créé l'U.S. Coudekerque. Chaque dimanche il battait le pavé, accompagnant et conseillant d'obscurs routiers amateurs et indépendants. Parmi eux figurait Pierre Everaert que le docteur Andriès soignait depuis une quinzaine d'années. Il avait deviné chez lui « le coureur qui n'est pas comme les autres ». L'intelligence, la sensibilité et la volonté de Pierrot avait convaincu le docteur. De ce Nordiste timide, mais pétri de classe, il allait faire un champion.

« Il me soignait, disait le banlieusard dunkerquois, mais surtout, il s'occupait de tout : du courrier, de mes déplacements, de mes primes, de mes contrats. Il me disait toujours :

Ton rôle, c'est avant tout de pédaler ; toutes ces paperasseries, tu me les laisses.

Quand j'avais un peu d'argent devant moi, il me conseillait sur des achats à faire, les placements… »

Quand le couple Privat arriva chez Everaert, le docteur Andriès récupéra sa 403 mais la conduisit chez un garagiste pour une réparation urgente. Afin de poursuivre ses visites, le docteur empruntait la 4 CV de son beau-père. C'est au volant de ce véhicule qu'il se rendait au domicile de la famille Everaert où il arrivait vers 20 heures 30. Après quelques dernières recommandations, le médecin quittait Pierre et René pour repartir presque aussitôt, appelé pour une urgence. De leur côté, les deux champions prenaient place à bord de l'ID.19 de l'Ardéchois pour aller chercher un lit pour la fille de ce dernier.

Le médecin ayant terminé sa visite, décida alors de repasser chez son protégé. Débouchant de la rue Boernholl, il s'apprêtait à tourner sur sa gauche pour emprunter la rue Ghesquière où habite Everaert, à un croisement situé à quatre cents mètres du domicile de ce dernier.

Privat vit la 4 CV s'engager. Il pensait que son camarade

s'arrêterait mais, de son propre aveu, ce dernier eut un moment d'inattention, occupé à relever une glace. Sous la violence du choc, la 4 CV fut projetée de l'autre côté de la rue et le docteur éjecté et Everaert, perdant le contrôle du véhicule, allait heurter la façade d'une maison.

Il sortit affolé de la voiture en criant aux premiers témoins accourus :

« Allez vite prévenir le docteur Andriès ! C'est terrible, j'ai peut-être tué un homme !

Un témoin se précipita alors vers le corps inerte, allongé face contre terre, et dit dans un souffle :

– C'est le docteur Andriès ! »

Pierre Everaert ne se remettra jamais de ce drame. Quelques jours plus tard, pour rendre hommage au docteur, il demandera à son complice René Privat de tenter de remporter l'étape qui arrive à Dunkerque.

Les Français restèrent discrets et réservés dans le triomphe. On ne pouvait s'empêcher de revoir l'image de Pierre Everaert lorsqu'au départ de Lille fut commandée une minute de silence à la mémoire du docteur Andriès, en même temps qu'on rendait hommage à Coppi et Gérard Saint. La tête baissée sur son cintre, comme lors d'une défaillance en course ou d'une arrivée épuisante, Everaert sanglotait. Et Privat, son compagnon le plus proche, s'en fut porter sur la tombe du docteur Andriès tout simplement, sans mots ni cérémonial, le bouquet de vainqueur.

Everaert accomplira encore plusieurs Tour de France, remportera de nombreuses épreuves, sera l'un des équipiers préférés de Jacques Anquetil, mais, de temps en temps, sera sujet à des crises de désespoir au cours desquelles, invariablement, il dira : « J'irai bientôt rejoindre le docteur Andriès ! »

Ce n'était pas des paroles de convenance. Il se donnera la mort le 26 mai 1989.

43. UN TOUR DANS LES DÉCORS

J'ai assez peu connu Roger Rivière. Je n'étais pas encore dans le journalisme lorsqu'il disparut accidentellement des pelotons et, par la suite, je ne l'ai rencontré à Saint-Étienne qu'à deux ou trois reprises, mais j'ai l'impression de l'avoir toujours fréquenté en me penchant, incrédule, sur son insoutenable légèreté et, finalement, sur le drame de sa vie.

Ce Tour 1960 aurait dû constituer son couronnement. Il devait le remporter. Mais nous étions au temps béni des équipes nationales et la formation française, dans son histoire, n'a pas toujours vécu dans une parfaite unité. Des rivalités ont éclaté, favorisant la victoire d'un coureur étranger.

La 6ème étape, Saint-Malo / Lorient, du Tour de France 1960, fit couler beaucoup d'encre. Ce jour-là, une échappée porta en tête, bien avant la mi-course, l'Italien Gastone Nencini, le Belge Jean Adriaenssens, l'Allemand Hans Junkermann et le sociétaire de l'équipe de France Roger Rivière. Il se trouve que le Maillot jaune, Henry Anglade, appartenait aussi à l'équipe de France mais avait raté la bonne échappée. Devant, les fuyards augmentaient sensiblement leur avance, qui atteignait plus de dix minutes au ravitaillement de Pontivy.

Stupeur : on s'aperçut que Rivière assurait les relais les plus incisifs alors que son attitude aurait dû être d'une grande neutralité pour tenter de sauvegarder le maillot canari de son équipier.

Dans le peloton, Anglade, informé du concours actif qu'il apportait à l'avant, criait à la trahison. Il tenta bien de ramener le peloton sur les fuyards mais ne fut guère aidé dans son entreprise. Découragé, il n'insista pas et c'est, sans être autrement inquiété, que le quatuor de tête parvint au vélodrome du Moustoir, à Lorient, avec une avance de près d'un quart d'heure. Au *sprint*, Rivière partait de très loin, démarrant dans la ligne opposée. Nencini résistait et, au prix d'un beau coude à coude, le Français raflait la mise.

Dès la ligne d'arrivée franchie, l'atmosphère devint étrange. Pour certains suiveurs, Rivière avait trahi Anglade, son propre équipier. Y avait-il eu vraiment complot ? On parlait d'une collusion Nencini-Rivière et le Tour s'interrogeait. Le soir, à l'hôtel des Arcades, à Lorient, les antagonistes tentèrent d'apporter un peu de clarté à l'affaire.

Marcel Bidot, directeur technique des Tricolores, très embarrassé par la situation qu'il allait devoir aplanir, rappelait qu'il était intervenu auprès de Rivière afin de freiner son action. Puis sa voiture avait eu des ennuis techniques au ravitaillement de Pontivy et il n'était revenu dans le sillage de Rivière que beaucoup plus tard.

Rivière, lui, ne s'embarrassait pas de détails. Il assurait sans vergogne qu'il avait l'intention d'attaquer, ce jour-là, surtout si Nencini décidait de bouger. C'est ce qui s'était passé. En aucun cas, cependant, il n'avait freiné son action et cela provoquait la colère d'Anglade qui se souvenait que, l'année précédente, alors qu'il pouvait gagner le Tour, lui, le régional de l'équipe du Centre-Midi, ses desseins furent contrariés par Rivière (déjà) et Anquetil, qui préféraient la victoire de l'Espagnol Bahamontès à la sienne…

Dès lors, le Tour de France était joué. Très vite on s'aperçut en effet qu'il ne pouvait plus échapper à Nencini ou à Rivière. Le pronostic allait au Stéphanois, spécialiste des étapes contre-la-montre. Mais un épilogue tragique précipite Rivière dans le ravin du Perjuret. Et le théâtre du Tour se joua… dans les décors.

Souvent, lors des étapes du Tour de France ou même du Tour de l'Avenir, dont l'arrivée se situait à Millau, je suis revenu sur ces pentes du col du Perjuret, de funeste mémoire.

Mon pèlerinage a toujours commencé par l'hôtel de la Muse et du Rozier, à Peyreleau, au lieu-dit La Muse, qui constitue l'embranchement des gorges du Tarn et de la Jonte. C'est dans cet établissement hôtelier, placé dans un écrin enchanteur, que les 8 et 9 juillet 1960 Roger Rivière, promis aux plus belles destinées, passa ses dernières journées d'homme valide, d'athlète fin et vigoureux.

Sur les bords du Tarn, paisible, l'hôtel fait face aux corniches du causse Méjean. En 1960, pour deux jours, Rivière et ses équipiers Jean Graczyk, André Darrigade, René Privat, Henry Anglade, Louis Rostollan, François Mahé... vont goûter ce havre de repos. Madame Canac, maîtresse des lieux, est venue les saluer. Repos est le terme qui sied car le Tour, le 9 juillet, reprend son souffle. Roger Rivière respire l'optimisme et retrouve son épouse Huguette, venue le rejoindre pour quelques heures avec sa sœur Marcelle et ses deux beaux-frères. Huguette et Roger effectueront une promenade dans les bois environnant, surplombant le Tarn, aux flancs du causse Méjean et iront regarder frétiller les truites à la pisciculture de monsieur Gleyze, tout près de là, dans la localité du Rozier...

Huguette apparaît éclatante. Son champion de mari lui révèle alors la confiance qui l'habite quant à la victoire finale : « Je suis sûr de gagner le Tour, lui dit-il. Pour l'arrivée au Parc des Princes, tu viendras à Paris et tu t'achèteras une jolie robe. Tu te feras belle, hein, Huguette ? »[1]

Un dernier baiser et la jeune femme, suivie du reste de la famille, repart vers Sainte-Énimie, où ils vont passer la nuit. Rendez-vous est pris pour saluer leur « vedette », le lendemain, sur le bord de la route, à la sortie de Meyrueis, à une quarantaine de kilomètres du départ, au pied du col du Perjuret.

C'est là qu'il attaquera le Maillot jaune, l'Italien Gastone Nencini. Pour l'heure, il fait un détour vers la chambre d'un

---

[1] Témoignage à l'auteur, novembre 1990.

soigneur, venu « en visite », ce jour-là. Il ressort avec quelques cachets de palfium.

Peu à peu, à l'hôtel de la Muse et du Rozier, les lumières s'allument. Le Tarn éclairé, les truites se livrent à un singulier ballet. Pas un souffle de vent. Demain la journée promet d'être chaude. Elle le sera…

Le dimanche 10 juillet, les coureurs arrivent dans la cité de la ganterie venus de leurs hôtels respectifs : l'équipe de France avec Rivière, venus de l'hôtel de la Muse et du Rozier, comme on l'a dit, Gastone Nencini, Maillot jaune et l'équipe d'Italie de l'hôtel à La Cavalerie, à une vingtaine de kilomètres de Millau sur le causse du Larzac. Petite différence : les coureurs de la formation française sont venus à vélo du Rozier. 21 kilomètres de mise en jambes. Sur la place de la Capelle, se déroulent les opérations de départ. L'escadron motocycliste est déjà là, en belle formation comme chaque jour. Le chef de l'escadron à l'échelon course, le lieutenant Jean Anne et le chef Gilbert Vasseur, qui font figures d'anciens et qui viennent de quitter leurs motos « Norton », sont venus bavarder quelques instants avec Roger Rivière qui vient d'arriver afin de signer la feuille de départ, en compagnie de ses coéquipiers Jean Dotto, Louis Rostollan et René Pavard.

« Aujourd'hui leur révèle le champion, je vais attaquer. Il faut que je fasse sauter le Rital… » Et il ajoute en plaisantant : « Soyez vigilants à moto, ça va aller très vite et vous allez me voir beaucoup dans tous ces petits cols ». Gilbert Vasseur se le tient pour dit. En regagnant son escadron, il aperçoit Marcel Bidot, directeur technique des Tricolores, qui s'entretient avec quelques journalistes. Il tend l'oreille et perçoit à peu près les mêmes propos, mais un peu plus suspensifs : « Il faudra être très prudent… » Sans doute entend-il attirer l'attention des confrères sur la nécessité de ne pas prêter le flanc à une attaque inattendue ; de monter sans arrêt une garde vigilante autour de Roger Rivière ; de prévoir tous les coups possibles pour y répondre instantanément. Nul n'envisage d'interpréter l'expression dans son sens premier.

Après avoir reçu une paire de gants de la part du premier magistrat de la cité, Rivière et Nencini, avec leurs camarades, quittent la ville de l'Aveyron pour rallier Avignon, terme de la 15ème étape. Le soleil grille les Causses à perte d'horizon. Cinquante kilomètres après le départ, le col du Perjuret se présente. Cette difficulté, culminant à un peu plus de mille mètres d'altitude, dans le département de Lozère, sur le flanc du mont Aigoual qui l'écrase de toute sa masse, veut dire en vieux français « le Parjure », nom donné par les ermites du désert, lors des guerres de religion, à leurs coreligionnaires convertis de gré ou de force. La difficulté se trouve sur la route séparant le causse Méjean de la montagne de l'Aigoual et domine les vallées de la Jonte et du Fraissinet. Le col commence à Meyrueis, joli petite sous-préfecture du département de Lozère. Huguette l'attend sur le bord de la route à la sortie de la localité, en face de la dernière maison, et tout près du croisement de la route du causse qui mène à Sainte-Enimie. Roger s'est porté sur la droite et tape dans la main de son épouse tout en échangeant quelques mots furtifs.

Le col est franchi sans précipitation. La descente est étroite, gravillonnée par endroits. Dans une chaleur lourde et accablante, le bruit des voitures, le crissement des pneus, anéantissent le chant des cigales. Louis Rostollan a pris la tête et dévale avec quelques dizaines de mètres d'avance. Rivière suit avec le secret espoir de porter un rude coup à Nencini qu'il vient de voir grimacer dans la montée. Entre le *leader* et son second, une passe d'armes se déroule. Rivière passe en tête, mais l'Italien revient aussitôt et dépasse même son rival qui le suit désormais à trois longueurs.

Au bout de quatre kilomètres se produit le drame. Il y a là un petit muret de pierres sèches faisant suite à un virage accentué. Rostollan éprouve quelques difficultés à le négocier. Il entend derrière lui des roues crisser sur le gravier. C'est Nencini qui vient de déraper et a failli tomber. Mais ce Nencini est un vrai casse-cou. Il vire sans pratiquement toucher à ses freins en « coupant » la route. Quelques secondes plus tard, Rostollan entend un nouveau crissement, plus fort, celui-là. À la faveur d'un virage, il peut regarder ce qui se passe derrière lui et c'est alors qu'il voit Rivière, toujours sur son vélo, s'engouffrer littéralement dans le ravin par-dessus le mur du parapet. Il s'arrête et les suiveurs l'aperçoivent sur le bord du ravin, criant : « Roger a tombé, Roger a tombé ! ».

« J'étais derrière lui, racontera Bernard Viot, le petit *sprinter* de l'équipe Paris-Nord-Est. J'avais remarqué que Roger donnait des coups de frein très secs de la roue arrière et sa roue chassait sur le gravier. Dans un dernier virage, il a encore freiné de la roue arrière et là sa roue a une nouvelle fois chassé et il est allé à toute vitesse dans le petit mur qui bordait la route. Il s'est bien mis en travers ; son vélo et lui sont alors partis dans les aires, catapultés. Mon estomac s'est mis en boule… »

Quant au Belge Jean Adriaenssens, il se bornera à dire : « Je me suis trouvé plusieurs fois dans son sillage, dans la descente et j'ai remarqué que sa roue arrière portait un boyau trop fin. »

Il est 12 heures 13. Une chaleur lourde et accablante continue à écraser la caravane.

Rivière gît en contrebas comme un oiseau tombé du nid. Son visage se met soudain à ruisseler. Il serre les dents. À son teint verdâtre, on devine la souffrance mais aucune plainte ne s'échappe de ses lèvres. Lorsqu'on le remue, il gémit faiblement puis ferme les yeux pour indiquer qu'il souffre.

Les motards Gilbert Vasseur, Guy Ratouin et François Ledéan sont aussitôt sur les lieux. Le garde Ratouin a vu Rivière voltiger littéralement. Tous trois guident, de la voix, les infirmières qui accourent avec un brancard jusqu'à l'ambulance qui va transporter le blessé à quelque deux kilomètres de là, la déclivité étant, au bas du col, encore trop importante pour que l'hélicoptère de la Gendarmerie puisse se poser.

L'ambulance, toutes portes refermées, s'ébranle comme lors d'une procession funèbre, suivie d'une quinzaine de voitures et traverse dans les tout derniers mètres de la descente, le village de Fraissinet-de-Fourques, minuscule cité au fond d'un entonnoir. Tout se passe lentement pour éviter les cahots au blessé. Au hameau des Vanels, deux kilomètres cinq cents plus loin, le cortège trouve un champ labouré. C'est là donc, en ambulance, qu'arrive Rivière, pantin disloqué. Le lourd véhicule s'arrête. Lentement, minutieusement, on descend l'infortuné champion. L'appareil attend dans le champ de M. Delpuech, vieux paysan noueux comme un cep de vigne. On l'appelle « le Parisien », en raison de son parler affecté. Accouru, il vient d'apercevoir les photographes et journalistes qui se ruent vers l'hélicoptère tout en piétinant ses plantations.

« Vous n'avez pas besoin d'écraser mes haricots pour faire vos photos !

Le paysan, qui gardait ses chèvres, avait parlé.

– Ta gueule ! répondit un journaliste pour qui l'accident de Rivière avait force de loi. L'homme ne se tint pas pour battu.

– J'en ai pour mille francs de semis, grommela-t-il. Vous ne vous rendez pas compte. Et je n'ai pas encore payé toutes mes chèvres ! »

Aucun écho ne lui répondit et les haricots continuèrent à se courber sous les pas vengeurs des suiveurs. Le paysan, alors, parla d'aller chercher son fusil.

Les gendarmes mobiles eux, repartent à toute vitesse reprendre position dans le peloton des suiveurs, laissant la place à un gendarme pilote, vêtu d'une simple combinaison de toile kaki, les écouteurs radio sur les oreilles par-dessus la tête recouverte d'une casquette bleue à longue visière, le micro devant la bouche. Il s'appelle Louis Vasquez. Il habite Avignon. Il pense un moment à l'Algérie qu'il a quittée il y a quelques mois. C'est bien la même terre à guérillas qu'il survole en ce moment ; djébels ou Cévennes, Fellaghas ou Camisards traqués, persécutés dans leur croyance par les dragons du roi Louis XIV qu'ils tinrent longtemps en échec, c'est du pareil au même. Il jette un coup d'œil furtif sur la forme ligotée dans sa couverture marron gisant et bien arrimé sur la civière : pas drôle, le Tour. Ce pauvre type dont il a lu si souvent le nom dans les gazettes, qu'il a aperçu parfois à l'étape entouré de journalistes, répondant en souriant à leurs questions, qu'il s'est efforcé de distinguer parfois dans le peloton vue du ciel : petite tâche tricolore près de la tache jaune que faisait Nencini sur la route.

Je suis venu bien souvent, par la suite, au col du Perjuret et aux Vanels où je déjeunais à l'auberge du Tarnon. Quand je reprenais la route (qui était jadis le sens de la course), j'avais toujours le cœur serré. Je me remémorais cette partie de l'étape que Rivière n'avait jamais vue. Les villages de Vébron, Salgas-Racoulès, Saint-Laurent-de-Trèves, Nozières, le col du Rey, la corniche des Cévennes, le col de l'Exil se succédaient. Parmi les châtaigniers, j'imaginais la ronde infernale qui se poursuivait sans Roger. Dans cette Lozère trop méconnue, à travers ce département le moins peuplé de France, on roule des kilomètres et des kilomètres sans découvrir une maison, sans apercevoir âme qui vive. Le coureur attardé, perdu dans la nature, se croit abandonné de tous. C'est là aussi que les maquisards organisaient les bases de départ les mieux protégées pour harceler l'occupant nazi. Le petit bourg du Castanier, au kilomètre 95 (d'où l'on aperçoit pour la première fois le mont Ventoux), qui fut rasé par les S.S en furie, témoigne encore de ces instants héroïques et tragiques.

On se croit au bout du monde et c'est ce qui explique sans doute le nom du col de l'Exil. Oui, l'exilé partout est seul. Ce jour-là, alors que la chute de Rivière occupait l'esprit des suiveurs, les incidents des uns et des autres passaient au second plan. L'Algérois Hubert Ferrer avait espéré, une roue à la main, la venue de sa camionnette attardée. Et seul, son équipier, le chevronné Bernard Gauthier, se fit un devoir de l'attendre. Les suiveurs virent aussi Gérard Thiélin, sous son maillot violet et blanc du Centre-Midi, seul, assis sur une murette, près du village du Pompidou, le vélo gisant au sol, la roue avant brisée, au kilomètre 88. Douze kilomètres plus loin, au bas de ce fameux col de l'Exil, il était victime d'une chute et se blessait sérieusement à la hanche et à la cuisse. Un spectateur, seul lui aussi en ce lieu perdu, s'employait à relever le collant serré pour nettoyer la plaie profonde. Après un départ malchanceux le brave Gérard n'avait cessé de s'améliorer. Maintenant, l'ambition légitime de terminer au parc des Princes, d'être sacré « Tour de France », devait être, pour lui, abandonnée.

On n'avait décidément pas le temps de s'attendrir sur ce Tour de France, surtout après le drame de Rivière.

44. LE TOUR ENNOBLI

Je ne résiste pas à l'envie d'évoquer une nouvelle fois une halte qui a fait date dans l'histoire, ni à celle de réhabiliter un certain Pierre Beuffeuil que l'on a trop vite traité de profiteur, d'usurpateur ou autres disqualificatifs tous aussi inexacts les uns que les autres.

Le 16 juillet 1960, le Tour de France, lors de la 20ème étape (Besançon / Troyes), s'apprête à passer au village de Colombey-les-Deux-Églises, lieu de résidence du général de Gaulle, président de la République. Celui-ci, accompagné de son épouse, souhaite assister à l'événement et décide de se rendre au sommet d'une côte, à l'angle de la Nationale 19 empruntée par la course et de la Départementale qui mène à la forêt des Dhuits. Cette Départementale est aussi celle qui passe devant sa résidence de « La Boisserie », distante de la Nationale d'environ un kilomètre.

Jacques Goddet, directeur du Tour, est informé par Jean Garnault, chef des services sportifs du Tour et, également, par la gendarmerie que le Général est bien là, madame de Gaulle se tenant à ses côtés. Que va faire le directeur du Tour ? Il est homme de décision. Cependant, cette fois, sa pensée vacille. Il consulte Félix Lévitan. Jamais le Tour ne s'est ainsi arrêté pour saluer une personnalité, fût-elle le premier personnage de l'État. Il convient d'analyser la situation et prendre très rapidement une décision, car le Tour vient de passer au contrôle de ravitaillement de Chaumont et Colombey-les-Deux-Églises est désormais à moins de trente kilomètres. Jacques Goddet réfléchit. Il s'aperçoit que, depuis le départ de Besançon, le peloton roule groupé. Il pourrait donc proposer une halte pour rendre hommage au premier des Français. Reste dans ce cas à en aviser les concurrents. Henry Anglade, qui joue un peu le rôle de capitaine de route de l'équipe de France, est informé. Il lui est demandé d'ordonnancer les choses. Au-devant du peloton, arrivant au village, se tiendront en première ligne, Gastone Nencini, Maillot jaune, André Darrigade, champion du monde en titre, Jean Graczyk, Maillot vert, Henry Anglade, représentant les Tricolores, Antonin Rolland considéré comme le vétéran du peloton…

Au bord de la route, le président de la République s'est dépouillé de son manteau pour laisser apparaître un costume gris foncé. Il renseigne madame de Gaulle, pensant que les gendarmes et le garde du corps Roger Tessier s'efforcent de repousser les importuns. Le Général n'y prête guère attention. Ce n'est pas le chef de l'État qui est présent, mais le citoyen de Colombey parmi les autres villageois.

De Gaulle se penche vers son épouse : « Il ne se passe pas grand-chose dans les dernières étapes, lui dit-il. Toutes les positions sont désormais acquises. Ils vont passer ensemble dans quelques minutes. »

Le peloton approche, en effet. Jean Garnault, d'ordinaire tonnant et tonitruant, d'un geste impérieux mais, ô miracle, sans dire mot ni pousser ses vociférations habituelles, imprégné sans doute de la gravité du moment, intime l'ordre à toutes les voitures qui précèdent les coureurs de prendre du champ rapidement.

Soudain, dans la foule, le cri classique : « Les voilà ! » Les montres indiquent 14 heures 40. Les concurrents évoluent dans la moyenne horaire générale de 39 kilomètres, ce qui les situe dans la plus modeste moyenne horaire établie par la direction du Tour.

« Quelque chose frappait dans toute cette mise en place, écrira André Herné, envoyé spécial du *Télégramme de Brest* : un silence inhabituel, étrange pour nous, pour qui le Tour signifie bruit et fureur. Un silence respectueux. Je ne croyais pas que quelqu'un pût mettre fin au vacarme du Tour. Aussi avais-je cette désagréable impression de rêver, ce rêve qui recrée parfois les scènes de la vie quotidienne avec une précision parfaite, mais où un détail essentiel manque, et de cette absence naît le malaise. Ici, l'essentiel absent était le bruit qui venait mourir dans ce carrefour de Colombey-les-Deux-Églises. »

Debout dans son « char » rouge, Jacques Goddet arrive. Les yeux illuminés d'une joie immense et d'une gratitude débordante, il salue de la main le plus illustre des spectateurs de son épreuve et fait arrêter le peloton. Par le truchement de son porte-voix, il adresse au président de la République le salut des coureurs du Tour. Ceux-ci ôtent instinctivement leur casquette qui roule dans une poche du maillot. Et l'on aperçoit alors le visage impénétrable du *leader* du Tour, le Florentin Gastone Nencini, perdre tout son mystère et refléter la naïveté et la curiosité de tous ceux qui, chaque matin, venaient lui quémander un autographe. « Bonne chance, lui dit le Général, mais le Tour est fini, maintenant vous allez gagner. Paris n'est plus très loin. » Il lui serre la main comme il serre celle d'Henry Anglade et d'Antonin Rolland. Il ajoute à l'adresse de madame de Gaulle : « Je suis confus, le Tour s'arrête pour moi. Mais c'est parce qu'il est joué qu'il peut s'arrêter ».

Et l'entracte s'achève. Le Général salue une dernière fois et la caravane s'ébranle. Il reste 77 kilomètres avant l'arrivée et, selon les mots d'Antoine Blondin, « nous avons repris notre chemin de Troyes… » où va triompher le régional de l'équipe du Centre-Midi, Pierre Beuffeuil, qui s'est échappé à 35 kilomètres de l'arrivée, exactement à Vendeuvre-sur-Barse.

Le Général, lui, est revenu vers son aide de camp, François Flohic et, au moment de monter dans sa voiture, lui demande : « Mais pourquoi donc se sont-ils arrêtés ? »

Il y avait de la surprise dans cette question. On pouvait aussi y déceler un peu d'agacement. Pour lui le citoyen de Colombey, spectateur parmi tant d'autres, n'avait le droit à aucun égard. Le Tour, c'était la France et la France se devait d'être en marche.

Au lendemain de l'événement, la chronique quotidienne d'Antoine Blondin, dans *l'Équipe*, salue le grand moment en ces termes : « J'avoue que je me sens personnellement fondu de reconnaissance envers un chef de l'État qui partage mes goûts. Il est bon de savoir que nous avons un président de la République qui ne laisse rien passer et surtout pas le Tour de France. Pour une fois, c'est une consécration collective qui s'est abattue sur le peloton. »

L'humoriste Jacques Grello témoigne lui aussi de cette consécration en rapportant une anecdote dans *le Miroir des Sports* : « Le chauffeur de taxi qui, le 24 juin dernier, nous conduisait vers *le Parisien Libéré* d'où nous devions partir pour l'aventure annuelle, nous disait : *Votre Tour de France, c'est foutu, ça n'intéresse plus personne. Moi, je ne sais même pas qui c'est qui court !* Ça n'intéresse personne ? [...] Cette année comme toutes les autres, une ou deux dizaines de milliers de Français nous ont suivis des yeux [...]. Samedi dernier, à la sortie de son village, à pied, debout parmi les siens, le général de Gaulle est venu nous saluer.

Si vous êtes de bonne foi, ami chauffeur, vous éviterez désormais de prononcer les phrases plus haut citées. Le mois dernier, elles étaient simplement mensongères. Mais depuis le 16 juillet, elles sont devenues pour le moins irrespectueuses envers le Président de notre République. »

Parmi les présidents de la République qui viendront voir passer le Tour, on se souviendra de François Mitterrand qui, à l'occasion d'un hommage aux maquisards du Vercors, vint se poster dans la côte de Montaud, dans la commune de Saint-Quentin-sur-Isère, en compagnie notamment de Jean Glavany, son chef de cabinet. Il rappela alors ses vacances passées dans le Nord de la France, quand il était adolescent et qu'il applaudissait les célèbres frères Pélissier. Pour l'avoir entendu à l'hôtel du Vieux-Morvan, un soir d'étape de Paris-Nice, je puis affirmer qu'il était capable, de mémoire, de citer les cinq ou dix premiers du Tour de France 1947, le premier de l'après-guerre.

Jacques Chirac et son épouse Bernadette se trouvaient aussi sur le chemin du Tour. C'était en 1998, lorsque l'épreuve stationnait en Corrèze en pleine « affaire Festina ». C'est en effet, au départ de l'étape Meyrignac / l'Église-Corrèze, que la formation d'extraction espagnole, à laquelle appartenaient Virenque, Brochard,

Hervé… fut contrainte de quitter le Tour.

Nicolas Sarkozy, de son côté, vint à deux reprises suivre une étape de l'épreuve. La première fois c'était à l'occasion de l'arrivée à Briançon. Il monta dans la voiture de Christian Prudhomme, au bas du col du Galibier. Il revint en 2010 pour assister au succès d'Andy Schleck, au sommet du col du Tourmalet. Sarkozy appréciait le Tour de France et le suivait en permanence par le canal de la Télévision. « Le Tour, disait-il, s'inscrit dans les régions, les terroirs et l'histoire. Il fait partie du bonheur des Français. »

François Hollande se déplaça à Brive et à Bagnères-de-Bigorre.

Le seul Président de la République à remettre un Maillot jaune au vainqueur final fut Valéry Giscard d'Estaing. C'est lui en effet qui permit au Tour de France d'arriver sur les Champs-Élysées, en 1975, cédant à une demande du journaliste et présentateur de télévision, Yves Mourousi. Le président Giscard d'Estaing remit l'ultime parure à Bernard Thévenet à l'occasion de sa première victoire au Tour de France.

45. SUIVEZ LE BEUFFEUIL*

Il me faut revenir une fois pour toutes sur la victoire du Charentais Pierre Beuffeuil, à Troyes, au Tour de France 1960.

Les légendes, parfois fausses, sont souvent tenaces. Ainsi, que ne dit-on pas sur cette victoire d'étape ? Que Beuffeuil aurait profité de la halte de Colombey pour s'enfuir et aller gagner en solitaire dans la cité troyenne. Rien n'est plus faux. Mais comme l'histoire paraît apporter un peu de drôlerie à cette étape… il est agréable pour certain de la faire perdurer.

Je me suis rendu à plusieurs reprises chez Pierre Beuffeuil. Il est né entre deux bassins d'huîtres, au petit village de l'Éguille, en Charente-Maritime. Je me suis promené avec lui, en barge, entre ses parcs et, à mer descendante, me suis retrouvé sur la vase. En attendant que la mer remonte, le casse-croûte était déballé.

Il se trouve que c'était un 22 mai, jour de mon anniversaire. Comment l'avait-il su ? Je n'en sais rien mais nous nous retrouvâmes, Pierre, son fils qui fut un excellent haltérophile, le preneur de son Jean Ferlier et le caméraman Pierre Lepetit, dégustant

---

* Ce titre est emprunté à Antoine Blondin qui, lui-même, s'inspire d'une campagne de presse qui intervint en 1961. François Missoffe (1919-2003) en fut à l'origine. Ministre du général de Gaulle, il fut nommé lors de son premier poste, secrétaire d'État au commerce extérieur dans le gouvernement Debré. Il se lança dans une campagne afin de faire baisser le prix de la viande bovine sous le slogan « Suivez le bœuf ».

le gâteau qu'avait confectionné avec soin madame Marcelle Beuffeuil. Pierre Lepetit alluma les bougies avec un sens consommé de la précision et nous pûmes commencer l'interview avec pour toile de fond le fort Boyard, rendu célèbre par un jeu télévisé. Je voulais entendre son propos sur cette halte de Colombey et effacer ainsi la mystification qui s'attachait.

« Je n'étais pas lâché, comme on l'a dit, raconte le Charentais. Comment voulez-vous être lâché alors que le peloton roule à 35 à l'heure ! C'était vraiment une étape de transition. J'avais des problèmes avec ma roue libre, depuis quelques kilomètres, et avais profité d'une très longue ligne droite pour me laisser glisser à la hauteur de la voiture de mon directeur sportif, Maurice Quentin, pour alerter le mécanicien. Tout en roulant, il avait donné un petit tour de clef et je remontais sans forcer vers la queue du peloton. Soudain, je me suis demandé ce qui se passait. Les voitures ralentissaient, le passage se rétrécissait et cela devenait dangereux. Puis, quelques secondes plus tard, tout était bloqué, le peloton était arrêté. Je ne savais vraiment pas ce qui se passait. En queue de paquet, j'ai posé mon vélo et je suis allé sur le bord de la route satisfaire un petit besoin et je suis revenu vers les gars. Ils ont aussitôt redémarré. Tout est allé très vite. Je dirais deux ou trois minutes, pas plus. J'ai alors demandé ce qui s'était passé. Bernard Gauthier a dit : *On s'est arrêté pour dire bonjour au papa de Rostollan !* Un farceur, ce « Nanard » : parce que Rostollan était très grand, il comparait son père au Général. Bref, je n'ai guère pensé à tout cela et ce n'est qu'une quarantaine de bornes plus tard que j'ai démarré pour aller gagner. De Gaulle n'y était pour rien... »

Le directeur sportif, Maurice Quentin, que j'avais fait engager comme pilote d'une des voitures d'*Antenne 2*, dans le Tour, m'a tenu le même langage.

« Beuffeuil n'a jamais été lâché dans cette étape. Le peloton roulait à vitesse réduite. On apprenait par *Radio-Tour* que les coureurs allaient s'arrêter à Colombey pour saluer de Gaulle. On s'y attendait. Beuffeuil, au courant de rien, avait choisi de se positionner au niveau de notre voiture. *J'ai quelque chose qui cloche !* a-t-il dit au mécano. En vol on a effectué le réglage et quand il est reparti, il a trouvé le peloton arrêté. Mais tous sont repartis et personne ne s'est échappé. Ce n'est que bien plus tard que Beuffeuil a attaqué. »

La victoire de Beuffeuil à Troyes contrarie singulièrement les projets de l'équipe de France. En effet, Marcel Bidot avait demandé à Graczyk et Darrigade de lui gagner cette étape afin d'augmenter les revenus de la communauté et de préparer l'ovation au Parc des princes. Mais Beuffeuil, s'échappant seul 35 kilomètres avant l'arrivée, coupa l'herbe sous le pied des Tricolores avec d'autant plus de réussite que les régionaux, tous sans exception, firent cause commune contre l'équipe nationale.

Trois jours plus tôt, avant de quitter Aix-les-Bains, les sociétaires des formations régionales avaient décidé de faire bloc contre les « nationaux » accusés de *dumping* par les régionaux… qui n'avaient pas encore remporté une seule victoire. Ces derniers prennent alors une décision importante qui sera transmise, peu après, au bureau de l'UNCP. Cette décision, la voici : « Si les organisateurs conservent leur formule des équipes nationales de 14 coureurs et des régionales de 8 coureurs seulement, nous refuserons de participer au tour l'an prochain. Notre décision est irrévocable. Prière d'en informer les intéressés. »

L'année suivante, tout était arrangé.

46. L'ÉTONNANT « MONSIEUR JO »

Je l'avais connu au hasard des courses de pardon ; je l'avais vu lors de succès régionaux qui sentaient bon les bouquets champêtres et les bises d'une reine aux joues rosées d'émotion : Jo Velly. Son nom apparaissait partout, éclatait de mille superlatifs dans les rubriques sportives des gazettes de l'Ouest. Il était appelé aux plus hautes destinées. Hélas, la machine venait soudain de s'enrayer et je le retrouvais là, dans son Crozon natal, là où la carte de France dessine une croix. Il admirait alors un tableau immuable, le décor de son enfance : la mer qui conjuguait et re-conjuguait sans cesse le soupir alangui de la vague. Mais Jo n'avait pas le cœur à l'écouter, pas plus qu'il ne jetait de regard attendri aux immortels pins maritimes qui résistaient au vent.

Il arrêtait là sa carrière, assailli de regrets, de doutes, d'interrogations. Un coureur que le peloton ne reverra plus constitue toujours une histoire un peu triste.

Jo avait été gravement malade à l'âge de neuf ans. Une méningite encéphalite fit craindre le pire aux siens. Sa mère allait le couver jalousement. Le petit Velly décréta ensuite très vite qu'il voulait être coureur cycliste. C'était un peu héréditaire. La voie était tracée par le père et les trois fils allaient suivre le sillon.

Jo sortit du lot. Il avait gardé de sa maladie les hésitations du gosse trop couvé, mais il impressionnait par son allure racée et ses dons de poursuiteur sur piste. Bientôt il se frotta aux professionnels tout près de chez lui, à Châteaulin, sur le circuit de l'Aulne qui rassemblait les meilleurs éléments du peloton. Il devint alors l'un des coureurs bretons les plus performants, comptant notamment deux succès qui lui tenaient à cœur : le premier acquis dans le championnat de France de poursuite 1959, à Alger, et le second au grand prix de France contre-la-montre. Sa plus grande joie, ce jour-là, fut de n'avoir pas déçu Louison Bobet qui le suivait en voiture et l'avait abreuvé de conseils.

À la fin de sa carrière amateur et au début de sa carrière professionnelle, Louison Bobet lui avait en effet apporté son soutien. Jo était sans doute l'un des plus beaux spécimens que l'on ait vu évoluer sur un vélo : une position aérodynamique qui rappelait Jacques Anquetil.

En 1961, Louison l'emmena avec lui chez les Italiens du groupe *Ignis*, en compagnie d'Albert Bouvet. Cette année-là, Velly remporta le championnat de France de poursuite et, contre-la-montre, associé à l'ex-*recordman* du monde de l'heure Ercole Baldini, il signa victorieusement le célèbre Trophée Baracchi. Baldini l'avait repéré, cette même année, au grand prix de Lugano, disputé également contre-la-montre, où il avait terminé 5ème, signant au passage le record du tour. Le champion italien, déjà vainqueur en 1957, associé à Fausto Coppi, en 1958 et 1959, associé à Aldo Moser, entendait réaliser la passe de quatre et devenir ainsi l'égal du *Campionissimo* au nombre de victoires.

Pour Jo Velly, adoubé par l'ex-champion du monde, c'était une belle reconnaissance. Au demeurant le duo franco-italien réalisait la moyenne horaire de 47,498 kilomètres, battant le record de l'épreuve. Baldini me dira, bien plus tard, lors d'une retransmission télévisée de ce même Trophée, à Trente : « Le coureur dont je garde le meilleur souvenir au trophée Baracchi est un Français. Il s'appelle Velly ». Vous pensez combien cette déclaration me fit du bien.

Une belle carrière était promise au Crozonnais. À le voir pédaler, on restait béat d'admiration.

L'année suivante, Louison l'emmena encore avec lui chez Margnat-Paloma. Il remporta à Marseille le grand prix Stan Ockers, battit Anquetil et Poulidor, contre-la-montre, lors de l'étape Terrenoire / Saint-Étienne de Paris-Nice où, sous une véritable tempête de neige, il fit le vide autour de lui, battant Poulidor de 28 secondes et Jacques Anquetil de 1 minute 43 secondes. Il gagnera ensuite toutes les épreuves contre-la-montre des courses à étapes qu'il disputera : Critérium du *Dauphiné libéré*, Tour de Romandie, Tour du Sud-Est.

Dans cette courte carrière professionnelle, on avait entrevu de beaux éclairs. Sa deuxième victoire au Trophée Baracchi 1963 restera sans doute son plus bel exploit, tant dans la performance que dans l'insolite.

Cette année-là, j'effectuais les premiers mois de mon service militaire à Fréjus, et, en compagnie de quelques camarades, j'avais pu assister à la retransmission devant un téléviseur orienté vers l'Italie. Connaissant intimement Jo Velly, je vécus l'événement avec une joie immense : je savais de quelle histoire étonnante ce Trophée Baracchi résultait.

Mino Baracchi, mécène bien connu, avait obtenu, cette année-là, la participation à son épreuve du tandem le plus prestigieux qu'un organisateur souhaitât mettre sur pied : Anquetil-Poulidor. Inutile d'ajouter que les deux champions avaient, d'entrée, sur le papier, course gagnée.

Le « Commendatore » Baracchi, néanmoins, ne voulait pas d'une victoire sans opposition. Il consulta la liste des professionnels spécialistes des courses contre-la-montre, car celle-ci en était une. Il se souvint alors d'un certain Velly qui, deux ans auparavant, associé à l'élégant et prestigieux pédaleur Ercole Baldini, avait inscrit son nom au frontispice des vainqueurs. « Ce garçon pensa l'industriel italien, pourrait opposer une résistance sérieuse aux deux ténors, à condition, toutefois, qu'il choisisse un bon coéquipier. »

Une invitation fut dont adressée au coureur breton qui défendait les couleurs du groupe marseillais Margnat-Paloma. Il s'était lié d'amitié avec un solide routier de l'Orne, d'origine espagnole : son coéquipier Joseph Novalès. Un bon coureur que ce Novalès, travailleur inlassable de l'ombre, aux relais longs et puissants. À ce titre, il intéressait vivement Jo Velly qui connaissait fort bien ses qualités d'endurance.

Mais lorsque ce dernier téléphona quelque temps plus tard au « Signor » Baracchi, l'accueil fut un peu rude :

« Alors, Velly, avez-vous trouvé un équipier ?

– Oui, ce sera Novalès !

– Comment dites-vous ? Mais qui est ce coureur ?

– Il a gagné beaucoup de courses et cette année le Tour de Catalogne.

– Écoutez Velly, soyez sérieux, personne ne connaît votre… Come si chiama ? [Comment s'appelle-t-il ?] Novalès. Le Baracchi est une course de prestige. On ne veut pas "d'amateurs". Réfléchissez bien et rappelez-moi dans quelques jours. »

Velly était un garçon intelligent mais il se montrait aussi, obstiné, têtu. Quand on est Breton, n'est-ce pas… Il promit tout de même de réfléchir. Des jours durant, il se remémora le parcours : dans la première partie, on avait affaire à une route normale. Il fallait donc un routier solide, capable de rouler à fond, de relancer la mécanique à la sortie des virages, de grimper les côtes à plein régime. Pas de problème : Novalès présentait toutes les garanties. Velly le savait, avait pu l'apprécier dans les courses à étapes lors des retours après crevaison. Quant à la deuxième partie de l'épreuve (quarante kilomètres sur autoroute), aucun problème pour Velly, il pouvait la couvrir seul, avec Novalès dans sa roue.

Sa décision était prise.

« Allo, monsieur Baracchi ?

– Buongiorno Velly. Allora e trovato il vostra uomo ? [il est trouvé votre homme ?]

– Oui. Il s'appelle toujours Novalès !

– !!!

– Je vous assure qu'il est très fort, M. Baracchi !

– Écoutez, Velly. Je ne veux pas de ce coureur mais, puisque vous insistez, soit. Je le prends mais je tiens à vous prévenir, il courra sans prime de départ. »

Le coup était dur mais il en fallait davantage pour démonter le Crozonnais. Le soir même, il tira les premiers plans avec Jacqueline, son épouse :

– Novalès aura la moitié de mon contrat et nous allons nous

installer sur la Côte d'Azur. Nous louerons un petit appartement et toi tu nous feras à manger. »

Une aventure commençait.

Le 1er novembre 1963. Il pleuvait sur Milan. Sur la ligne de départ, à côté du duo « épouvantail » Anquetil-Poulidor, personne ne pouvait s'intéresser au tandem Velly-Novalès.

Velly multipliait les conseils à Novalès :

« Tu donnes tout ton jus jusqu'à l'autoroute, tu te bats à mort. Ne t'occupe pas de moi, tire dessus à fond. Je prendrai les relais une fois de temps en temps pour te soulager légèrement, mais tu ne t'arrêteras jamais de donner le meilleur de toi-même. Après ton travail sera fini. »

Ainsi fut dit, ainsi fut fait.

Joseph Novalès partit comme s'il allait disputer une course de cinquante kilomètres. Plus rien ne comptait, même pas Velly qui se calait comme il pouvait dans sa roue. Aucun ralentissement ; toujours au régime maximum. Enfin l'autoroute.

« Allez Jo, dit Velly à Novalès. Mets-toi dans ma roue et surtout ne bouge plus. On va au bout, on va gagner ! »

La belle mécanique se mettait en ordre de marche. Velly, phénomène physiologique, dont le rythme cardiaque ne dépassait pas le chiffre stupéfiant de 35 battements-minute, était supérieurement doué pour les efforts de la discipline de la poursuite sur piste. Cette autoroute Bergame-Milan ne lui faisait pas peur. Le dos légèrement arrondi, élégamment posé sur sa machine, offrant au vent un minimum de résistance, les jambes tournant à un rythme admirablement cadencé, Velly ressemblait à cet engin entretenu avec un soin particulier, huilé, graissé et dont les bielles évoluent sans à-coups. Le bon Jo et son compagnon étaient partis pour tenter de décrocher l'impossible victoire. Derrière, Novalès invoquait un secours imaginaire : « Diminue Jo, moins vite, je ne peux plus respirer. Moins vite ! ».

Velly répondait en appuyant davantage sur les pédales.

Il pleuvait toujours sur Milan. Encore un dernier effort et la ligne d'arrivée était franchie. Le verdict tombait tout net. Et quel verdict ! Velly-Novalès vainqueurs ; Anquetil-Poulidor deuxièmes à 9 secondes.

Le « signor » Baracchi, vexé, ne reviendra pas sur sa décision : Novalès ne touchera pas la moindre lire de son beau succès transalpin.

Cette merveilleuse aventure sera, aussi, et hélas, sans lendemain pour Jo Velly. La firme Margnat-Paloma décidait d'arrêter son soutien au sport cycliste deux ans plus tard et aucun groupe sportif ne fit plus appel au coureur breton.

Le temps a fui. L'ancien double vainqueur du Baracchi, du championnat de France de poursuite, du prix Stan Ockers, deviendra son propre patron dans une entreprise de transport. Il a tiré de son passé cycliste d'innombrables enseignements et il est resté aussi simple, aussi honnête, aussi attachant. Son accent est chaud. C'est celui de l'amitié. Celui-là même qui criait à Novalès, à 40 kilomètres de Milan : « Ne bouge plus de ma roue, on va au bout, on va gagner ! ».

Il connaîtra beaucoup d'ennuis de santé, mais, toujours, s'en sortira. Il continue à m'appeler au téléphone. Au Tour de France, il tient à me donner son avis. Un jour, mon portable sonna en pleine retransmission. Je coupai mon micro et lui répondis : « Jo, excuse-moi, je suis en direct. Oui, Jo, merci Jo… »

Et il continuait. Ces dernières années, si vous l'aviez aperçu sur un vélo, croyez-moi, vous ne pouviez pas le rater. Velly, c'était toujours la perfection du style.

Au début de sa carrière, alors qu'il n'avait pas encore épousé Jacqueline, il venait de Crozon à Concarneau avec son ami Simon Le Borgne, excellent routier comme lui. Concarneau, où j'habitais, possédait alors un dancing qui avait été confectionné dans un bateau désaffecté et stationné dans le magnifique site de l'anse de Saint-Laurent. Jo aimait le lieu et m'en parlait encore, longtemps alors qu'il avait rejoint les rangs professionnels. Il m'appelait d'ailleurs de temps en temps « la Bigorne », du nom du dancing. Lors de Paris-Nice 1963, dans la 3ème étape Saint-Honoré-les-Bains / Montceau-les-Mines, sous une pluie battante, il s'échappa avec le petit Joseph Carrara. Sur la moto où j'officiais en qualité d'ardoisier, je ne les vis pas venir et soudain je reçus une tape dans le dos de Jo Velly qui cria « La Bigorne » ! C'était notre forme de complicité. Le coureur de Margnat-Paloma fut d'ailleurs malheureux dans ce Paris-Nice. Il chuta lourdement dans l'étape Tournon / Montpellier se blessa sérieusement aux jambes et à une main. L'épreuve était terminée pour lui. Il n'allait pas se rendre en Corse où Paris-Nice faisait étape pour la première fois de son histoire.

Né le 10 mars 1938, l'ami Jo lutte depuis de nombreuses années contre la maladie. Il réserve son humour à qui veut l'entendre :

« Comme le pape Jean-Paul II et l'ex-boxeur Mohamed Ali, je souffre de la maladie de Parkinson. Chaque jour, j'effectue une course contre elle. Je la bats au *sprint*. Elle me rattrape la nuit. Le matin, je la laisse de côté. Je pratique le vélo chaque jour. Je suis en bonne forme. »

47. LA RAISON D'ÉTAPE

Il est des images qui restent vivaces dans les mémoires. Comme celle d'André Darrigade, tous muscles bandés, tendu, jetant en avant sa machine lors d'un *sprint* échevelé. Ce coureur véloce qui fut l'un des hommes les plus titrés du Tour de France, dont il remporta vingt-deux étapes et décrocha, toujours grâce à son coup de rein final, le Maillot arc-en-ciel, est de mes amis les plus chers. Ma femme et moi adorons le retrouver avec son épouse Françoise, l'éternel sourire au coin des lèvres. Son visage dont les vents et le soleil ont façonné l'épiderme, au fil d'une longue carrière, séduit toujours autant par ses petits yeux clairs, bridés à l'asiatique, mais leur expression est loin de retenir la langueur orientale. Ils sont au contraire vifs, éclatants.

S'il a laissé quelques cheveux dans les *sprints* tumultueux dont il savait sortir vainqueur, on ne s'en rend pas compte tant la blondeur lui a conféré une carapace d'éternelle jeunesse. Il est merveilleux, mon ami « Dédé ». Dans les pelotons, on aimait ce chevalier sans prétention. Il était le capitaine qui charge à la tête de ses hommes ; c'était aussi le Saint-Bernard secourant les vaincus ; c'était enfin le porte-parole le plus éloquent et le plus écouté aux arrivées.

Il dirige aujourd'hui, en famille (laissant néanmoins les rênes à ses deux fils Éric et Patrick), une importante entreprise de messagerie de journaux et la maison de la presse, à Biarritz. Il a puisé auprès de ses parents, humbles métayers de Narosse, près de Dax, le sens de la mesure et une gentillesse qui le désignent, depuis longtemps, comme l'un des personnages les plus estimés de sa bonne ville d'adoption. Jamais Dédé n'a entendu Joseph ou Jeanne Darrigade se plaindre de leur sort et il a pris du père et de la mère ce sang généreux, dispensateur de bien des vertus.

Cet homme venu des Landes, au parler volubile et rocailleux roulant sur les syllabes comme les vagues enveloppant les récifs, aura représenté l'un des *sprinters* les plus performants. Durant sa vie sportive, ce grand professionnel a préféré le tout ou rien des folles chevauchées « nez dans le vent ». Darrigade avait la générosité et le goût du panache d'un seigneur. Sa fameuse pointe de vitesse ne trahissait jamais les besogneux usés par leurs efforts, tant il mettait lui-même de l'effort à l'ouvrage. Et il gagnait. Dans le Tour de France, si l'on place bout à bout ses victoires, on arrive à un Tour victorieux. Mais son élégance morale lui a coûté cher. Il faut reconnaître que, parallèlement, elle lui a aussi donné de beaux succès, couronnés notamment par un titre de champion du monde acquis sur le circuit automobile de Zandvoort, sur les rives de la mer du Nord, en Hollande.

Il a couru avec Louison Bobet, a été le confident très écouté de Jacques Anquetil, mettant toujours sa vaillance au service de ceux que l'on considérait comme les seigneurs de la route. Quand il gagnait à son tour, il avait d'abord accompli son travail d'équipier en cours de route, sans rechigner. Il ne retrouvait sa liberté, aux approches de l'arrivée, qu'en fonction des circonstances et, bien souvent, il lui fut demandé de se sacrifier pour rester auprès d'un *leader* menacé. Il portera dix-neuf fois le Maillot jaune, gardera deux fois le Maillot vert final, en 1959 et 1961.

Le championnat du monde évoqué plus haut, il en rêvait la nuit. Jusque-là, il avait déjà figuré sur le podium, mais c'était cette la victoire qu'il recherchait. Pourtant « Dédé-de-Dax » n'était pas encore au bout de ses peines.

Alors qu'il arrivait aux Pays-Bas, à quelques jours de l'épreuve, il fut pris d'une rage de dents, puis découvrit, la veille du jour solennel, qu'un ver solitaire taraudait son organisme. Cela ne l'avait pas empêché de réaliser un bon Tour de France. Alors ? À peine quelques kilomètres étaient-ils couverts qu'une dizaine de concurrents occupaient le devant de la scène ; parmi eux, André Darrigade. L'échappée ira jusqu'à son terme, mais ce n'est pas gagné.

« Nous entrons dans la dernière ligne droite, raconte le Dacquois, Albertus Geldermans au commandement, et moi derrière. J'efface Noël Foré et Tom Simpson, je laisse Michele Gismondi s'épuiser encore quelques petits instants, puis je libère mon coup de reins une centaine de mètres avant la ligne. Gismondi, épuisé, s'est relevé. Cinquante mètres avant la banderole, je suis champion du monde. Champion du monde… *Tu vas être champion du monde… Tu es champion du monde !* Ces pensées ont tourbillonné dans ma tête en quelques secondes inoubliables. Je n'ai jamais atteint dans ma carrière un tel degré d'euphorie. »

Auparavant, en 1955, il était champion de France, à Châteaulin, devant Louison Bobet. Cette année-là fut à marquer, pour lui, d'une pierre blanche. Sélectionné au championnat du monde, à Frascati, sur l'une des collines romaines, il vit venir vers lui, la veille de l'épreuve, Françoise, une jeune dacquoise de seize ans accompagnée de son oncle et de sa tante qui lui ont offert un voyage dans la ville éternelle à la suite de son succès aux épreuves du baccalauréat. Le couple de Dax et leur nièce n'ont pas hésité à faire un saut jusqu'à Frascati afin de saluer un « pays ».

Le champion de France a bien jeté un regard poli à la jeune fille, mais sans plus. Elle n'a que seize ans. Et pourtant, il reverra Françoise Dulon. Celle-ci se met à s'intéresser aux prouesses de son voisin de Narosse (elle habite Saint-Paul-les-Dax). Entre eux, commence à s'établir une sorte de complicité et André ressent à l'égard de sa payse, de dix ans sa cadette, un émoi confus. Cependant, pour Françoise, dans la famille, on rêvait d'autre chose. Une certaine bourgeoisie feutrée existe à Dax, comme ailleurs, et déjà les familles, qui avaient un fils, s'étaient compromises en clins d'œil et sourires entendus. Mais mademoiselle Dulon tenait bon. On sait être têtu dans cette région des Landes. Et, au « coureur cycliste, ça n'est pas un métier », elle répondait : « C'est André que j'épouserai et personne d'autre ». Il s'imprégna de son vrai visage, se réchauffa à sa douce flamme. C'est en effet Françoise qui, sans effraction outrancière, allait entrer dans sa vie (le rendre heureux) et y demeurer.

Et Dédé se sentit soudain, pour elle, l'envergure d'un destin encore plus brillant, si éclatant même qu'il le portera à triompher, nous l'avons vu, dans l'épreuve à l'arc-en-ciel. Il se remit à aimer plus fortement encore son métier, trouvant que l'atmosphère des courses que l'on disait polluée, avait une haleine de fiancée au premier baiser. Son sillage devenait un roman où il y avait autant de courtoisie que de gentillesse. On pouvait lui attribuer, sans crainte de forfaiture, le prix Orange à perpétuité. On pouvait même, presque, dire de lui, qu'il était, à la fois, la providence des enfants qu'il aidait à grandir et des adultes qu'il aidait à vieillir tant il posait un regard bienveillant sur les choses et les gens.

Le poète Théodore de Banville écrivait dans les *Roses de Noël* :
« Les jours se sont enfuis d'un vol mystérieux
Mais toujours, la jeunesse éclatante et vermeille
Fleurit dans ton sourire et brille dans tes yeux. »
Comment ne pas rapporter cette strophe de l'existence d'André Darrigade, de son bonheur simple, bonheur qu'il a bâti lui-même tout comme sa carrière où le courage et la persévérance lui ont permis d'arracher la décision ? Ce courage, ce sentiment profond d'humilité, cette courtoisie naturelle ont fait de lui ce qu'il est resté : un homme au cœur franc et loyal. Un jour il renonça à un fructueux contrat sur piste, en disant :
« Je ne peux pas. C'est la fête paroissiale, à Narrosse. J'ai promis à M. le Curé d'être là. »
Il n'a qu'une parole. « Faire le métier », en langage sportif, cela veut dire le faire sérieusement, sans relâcher la discipline de l'entraînement, sans considérer qu'une course de kermesse, c'est de l'argent à prendre sans donner au public la contrepartie du spectacle auquel il a droit. C'est disputer chaque compétition en s'efforçant de vaincre ou de faire triompher un équipier. Le public, qui sait parfaitement discerner entre tant de vedettes celles qui joignent à leurs dons musculaires des qualités humaines, ne s'est jamais trompé sur André Darrigade

Triompher à Bordeaux ! André Darrigade en rêvait depuis ses débuts, depuis cette saison 1948 où, tout jeune *sprinter*, il avait découvert les bienfaits de la piste. Il connaissait le vélodrome de Lescure comme sa poche. De plus, l'anneau bordelais lui avait ouvert les portes du Vél'd'Hiv, à Paris, et ce souvenir restait encore gravé en lui, lorsque, finaliste de la Médaille, en 1949, il s'était vu apostrophé par le père Chardon, gardien du vélodrome.

« Comment t'appelles-tu ?

– Darrigade.

– D'où viens-tu ?

– De Dax.

– Tu t'es dérangé pour rien ! Ce soir c'est le Rital Maspès qui va gagner les deux doigts dans le nez ! »

Les deux doigts dans le nez, sans doute pas, mais la main tout entière dans la selle. Car Antonio Maspès, se voyant défait, retint le Landais par le cuir. Malgré cette irrégularité, Darrigade l'emporta. Cela se passait donc à Paris, mais c'était tout de même la conséquence d'un apprentissage effectué à Bordeaux.

Gagner dans le chef-lieu de la Gironde ! Jamais, il ne parvenait à satisfaire ses supporters. Certes, il remportait les *sprints* de peloton mais, pour la première place, il affrontait un sort délibérément hostile.

Bordeaux, Tour de France 1964. Darrigade commence à ressentir le poids des ans. Certes, le sourire éclatant et vermeil fleurit toujours sur son visage et brille dans ses yeux. L'homme dégage toujours une autorité indulgente et joviale. Il va encore très vite mais des forces vives prennent le relais autour de lui. Néanmoins, il est conscient qu'il faut l'emporter aujourd'hui ou jamais. Comme à chaque fois, son public l'attend. Il le sait et cela le rend nerveux. Toujours, ainsi, à l'heure de l'événement, il s'est senti rebelle. Tout au long du parcours, les spectateurs lui ont lancé : « Dédé, celle-là, tu vas te la faire ! » Comme il voudrait les satisfaire ! Quinze mille Girondins hurlent dans le vélodrome. Le Belge Gilbert Desmet possède quelques mètres d'avance. Le Britannique Barry Hoban l'a pris en chasse et deux autres concurrents étirent la file du peloton : l'Espagnol Antonio

Barrutia et le Belge Benoni Beheyt, coéquipier de Desmet. La situation de Darrigade semble désespérée. Il adopte alors la seule solution valable à ses yeux : il gicle du peloton, plantant Beheyt, Janssen, Sels, Altig, double Desmet en perdition et passe Hoban. Jamais il n'a été aussi vite. Il gagne. L'affaire est claire, lumineuse, éblouissante. Les Bordelais, ses frères, vivent ce jour-là leur plus bel après-midi de cyclisme. Lorsque « Dédé » quitte le vélodrome de Lescure, il suffit de le regarder, radieux, éclatant d'allégresse, pour comprendre qu'il s'agit, pour lui, de la victoire du bonheur.

Le miracle Darrigade tient à ce qu'il a su conserver l'esprit d'enfance, la fraîcheur, la générosité, l'enthousiasme. Il raconte dix, vingt fois son *sprint* devant les journalistes. Quand il gagne son hôtel à vélo, il voit venir à lui une cohorte de jeunes, à bicyclette également, qui lui fait escorte jusqu'à l'hôtel. C'est une marche triomphale. À son arrivée au Continental, trois dames l'accueillent. « Dédé », décidément intarissable, raconte encore. Il vient de vivre son couronnement avec sa vingt-deuxième victoire d'étape dans le Tour de France. Il n'y en aura plus d'autre, mais on peut (presque) affirmer que celle-ci, dans le fond, aurait suffi !

48. JEUNE HOMME BIEN
SOUS TOUS RAPPORTS

À l'image de Sandrino Carrea, je me liai d'amitié avec Luciano Pezzi, lui aussi *gregario* de Fausto Coppi. Il connut avec le *Campionissimo* bien des aventures.

J'avais d'abord tenu à le voir pour les besoins d'un ouvrage intitulé *Dossiers secrets du cyclisme*. C'était en 1971 ; j'étais alors journaliste à la station O.R.T.F. de Rennes. Il était venu m'accueillir à l'aéroport de Bologne. Son physique s'était un peu épaissi mais il avait gardé le même profil avec sa calvitie précoce, sa voix de rogomme et ses gestes mesurés. Dans sa villa de Dozza, près d'Imola, on respirait le souvenir de Coppi. Il ne se passait pas un seul jour sans qu'il pensât à lui. Comme pour le *Campionissimo*, son épouse s'appelait Bruna (la similitude relevait du hasard) et son fils Fausto (qui ne devait rien au hasard).

Et Pezzi me révélait l'état d'esprit qui animait les *gregari* du champion disparu. Si Luciano, né le 7 février 1921, à Russi, province de Ravenne, fut champion du Tour d'Emilie chez les cadets, s'il termina deuxième du Tour de Romagne et troisième de Milan-Turin, premières courses professionnelles d'importance auxquelles il participa, il avait toujours pensé : « Je suis né pour être un domestique dévoué ! »

Non point qu'il manquât d'ambition, mais il considérait qu'il y avait, à son époque, deux grands coureurs, Bartali et Coppi, puis venaient à un degré inférieur Ortelli et Magni. Partant de cette idée, il avait le sentiment de devenir un bon coureur et de bien servir la cause d'hommes plus forts que lui, d'être, en somme, leur complément indispensable. Coppi s'aperçut bien vite des services que pouvait rendre ce longiligne au cheveu rare qui appartenait à la formation Atala, rivale de la Bianchi. Lorsqu'il fallut désigner l'équipe italienne du Tour de France 1949, Fausto déclara tout net au directeur sportif, Alfredo Binda : « Je veux Luciano Pezzi ! ».

Un *gregario* au service du citoyen de Castellania devait s'atteler à toutes les besognes. Il me raconta l'aventure qui intervint lors d'une défaillance mémorable de Coppi, au cours de l'étape Carcassonne / Montpellier du Tour de France 1951.

Les Transalpins et leur *leader*, loin derrière le peloton, avançaient à la manière d'un cortège funèbre dans la plaine du Languedoc brûlée de soleil, menacés d'une implacable élimination. Pezzi, toujours méthodique, passa une rapide revue, comptant les hommes qui pendaient à la selle du *Campionissimo*. Un bref calcul le rassura : le nombre se trouvait suffisant pour que les commissaires internationaux repoussent les délais d'élimination. Mais voilà qu'un petit Espagnol des Baléares nommé Miguel Gual se mit à jouer les trouble-fête. Convaincu qu'il courait tout droit à l'élimination, en entendant les spectateurs crier leur retard et loin d'avoir la science de Pezzi, il se dressa sur ses pédales et s'apprêta à lâcher ses compagnons d'infortune. Horreur ! Si le petit Majorcain s'enfuyait, le compte d'individus n'était plus assez important pour sauver le groupe de naufragés. Pezzi, vigilant, donna aussitôt l'ordre à ses équipiers de le retenir. Ainsi, chaque fois que l'Ibérique montrait des velléités de fugue, il s'en trouvait toujours un pour le retenir par la selle. Miguel Gual, qui ne comprenait pas, manifestait à chaque fois son mécontentement.

Le rôle du *gregario* ne se limitait pas à la course et au soutien moral apporté à son maître. Il est arrivé à Pezzi de partager la chambre de Fausto. La nuit, Luciano remuait beaucoup mais, auprès de son *leader*, il prenait une position et ne la quittait plus jusqu'au lendemain afin de ne pas provoquer son rival brutal. Il buvait également beaucoup d'eau durant la course et, la nuit, les WC recevaient souvent sa visite. Les nuits où il dormait près de Fausto, la chasse d'eau restait muette. Le fidèle domestique gardait son envie jusqu'au lendemain.

En 1958, Pezzi mit fin à sa carrière de coureur. Coppi appelle alors son ancien domestique : « Je crois que tu pourrais devenir un bon directeur sportif ». Et l'ancien champion s'en ouvre à M. Ghigi, industriel, nanti d'une fortune enviable et qui possède déjà une équipe professionnelle.

Ainsi, Luciano Pezzi va-t-il entamer une seconde carrière. Elle durera jusqu'en 1988. Il aura alors dirigé onze formations cyclistes. En 1964, il fait entrer dans l'ère vélocipédique la grande firme *Salvarani*. C'est le début d'un règne.

Lorsque je viens le voir, chez lui, au début des années 1970, je le trouve meurtri. Il vient d'être licencié de la direction technique de cette firme. Avec beaucoup d'émotion, il me raconte comment il a décelé de jeunes talents et, en particulier, Felice Gimondi.

Il se trouvait, un jour de juin 1964, à Meldola (province de Forli) où il assistait à une épreuve d'amateurs nationaux. Tout de suite, ses regards se portent sur ce garçon revêtu d'un maillot strié aux couleurs de l'Union sportive de Sedrina. Il ne termine que troisième mais Luciano Pezzi tient à le féliciter :

« Tu pédales souplement. Tu possèdes une position efficace et coulée sur ta machine. Tu iras loin !

– Mais je n'ai pas gagné ! » proteste Gimondi.

– Ca ne fait rien. Tu as fait mieux que le vainqueur. L'année prochaine tu seras professionnel, je t'assure ! Maintenant, tu vas sans doute être sélectionné au Tour de l'Avenir, en France. Je serai, quant à moi, au Tour de France, mais je te suivrai tout de même, car souvent le Tour de l'Avenir stationne dans les mêmes villes que nous. Peux-tu simplement me donner ta parole que tu ne signeras pas de contrats avant de m'en informer ? »

Les deux hommes se serrent la main.

Luciano Pezzi, détecteur de talents, a vu juste : Gimondi gagne le Tour de l'Avenir quelques semaines plus tard et, à l'arrivée à Paris, le directeur sportif retrouve son poulain.

« Maintenant que tu as gagné, lui dit-il, tu seras sollicité !

« – Oui, reconnaît Gimondi, j'ai déjà eu des propositions, mais je ne change rien, je reste avec vous ; voyez tout de même mon président de club, M. Ghisalberti. »

Ce dernier, déjà mis au courant par Felice, approuve.

La même année se déroulent, à Tokyo, les Jeux olympiques et, lorsque Pezzi va quérir Gimondi pour lui faire signer un contrat, le jeune champion s'est déjà envolé vers le pays du soleil levant. Pezzi, désarmé, téléphone alors à Ghisalberti. Devant le directeur sportif éberlué, le président de club annonce : « Gimondi m'a donné tout pouvoir pour signer avec toi ! »

Et Pezzi lui offre un contrat de professionnel qui le lie à la firme Salvarani, qu'il dirige.

En 1965, on attend les premiers pas de Gimondi. Il ne déçoit pas, terminant troisième du Tour d'Italie. Objectif atteint. Il ne va donc pas participer au Tour de France car deux grands Tours en une seule saison constituent une tâche trop lourde pour un jeune novice professionnel. Mais les événements vont en décider autrement.

Lorsqu'il s'agit de désigner la formation en partance pour le Tour, Pezzi fronce le sourcil. Plusieurs de ses hommes se révèlent indisponibles et, en dernier lieu, Bruno Fantinato, excellent *gregario*, qui rend tant de services à l'équipe. Pour le directeur sportif italien, il n'existe, en désespoir de cause, qu'une seule solution : sélectionner Gimondi, compte tenu de sa brillante prestation au Tour d'Italie, où il n'a jamais donné l'impression de forcer son talent. Le jeune Bergamasque, dans un premier temps, ne comprend pas et surtout, courroucé, ne veut rien entendre. Il a peur d'être contrait à l'abandon, et qui voudra de lui par la suite, s'il se retire ? Pezzi comprend et signe le contrat pour l'année suivante : quatre millions de lires pour 1966.

Le Tour prend son essor de Cologne. Gimondi se promène littéralement dans le peloton et piaffe d'impatience. La fougue du jeune homme, son insouciance dès le départ, l'incitent à affirmer son opportunité lors des premiers tracés en plaine. Dès la 3ème étape, Roubaix / Rouen, il se joue des *sprinters* et l'emporte.

À lui le Maillot jaune, qu'il endosse avec trois minutes d'avance sur Poulidor. La suite se déroule comme dans un rêve, même si les principaux protagonistes, Poulidor en tête, ne lui prêtent aucune attention et se limitent à exercer leur marquage sur Vittorio Adorni et Gianni Motta. Mais le Maillot jaune et la victoire d'étape ont donné à Felice un moral fantastique, à l'épreuve des événements, et une sorte de responsabilité morale.

On attend l'étape contre-la-montre de Châteaulin (deuxième partie de la 5ème étape, sur 26,7 kilomètres) pour savoir si Poulidor est bien le digne dauphin de Jacques Anquetil. Perdu dans les profondeurs du classement général, le Limousin s'élance avec les obscurs de la spécialité, devant l'Italien Pietro Partesotti. Et, pour être plus sûr d'imiter Anquetil, Poulidor entreprend d'enrouler, pour la première fois, un braquet de 54 x 13.

Au début, tout se passe bien. Raymond avale allègrement la fameuse côte de Stang-ar-Garront, puis celle de Pleyben et encore celle de Ty-Guen. Ses fidèles jubilent. Le temps de Raymond, à mi-parcours, éclipse tout ce qui a été réalisé de mieux jusque-là. Ensuite, les choses se compliquent. Le coureur de Mercier semble se désunir, lève le fessier de la selle, flanque de grands coups de tête en l'air, mais s'installe, tout de même, nettement en tête du classement. À 42,474 de moyenne sur un pareil parcours, la performance est de taille.

Le temps passe et les coureurs aussi. Poulidor conserve toujours la tête. Mais ce qui tracasse tout le monde, c'est qu'il soit talonné par Motta qui n'était qu'à 17 secondes. Conscients de la supériorité d'Adorni, de Gimondi, sur Motta, dans la spécialité, les Poulidoristes sont inquiets. Les temps à mi-parcours les réconfortent… Poulidor reste premier. Ferdinand Bracke arrive, puis Adorni. Dans le clan Poulidor, on respire. Distancé de 23 secondes à mi-parcours, le Maillot jaune, lui, n'est pas considéré comme dangereux. Erreur ! Gimondi termine en bolide et, à l'arrivée, seulement 7 secondes séparent le Français de l'Italien.

Oui, c'est dimanche, les Bretonnes ont sorti leurs plus belles coiffes et les portes des crêperies laissent filtrer une douce odeur de sarrasin et de beurre. Sur les tables, devant les auberges, le muscadet est frais, frais.

Qu'allait-il se passer dans les Pyrénées et en particulier dans l'Aubisque et le Tourmalet ? Le grimpeur espagnol Julio Jimenez joue les trouble-fête mais Antonin Magne, directeur sportif de Poulidor, n'est pas rassuré.

« Je constatai avec inquiétude que chaque accélération de Gimondi ou de Motta mettait Poulidor en difficulté quand on se trouva dans le Tourmalet. Le dernier kilomètre fut escaladé au plus haut régime. Zim et De Rosso lâchèrent prise mais dans les 300 derniers mètres, Raymond se trouva distancé par les deux Italiens. Ils lui prirent quinze secondes au sommet, et lorsque Poulidor passa sous la banderole du grand prix de la Montagne, Gimondi et Motta étaient déjà loin ! Je fus surpris de trouver le vide en abordant la descente, derrière mon coureur : ses deux rivaux venaient de s'envoler, comme le font les descendeurs les plus intrépides.

Dans cette plongée sur Bagnères-de-Bigorre, la chance allait sourire à Poulidor par opposition au malheur qui frappait Gimondi. Celui-ci avait «percé» dans le bas du Tourmalet et c'est ce qui permit à Raymond de reprendre contact avec lui. Je dois reconnaître que l'Italien fit un travail considérable pour limiter personnellement la différence concédée à l'homme qu'il redoutait secrètement le plus : Gianni Motta. Ce dernier n'avait qu'une pensée : battre Gimondi.

Je résolus de faire manœuvrer Poulidor de telle sorte qu'il puisse tirer un profit de cet antagonisme de prestige. Je l'incitai à porter une grande attaque dans le Mont-Ventoux… Raymond combla mon attente en se montrant irrésistible sur les pentes de ce col si redouté des coureurs. Mais, si Motta tomba en déroute totale, Gimondi ne dut son salut qu'à la Providence. Celle-ci lui apparut sous les traits d'un Henry Anglade des meilleurs jours, après que Poulidor et Jimenez se fussent envolés sur les minces filets qui les séparaient de de la caillasse du Ventoux. Pour limiter les dégâts sur mon coureur qui le menaçait directement au classement général, Gimondi dut produire un terrible effort. Il lâcha Janssen, De Rosso et Lebaube et rejoignit Anglade qui escaladait la pente en compagnie de Galera. Mais cet effort venait de marquer le crack italien. Il apparut un moment vacillant et s'accrocha à la roue d'Anglade comme une bouée de sauvetage. Grâce au train régulier que l'ex-champion de France assurait, Gimondi conserva son Maillot mais avec 34 secondes d'avance seulement sur Poulidor »[1].

Le grand jour est arrivé. Le mont Revard, escaladé contre-la-montre, individuellement, sur 26,9 kilomètres, à quatre jours de l'arrivée, doit décider de la victoire dans ce Tour de France 1965.

Dès l'aube, Gimondi a déjà escaladé une première fois le Revard, histoire de repérer les virages, de juger les braquets, de se faire une opinion, en somme.

En compagnie de Pezzi, il s'applique à converser après cette première inspection du matin. Le jeune champion mange de bon appétit. Le directeur sportif appuyé sur ses coudes, penché en avant, parle d'abondance à son poulain qui ne répond pas. Il se contente de manifester son attention par d'imperceptibles *oui* de la tête !

D'une voix marquée par les intonations de sa Romagne natale, Pezzi explique :

« Je te fais monter deux plateaux de 43 et 53 dents. À l'arrière, tu as 14, 16, 18, 19 et 20 dents. Tout à l'heure, nous irons une nouvelle fois reconnaître le parcours afin de vérifier si ces braquets te conviennent ou pas.

Pezzi ajoute :

– J'ai donné des instructions pour que ton repas soit prêt pour onze heures et demie. Je t'ai fait préparer un *steak* saignant, du riz et des fruits. Mais je te préviens, dès maintenant, tu ne boiras rien. Dans une course comme celle d'aujourd'hui, il faut transpirer le moins possible. Tu te reposeras jusqu'à deux heures. Tu rouleras ensuite une quinzaine de kilomètres derrière la voiture, à 60 à l'heure, histoire de te mettre en jambes puis, tu rentreras à l'hôtel tranquillement. Tu mettras un maillot sec et il sera l'heure d'aller au départ. C'est compris, fils ?

Felice s'essuie la bouche, fixe Pezzi et sourit.

– C'est compris », répond-il. »

À 9 heures, Gimondi, sur son vélo, grimpait le Revard pour la deuxième fois. Il redescendit en voiture, confiant. Il disait :

---

[1] Antonin Magne, *Poulidor et moi*, éd. Del Duca, 1968.

« Poulidor est le plus fort. Le parcours lui convient à merveille… » Puis d'ajouter : « Mais je crois que je gagnerai… » Il déjeuna d'un solide appétit.

Dans chaque camp, on affichait sa certitude en la victoire. Les « Poulidoristes » les plus chaleureux, cependant, forçaient un peu trop sur l'optimisme, c'était leur manière de cacher leur inquiétude.

À Briançon, puis à Aix-les-Bains, le visage rayonnant de Gimondi montant sur le podium les avait quand même impressionnés. Aucune trace de fatigue. Pas la moindre marque au coin des yeux, au bord des lèvres. Le visage calme et serein d'un jeune homme de bonne famille, il y avait de quoi ébranler ceux qui s'apprêtaient à brandir les pancartes : « Ci-gît… Mondi ».

Et le grand instant arriva. Les Poulidoristes furent cueillis à froid. Après dix kilomètres de faux plat, Gimondi accumulait déjà plus de vingt secondes d'avance, c'était trop brutal pour être vrai. Sans voix, les « Poulidoristes » se regardaient, incrédules.

« Ce n'est pas possible. Il doit se passer quelque chose… » Il ne se passait rien d'autre qu'une jeunesse rayonnante, en train de réaliser un rêve immense.

Au 11ème kilomètre, Felice a pris une option sur la victoire finale. Il y avait un virage et, à la sortie de ce virage, une sorte de mur.

Gimondi n'en est pas surpris. Il se prépare à passer du 16 au 18 dents. Un claquement sec, un coup de guidon brusque pour redresser l'équilibre compromis et l'on voit le jeune Italien dressé sur les pédales, muscles saillants, tirer de toutes ses forces sur son guidon.

Vainqueur du Tour, sa valeur marchande fait un bond. Hélas, on l'a vu, il a déjà signé pour l'année suivante. Il ne pouvait décemment pas deviner qu'il allait réaliser ce coup de maître. Mais Pezzi, magnanime, déchire le contrat : « Quatre millions de lires, ce n'est pas assez. Il aura le double ! ».

49. L'ACCORD SECRET MERCKX-GODEFROOT

Depuis plusieurs années, Guillaume Driessens, directeur sportif belge, connaissait de grandes satisfactions : avec Merckx il avait remporté le Tour de France, avec Rik Van Looy il inscrivait son nom au palmarès des grandes Classiques. Ce que l'on oubliait ou que l'on ne savait pas, c'est qu'il s'était également occupé de Fausto Coppi.

L'ancien champion du monde amateur Adolfo Leoni a été à l'origine de la rencontre. « Quand tu iras en Belgique, avait-il recommandé à Fausto, descends donc voir Guillaume Driessens, tu trouveras tout ce que tu souhaites. »

La présence du soigneur et directeur sportif belge aux côtés de Fausto l'amena à faire la connaissance des *gregari* du champion et, notamment, de Luciano Pezzi. Les deux hommes se ressemblaient sur un point capital : ils connaissaient admirablement leur métier. Par ailleurs, les personnages étaient différents : on disait Driessens énigmatique, sarcastique, arrogant… On disait tant de choses ! Luciano Pezzi, longtemps coureur, est toujours resté très humble. Jamais il ne haussait le ton et, si le sort se montrait sous un jour défavorable, l'ancien *gregario* de l'équipe nationale transalpine n'en appelait jamais à la vengeance.

Les deux hommes se sont un jour retrouvés chacun à un poste de directeur sportif. Ce soir-là, nous sommes au terme de la 17ème étape du Tour de France 1970 : Toulouse / Saint-Gaudens.

Luis Ocana a signé le succès du jour devant Cyrille Guimard et l'Italien Marino Basso. Eddy Merckx reste le *leader* incontesté de l'épreuve devant le Hollandais Joop Zoetemelk. Le Maillot vert du classement par points est porté par le Flandrien aux yeux de porcelaine, Walter Godefroot, ancien champion de Belgique, vainqueur de Paris-Roubaix, de Liège-Bastogne-Liège, du Tour des Flandres, de Bordeaux-Paris…

Eddy Merckx appartient à l'équipe Faemino dirigée par Guillaume Driessens, Walter Godefroot émarge à la Salvarani dirigée par Luciano Pezzi. Ces deux derniers sont soucieux. Il reste cinq étapes et rien ne dit que Godefroot ramènera le Maillot vert à Paris, terme de la Grande Boucle.

Le directeur technique italien, lucide et avisé, se livre à un rapide examen de la situation : il reste à couvrir l'étape Saint-Gaudens-La Mongie, comportant l'escalade du Tourmalet. Godefroot n'a aucune qualité de grimpeur. Merckx lui prendra des points. En revanche, Bagnères-de-Bigorre / Mourenx peut lui permettre d'augmenter son capital si Merckx n'est pas dans le sillage. Même calcul pour Mourenx / Bordeaux, tandis que l'après-midi, le circuit du lac, contre-la-montre, le condamne à l'avance. Restera alors Ruffec / Tours et Tours / Versailles où Godefroot possède sa chance, mais non dans l'ultime tronçon qui est une course au chronomètre entre Versailles et Paris.

Pour Godefroot, le Maillot vert est donc menacé. La situation apparaît dans toute sa clarté. Il suffit simplement que Merckx force légèrement son talent dans les étapes plates et il parviendra alors à faire coup double : Maillot jaune et Maillot vert. Luciano Pezzi a une idée. Il va rendre une petite visite à son ami Driessens. Rien de plus facile. Ce soir-là, toute la caravane est hébergée au lycée de jeunes filles de Saint-Gaudens. À l'abri de toute oreille indiscrète, il lui dit :

« Écoute, Guillaume. Eddy a déjà le Tour dans la poche. S'il laisse à Walter le Maillot vert, l'épreuve s'en trouve relancée. Mon coureur reprendra confiance en lui, tout comme mes hommes. Il suffit de peu de choses : que Merckx ne dispute pas les *sprints* de peloton dans les étapes plates. »

Driessens regarde Pezzi. Il aime bien l'ancien *gregario* de Coppi.

Pour figurer parmi les préférés du champion italien, quel homme fallait-il être ? Tout un passé revient. Le directeur sportif belge n'oubliera jamais.

« D'accord Luciano. Je vais en parler à Eddy. Je pense qu'il sera d'accord. Tu pourras aller le voir aussi… »

Tout va se réaliser dans la plus grande discrétion. Les deux hommes se sont compris. Lorsque le directeur de la Salvarani rencontre Merckx, ce dernier a déjà donné son accord à Driessens.

« Godefroot mérite le Maillot vert ! » se borne-t-il à dire.

Tout se passe comme prévu. Au final, Godefroot totalise 212 points et Merckx, deuxième, 207. On constate donc que le champion belge n'avait guère à forcer son talent pour réussir le doublé : Maillot jaune et Maillot vert.

50. UN GRIMPEUR DANS L'HISTOIRE

Un jour, je vis apparaître un certain Marco Pantani, coureur au physique étrange, presque insignifiant, qui était un grimpeur explosif, pour lequel chaque virage de col constituait une rampe de lancement vers les sommets. En 1994, il avait commencé à s'affirmer : 2ème du Tour d'Italie, 3ème du Tour de France. L'année suivante, dans le Tour de France précisément, il remportait les étapes de l'Alpe d'Huez et de Guzet-Neige. Les Transalpins n'arrêtaient pas de chanter ses louanges et s'apprêtaient à écrire la nouvelle légende du cyclisme.

Hélas, en octobre 1995, un destin funeste l'attend. Au retour du championnat du monde, en Colombie, où il a pris place sur le podium, il percute une *jeep* dans la descente de Superga, au cours de la course Milan-Turin. Bilan : double fracture tibia-péroné. On le dit perdu pour le cyclisme. Il a 25 ans.

Il se remet lentement. Il est le seul à penser qu'il pourra retrouver un jour la compétition et le premier plan. Pas tout à fait le seul, cependant. Bien vite accourt à son chevet l'homme providentiel : Luciano Pezzi. Il connaît la volonté du coureur. De greffe osseuse en centre de rééducation, Pantani commence à entrevoir le salut. Il sera à nouveau coureur cycliste.

Il reprend la route, en août 1996. Pezzi se démène et ne cesse de lui répéter qu'il gagnera rien moins que le Tour d'Italie et le Tour de France ! Pour appuyer ses affirmations, le bon Luciano lui propose un contrat de trois ans à la *Mercatone Uno* dont il dirige la communication. Il a, en effet, convaincu les dirigeants de cette chaîne de supermarchés de revenir au *sponsoring* avec une idée toute simple : bâtir, à l'ancienne, comme au temps de Coppi, une équipe autour d'un *leader* unique, Marco Pantani, ce qui ne se concevait plus dans le cyclisme des années 1990. Pari audacieux, gigantesque. Il sera tenu. Désormais, celui qui porte un bandana enroulé autour de son crâne chauve et se fait appeler « le Pirate » rêve tout haut.

Trois ans après son terrible accident, Pantani, irrésistible grimpeur, double la mise, comme Pezzi l'avait prévu. Il gagne les deux grands Tours.

Hélas, seul Pezzi ne verra pas ce merveilleux accomplissement. Lui qui, l'hiver précédent, avait réactivé à sa façon le mythe Coppi en scellant au destin de Marco celui des vélos Bianchi, la marque légendaire du *Campionissimo*, disparaît le 26 juin 1998, entre la fin du Tour d'Italie et le début du Tour de France.

Ah ! ce Tour de France 1998, entaché par « l'affaire Festina ». Pantani se montrait étonnant. Sur ma moto, je le regardais grimper les cols. Oui, vraiment, le temps des montagnards était revenu. Me reste en mémoire, entre autres, la 15ème étape Grenoble / les Deux-Alpes, le lundi 27 juillet. La vallée de la Maurienne est méconnaissable sous un temps exécrable : une pluie persistante et parfois un petit vent de côté. Un brouillard opaque masque les cimes alpestres.

Pantani conduit sa course avec intelligence, conscient de ce qui va se passer, connaissant admirablement le terrain où le sort de l'étape et celui du Tour peuvent se jouer. Dans ce dessein, il a décidé d'attaquer. Pour lui, pur grimpeur, il convient de faire exploser la course dans le Galibier.

Physiquement, le grimpeur transalpin peut paraître insignifiant : 1 mètre 71, 55 kilos. Il possède parallèlement un sens consommé de la course. Il a laissé se développer une échappée, partie dans la descente de la Croix-de-Fer sous l'impulsion de Thierry Bourguignon et de Rodolfo Massi, comprenant notamment Christophe Rinero et Jose-Maria Jimenez. Il sait que le Galibier ne pardonnera aucune défaillance et que le froid risque de tétaniser bien des organismes. D'ailleurs, la pluie glaciale redouble.

Je demande à mon motard, Robert Roulot, de rester derrière l'Italien car c'est avec lui que nous allons assister au spectacle quand se présentera le col du Galibier. Tout de suite je suis alerté par un manège insolite : Pantani ne veut rien entendre des injonctions de son directeur sportif, l'ancien routier Giuseppe Martinelli. Des ateliers Bianchi est sorti un superbe vélo, cadre en aluminium pesant moins d'un kilo. Un vrai bijou. Pantani doit l'emprunter avant d'entreprendre l'ascension du Galibier. Mais Marco ne veut toujours rien savoir. Je m'approche de Martinelli qui est au volant de sa voiture et l'interpelle :

« C'è un problema ?

- Non lo so, me répond-il, ma e mato ! [Je ne sais pas, mais il est fou !] »

Pantani refuse de changer de machine car celle, plus ordinaire, sur laquelle il a pris le départ de l'étape, est munie d'un petit plateau de 41 dents. Il sait que sur le « vélo mythique » qu'on lui propose, il a été prévu un 39 dents. Deux dents de mieux lui permettent un gain de distance et il se sent en mesure de tirer son braquet dans ce col très pentu, abordé par sa face nord. Marco se sent des jambes et souhaite développer un plus gros braquet. Il veut donc conserver sa bicyclette originelle.

Voilà que se présente le plan Lachat. Le vrai Galibier commence là. La pluie torrentielle, qui s'était un peu apaisée, reprend. Pantani avale la montagne avec l'aisance du grimpeur ailé tel qu'on aime se le représenter. Il s'apprête à attaquer Jan Ullrich, Maillot jaune. À 5,5 kilomètres du sommet, à 48 kilomètres de l'arrivée, Pantani place deux coups de sonde agrémentés de deux coups d'œil en arrière. Il se lève de sa selle et se livre à un véritable *sprint*. C'est ahurissant. À la deuxième attaque, il prend vingt mètres à l'Allemand et à son groupe. Déjà, derrière lui, les silhouettes apparaissent fantomatiques. Pantani vole. Il gravit les derniers kilomètres du Galibier plus vite qu'aucun autre avant lui. Il évolue avec un développement de 41 x 18 alors que tous ses adversaires tournent sur le 21 dents à l'arrière. Ullrich est son principal opposant. Il concède 30 secondes au kilomètre. Son envolée vers les Deux-Alpes se déroulera comme dans un songe. Il gagne l'étape, endosse le Maillot jaune. La victoire finale est au bout.

Avec lui, l'interview à chaud, en direct donc, paraît simple. Je parle italien et n'ai aucun problème. En revanche, pour l'amener sur le plateau de Gérard Holtz, dans l'émission « Face au tour », après l'arrivée, les choses se compliquent. Il n'est pas question de le faire venir tous les jours mais il est intéressant de le connaître davantage après un succès en montagne. L'affaire s'est d'abord présentée au plateau de Beille, dans l'Ariège, à l'issue de la 11ème étape. Gérard Holtz m'a informé, la veille, qu'il souhaitait l'inviter à l'émission. Vaste programme. Le plateau de Beille est une voie sans issue. Les coureurs redescendent en convoi, aussitôt après le passage du dernier coureur. Demander à Pantani de demeurer une petite demi-heure sur place procède d'une gageure. Au départ de l'étape, à Luchon, dans le parc thermal, je m'en ouvre à Martinelli. On se connaît bien. Il me dit :

« Pantani ne voudra pas. Comprends-le. En revanche, si tu dis que tu étais un grand ami de Luciano Pezzi, là, je crois que tu as tes chances ! »

Mon sang ne fait qu'un tour. Je me souviens soudain que, dans ma valise, j'ai rangé un livre qui s'appelle *Il corridore professionnista*, manuel de technique cycliste. L'ouvrage est signé de Pezzi et de mon collègue de la télévision italienne Giacomo Santini. Je l'ai apporté dans mes bagages et ce n'est pas un hasard. Car si Pezzi me l'a dédicacé, Santini ne l'a pas fait et je compte retrouver mon confrère. Vite ! où est mon pilote de voiture, Maurice Moucheraud, afin que je sorte l'ouvrage ? Maurice s'exécute de bonne grâce. Enfin le voilà, ce bouquin appelé à apporter le salut.

Je m'approche de Pantani sur le podium où il émarge, aux côtés du *speaker* Daniel Mangeas, la feuille de départ. Je le salue comme chaque matin, un peu moins furtivement qu'à l'ordinaire. Il lit, en italien : « Qui trouve un ami trouve un trésor… À toi Jean-Paul, je dédicace ce livre comme témoignage de notre sincère amitié. Luciano Pezzi ».

J'ajoute, à l'adresse de Pantani :

« Marco, si tu acceptes devenir à l'émission ce soir, je vais ressortir les archives de la victoire de Luciano Pezzi, dans l'étape Narbonne / Ax-les-Thermes, du Tour de France 1955, non loin de l'arrivée, ce soir, au plateau de Beille ».

Il ne peut reculer devant cet argument-massue. Il accepte même avec une joie que je devine derrière son visage fermé (c'est sa nature) et je m'en vais le cœur léger, annoncer à Gérard qu'il peut compter sur Pantani dans son émission. Je lui servirai d'interprète.

Ce sera un moment merveilleux d'autant plus que, ce jour-là, Pantani va littéralement survoler l'étape.

Ce bon souvenir est entaché de tant d'autres sur la suite de sa carrière. À la fin du Tour d'Italie 1999, qu'il ne peut plus perdre, je me rends à Madonna di Campiglio où je suis venu maintes et maintes fois avec mon collègue Bernard Père afin de commenter les épreuves de coupe du monde de ski alpin. Je rencontre Pantani, à l'arrivée, et il promet de m'accorder une interview, le lendemain matin, au départ, afin que je la diffuse dans « Stade 2 ». Je pourrai ainsi présenter un entretien exclusif du vainqueur du Tour d'Italie. Pantani ne pouvait plus être battu.

Mais c'est le drame ! Un contrôle sanguin inopiné, le lendemain matin de très bonne heure, révèle chez lui un taux d'hématocrite largement supérieur à la limite autorisée. Pantani est exclu du *Giro*. J'ai été alerté en arrivant au village-départ par mon confrère du *Figaro*, Jean-Yves Donor. Et je suis là devant l'hôtel Touring, dans cette localité des Dolomites, totalement désemparé, en compagnie d'autres confrères, italiens surtout. Les *carabinieri* bloquent l'entrée de l'établissement. Impossible d'accéder à la chambre 27 où Pantani se trouve prostré. Deux heures après, seulement, il consentira à descendre. C'est la cohue. Je suis précipité dans un bac à fleurs. Fort heureusement mon caméraman et mon preneur de son restent debout et parviennent à travailler. Pantani, héros romantique et baroque, déchu, extraverti et secret, consentira à dire notamment :

« Il y a quelque chose d'étrange. Comment repartir avec un coup comme ça… Je l'ai déjà fait après de gros accidents ; je me suis toujours relevé mais cette fois-ci, je n'y arriverai pas. Je demande maintenant juste un peu de respect. Je pense à mes supporters, j'ai de la peine pour eux et pour le cyclisme. »

Meurtri, accusé d'avoir absorbé des substances dopantes, il plonge ensuite dans un mutisme dont il semblera se relever dans un univers douteux où il perdra, hélas, la vie, le 14 février 2004. Il ne s'est jamais véritablement remis de cette affaire de Madonna di Campiglio. Toujours, par la pensée, je reverrai cet hôtel Touring qui se dressait comme par défi, en contrebas de la montagne.

51. C'ÉTAIT L'ENFER

Dès 1975, soit quelques mois après mon arrivée au service des sports d'*Antenne 2*, j'ai commenté le Tour de France. Un rêve longtemps caressé prenait enfin forme. Il n'était pas encore question, pour moi, de commenter la course en direct, mais de couvrir l'actualité du Tour par des résumés ou des sujets sur les acteurs de la Grande Boucle.

Cette année-là, les organisateurs du Tour de France ont instauré le Maillot à pois, patronné par le chocolat Poulain, parure qui récompense le meilleur grimpeur de l'épreuve. Pour donner de la teneur à cette initiative, les directeurs de la Grande Boucle ne lésinent pas sur les cols à franchir tout comme sur les arrivées au sommet. Certains journalistes n'hésitent pas à évoquer « le Tour des stations de ski ! »

La 15ème étape Nice / Pra-Loup entre dans le cadre des événements à jamais gravés dans les mémoires. Intensément dramatique, elle apporte du sang, de la sueur et des larmes…

Comme il s'agissait de mon baptême sur le Tour, je jouais un peu les feux follets. J'étais partout et l'on m'avait attribué une émission qui passait aux alentours de midi et durait un quart d'heure. Réaliser une émission d'un quart d'heure chaque jour ne constitue pas une sinécure. Je disposais d'un caméraman, d'un ingénieur du son et d'un monteur pour effectuer mon travail et diffuser à partir d'un car de montage qui se situait toujours tout près de la ligne d'arrivée. Quelle galère ! Il fallait suivre, interviewer les coureurs, effectuer le montage au plus vite, trouver chaque jour des thèmes particuliers et à chaque fois différents.

J'avoue que j'ai parfois douté, me demandant si j'allais parvenir au bout de ma tâche.

Fort heureusement, je trouvais toujours au sein des équipes un accueil chaleureux. La formation Peugeot-Michelin, dirigée par Maurice De Muer, n'était jamais la dernière à m'ouvrir ses portes. Mon passage à *Télé-Bretagne* m'avait permis, dans les épreuves armoricaines, de rencontrer et de sympathiser avec des hommes comme Jean-Pierre Danguillaume, Raymond Delisle ou encore Bernard Thévenet, pour ne citer que ceux-là. Danguillaume, entre autres, était un peu mon confident. Son ami Thévenet pouvait-il gagner le Tour ? On n'allait pas tarder à le savoir. Il était, en tout cas, sorti d'un Critérium du *Dauphiné libéré*, totalement serein. Et si Eddy Merckx était parti grand favori, s'il avait, d'entrée, endossé le Maillot jaune, il venait de connaître un fléchissement dans le Puy-de-Dôme sous l'effet d'une attaque fulgurante de Thévenet à environ cinq kilomètres de l'arrivée. Le maillot du champion belge ne tenait plus que par cinquante-huit secondes. Thévenet devient un *leader* possible. Voilà qui entretenait le suspense.

Avant le départ vers les Alpes, un long transfert par avion permet aux coureurs de passer de l'Auvergne à la Côte d'Azur.

L'étape Nice / Pra-Loup promettait d'être chaude, dans tous les sens du terme. Danguillaume m'avait prévenu : « Demain, on fait tout sauter. Ou bien Bernard se couche ou il passe et gagne le Tour. On pense que Merckx est très prenable. On va le harceler. Ce n'est plus "le Grand" que l'on a connu. On va le plier ! »

Il avait de ces formules, le gars Jean-Pierre, et cela le rendait attachant.

Devant sa détermination contagieuse, je ne savais guère quoi penser. Je me disais que c'était possible, certes, mais je restais tout de même sur la réserve. En prévision, j'avais réalisé un reportage sur les hommes de l'équipe Peugeot durant leur veillée d'armes.

À Nice, l'ancien routier Francis Ducreux, qui habitait la région, était venu conseiller ses copains. Dans le même temps, il m'avait entretenu de la sélectivité du parcours qu'il connaissait comme sa poche.

« Regarde, m'avait-il dit, en dépliant la carte, là tu as une petite localité qui s'appelle Saint-Martin-d'Entraumes. On se trouve encore dans le département des Alpes-Maritimes. C'est un "bled" minuscule. Mais tu vas voir : à partir de là, on va rigoler, mais certains pas du tout. Ici commence l'enfer. On quitte la route départementale et on prend la direction d'un col inédit dans le Tour : le col des Champs. Son profil est sévère et les pourcentages particulièrement élevés. Il monte tout de même à 2 100 mètres. Tu vas voir le délire. J'oublie de dire que la route n'est pas très large et pas non plus de première qualité. De toi à moi, je ne comprends pas pourquoi on les fait passer par ce chemin. »

Thévenet est prêt. Merckx aussi, sans doute, mais il est difficile de percer les pensées du Maillot jaune derrière l'impassibilité de son masque.

Dans un premier temps, il réplique, en tout cas, point par point, aux attaques du Bourguignon et, pour marquer sa suprématie, se permet même le luxe de passer devant lui au sommet du col des Champs. Van Impe, Zoetemelk, Gimondi, passent ensuite avec quelques mètres de retard.

C'est alors que commence un grand numéro, une folie. La descente du col se révèle à l'image de la montée, c'est-à-dire très étroite, sinueuse, avec des virages serrés, non prévisibles et des gravillons omniprésents. À surveiller également : le passage de larges caniveaux au travers de la route. Là, Bernard Thévenet perd momentanément la main. Merckx veut à tout prix se montrer le premier au bas du col afin d'asseoir sa position de maître du peloton. Mais personne ne veut lâcher prise.

Les voitures suiveuses, les premières, connaissent de réelles difficultés. Nous ne pouvons aller plus vite. Comme les autres, nous raclons nos pots d'échappement et carters dans les caniveaux. Il nous faut stopper pour laisser passer les coureurs et les voitures prioritaires. Les machines s'arrêtent comme elles peuvent et la route n'est vraiment pas large. Les coureurs slaloment entre les voitures, doublent celle du directeur de course. Les vélos décollent littéralement à chaque passage sur les rigoles et les motos font de même. Les deux motards de la Garde républicaine, à l'avant de la course, Francis Verhaeghe et Claude Estournel (spécialistes de rallyes), tout en restant vigilants, n'éprouvent pas moins une certaine frayeur : Eddy Merckx se trouvent à cinq cents mètres d'eux. Ils sautent quasiment ensemble au-dessus de caniveaux qui ne font rire personne. Les pare-cyclindres frottent à chaque virage, les freinages sont aussi tardifs que possible, les accélérations violentes. Les motards s'énervent. Ce n'est pas un vélo qui va nous doubler ! » protestent-ils intérieurement.

Nous nous sommes placés derrière les voitures des directeurs sportifs. De toute façon, personne ne peut doubler. Il faut prendre son mal en patience. Les voitures abdiquent les unes après les autres, sauf celles des directeurs sportifs qui slaloment, font crisser les pneus et se présentent en limite de rupture mécanique dans ces satanés caniveaux. Ça va très vite, trop vite.

Au bas de la descente, la petite localité de Colmars, dans les Alpes de Haute-Provence, voit arriver à toute vitesse cette horde de « furieux » les yeux grands ouverts, les mâchoires serrées, les visages blêmes, les mains accrochées aux guidons ou aux volants, comme sortis d'un enfer ! Ce sera l'unique fois que le Tour empruntera le col des Champs et il aura fallu une vingtaine de kilomètres qui nous séparent du col d'Allos pour faire le tour des dégâts et que chacun retrouve sa place dans la course. Et ce n'est pas fini.

Au sommet du col d'Allos, très souvent franchi lors des différentes éditions du Tour, la course bascule vers Barcelonnette. Merckx a décidé de reprendre son récital. Il place un sévère démarrage qui le conduit seul en tête de la course. Un coup de folie à la limite du raisonnable, prenant un maximum de risques. Il plonge à près de cent à l'heure dans l'étroite et sinueuse descente toute bosselée du col d'Allos. Il coupe ses virages tel le skieur suivant sa trace dans un slalom à la recherche de la meilleure trajectoire, rasant les rochers d'un côté et les pics de l'autre. Il semblait perdre toute notion du danger. La chaussée, là aussi, est étroite et dégradée, trop largement encombrée de voitures de spectateurs. Cette fois les motards ont poussé les voitures à prendre de l'avance afin de ne pas se laisser piéger une deuxième fois.

À l'arrière, Simon Chiche, pilote de notre voiture, ne prend aucun risque. Nous nous contentons de suivre et d'écouter avec une attention inquiète les informations de la radio interne de la course. Merckx se déchaîne, ça promet. Cette lutte acharnée du champion belge, puis du groupe de contre-attaque, imprime un train d'enfer. Le gendarme Joël Petit me confiera[1] : « Les motards de l'escorte sont en concentration maximale. Les regards ne veulent pas voir ce précipice qui se cache derrière les petits parapets souvent écroulés ou ces appuis de balcons en fer forgé qui, tordus pour la plupart, sont censés être là pour éviter le pire ».

Le pire ! Ce sont les ondes de *Radio-Tour* qui l'annoncent : « Une moto vient de plonger dans le ravin ! » Apparemment, il n'y a aucun dégât, ni matériel, ni corporel. La moto a pu repartir. Et le slalom continue. Nous enchaînons les longues enfilades et les quelques épingles à une vitesse tout aussi impressionnante que dans le col des Champs. Les coureurs continuent à en découdre.

Panique, à nouveau, sur les ondes de *Radio-Tour* : « La voiture de l'équipe Bianchi (celle de Felice Gimondi) est au fond du ravin ! » Nous sommes à quelques centaines de mètres derrière. Telle est bien la vérité. Le spectacle nous laisse interdits : la voiture du directeur sportif italien a déchiqueté une barrière métallique de sécurité et plongé dans le vide avant de s'écraser dans le trou. Par bonheur, ses deux occupants sont éjectés et s'en tirent miraculeusement.

Le mécanicien Piazzaloga est éjecté du véhicule. Il atterrira dans un arbre alors que la voiture, elle, sera stoppée 150 mètres plus bas. Le mécanicien se relève avec des contusions multiples, Giancarlo Ferretti, directeur sportif de l'équipe Bianchi, souffre d'une plaie à la tête et remonte au bord de la route, offrant aux témoins une vision d'épouvante tandis que le mécanicien a perdu

---

[1] Propos consignés dans l'ouvrage *les Anges bleus du Tour de France ; la gendarmerie dans la Grande Boucle*, éd. LBM, 2009.

connaissance, une jambe fracturée. Ils reçoivent immédiatement des soins éclairés et leurs jours ne seront jamais en danger. Ce sera moins grave qu'on ne l'avait redouté au début.

Mais Gimondi n'a plus de directeur sportif derrière lui. Seule une voiture de liaison le suit, de loin en loin. Felice descend à fond, évite la chute à deux ou trois reprises. Son boyau arrière talonne dangereusement à la rencontre des pierres et il doit alléger constamment son vélo pour éviter le pire.

Bernard Thévenet n'affiche que peu de qualités en descente. Il est de plus retardé par une crevaison. Il chasse avec le concours de son coéquipier Raymond Delisle.

La peur dévale le col et Robert Lelangue, directeur sportif d'Eddy Merckx, qui réclame le passage pour se placer derrière son champion, entend Jacques Goddet lui répondre sur *Radio-Tour* : « Non, vous ne passerez pas ! C'est une course cycliste, pas une course à la mort ! »

Bientôt tout s'éclaire. On entreprend la montée vers la station de Pra-Loup. La route apparaît belle, dégagée. Nous n'avons jamais cherché à passer devant et nous allons suivre à la radio, dans la voiture, la chevauchée des hommes de tête. Celle-ci, vous la connaissez : elle est inscrite en lettres de lumière dans l'édifiante histoire du Tour de France. Au bas du col d'Allos, Merckx possède 20 secondes d'avance sur Gimondi et 1 minute 10 sur un petit groupe emmené par Thévenet, Van Impe et Zoetemelk.

Pour Merckx, en tête, il reste 6,5 kilomètres à accomplir. Un invraisemblable coup de théâtre va intervenir à environ 3 500 kilomètres du sommet : le Maillot jaune sent soudain les forces lui manquer. Il souffre. Ses yeux vagues et creux sont rivés sur le bitume et bientôt reste littéralement planté. Peu habitué à un tel spectacle, l'Italien Gimondi le dépasse, médusé, sans lui jeter le moindre regard. Derrière, Thévenet continue sa progression, revient sur Van Impe et Zoetemelk qui l'avaient légèrement distancé. Puis il aperçoit Merckx dans une petite ligne droite.

Le cours des choses s'inverse. Le coureur de Peugeot a retrouvé toutes ses facultés. C'est lui la locomotive. La voiture de son directeur sportif Maurice De Muer se porte à sa hauteur. « Vas-y, il est cuit ! » lui lance-t-il. Et il passe bientôt le champion belge sans lui jeter un regard. De la même façon, il revient sur Gimondi, à 1,5 kilomètre de l'arrivée. Il est déchaîné, survolté par la présence des grappes humaines massées tout au long de la pente Cette seule avancée triomphale du Français nous lave de toutes les frayeurs de la journée. Dans la station des Alpes de Haute-Provence, Bernard Thévenet déboulonne Merckx de la caste des intouchables et va enfiler le premier Maillot jaune de sa carrière. Il gagne l'étape avec 23 secondes d'avance sur Gimondi et 1 minute 36 sur Merckx, en 5ème position, dépassé, entre temps, par Van Impe et Zoetemelk. Pour 58 secondes, il enfile le précieux trophée. Plus rien ne viendra ternir la belle tenue du Français jusqu'aux Champs-Élysées. Il va gagner son premier Tour de France qui constitue aussi ma première participation. Je n'ai sans doute aucun mal à vous convaincre que je m'en souviendrai.

52. UN COL FAUSSEMENT DÉBONNAIRE

Au Tour de France 1995, le public attend avec impatience la plus belle étape des Pyrénées, Saint-Girons / Cauterets (15ème du nom) comportant, au total, l'ascension de six cols. Le col de Portet-d'Aspet, qui met en communication la vallée du Ger et la vallée du Salat, figure au programme. D'une longueur réduite, il demeure l'un des plus escarpés des Pyrénées. La difficulté étant relativement peu élevée, la route qui mène à son sommet mesure 4,5 kilomètres par le versant ouest à partir du pont de l'Oule. On note cependant un véritable mur dans le secteur Henne-Morte, toujours sur le versant ouest, où l'inclinaison atteint 17 %.

Il est beau, ce col du Porte-d'Aspet, faussement débonnaire. Une route étroite, ombragée, transpercée des épées lumineuses du soleil avec de brusques ressauts de pentes, des virages aigus, difficiles à négocier.

Sur ce versant ouest comme sur le versant est et dans la descente, des deux côtés, le Tour de France a connu jusque-là, bien des épisodes douloureux. L'histoire s'arrête, hélas, plus longuement, le 18 juillet 1995, au cours d'une étape qui s'annonçait pourtant paraphée de lumière.

Lentement, le peloton quittait Saint-Girons et s'attaquait aux premières pentes du Portet-d'Aspet dès les premières heures de la matinée… À cet instant, le Tour batifole encore et la montée s'effectue en groupe. Virenque conforte sa position de *leader* du grand prix de la Montagne.

La descente s'opère en douceur, souplement. Dans les dernières positions, on aperçoit notamment le Belge Johann Museeuw, l'Allemand Dirk Baldinger, le Colombien Julio-César Aguirre, le petit Dauphinois Dante Rezze et l'Italien Fabio Casartelli. Ce dernier n'est autre que le champion olympique sortant, qui a connu beaucoup de problèmes physiques (tendiniteux, entre autres) lorsqu'il est passé professionnel. Il n'a obtenu sa sélection pour le Tour 1995, au sein de l'équipe Motorola que deux jours avant le départ. Il vise une victoire d'étape dans la plaine qui lui redonnerait une partie de son lustre perdu.

Le col de Portet-d'Aspet franchi, l'Italien pense qu'il va pouvoir souffler un peu. Hélas, à ce moment-là, l'attention se relâche souvent à l'arrière du peloton. Il suffit d'un concurrent qui chaloupe pour que le mouvement s'amplifie au fil du groupe. Bientôt c'est l'accident. Fabio Casartelli a toujours refusé de porter un casque, malgré les exhortations de sa mère qui le lui recommande, chaque soir, au téléphone. Il ne l'écoutera pas. Il descend le col en compagnie de ses frères d'armes avec, aux lèvres, un sourire qui ne le quitte jamais. Il parvient au dernier virage après quatre kilomètres de descente, puis ce sera le pont de l'Oule et, à droite, la route du col de Menté.

Les coureurs sont entrés dans la partie la plus rapide, la portion vertigineuse. Là, au détour d'un virage bien entamé, se produit une chute. On pense, au premier abord, qu'il s'agit d'un accident comme il en arrive en permanence sur les routes du Tour. Hélas, Fabio Casartelli gît sur le bitume. Le jeune Italien est là, replié dans la position du fœtus. Il dort déjà d'un trop mauvais sommeil. Le sang coule de sa tête, de son nez, de sa bouche. Avec la descente, c'est une longue traînée rouge qui coule vers le bas du col. Personne ne parle. Quand le Transalpin est tombé, sa tête est allée heurter le parapet composé à cet endroit de gros cubes bien taillés. Il a suffi d'une fraction de seconde. Le spectacle est insoutenable. Tout s'est arrêté pour le champion olympique au 34ème kilomètre de cette longue étape. L'hélicoptère s'est posé. Le docteur Gérard Nicollet, médecin du Tour, sous la direction du docteur Gérard Porte, dira aux motards : « Casartelli se trouvait dans un coma profond, il avait d'emblée un traumatisme crânien avec des lésions cérébrales importantes. En médecine, dans ces cas-là, on fait ce que l'on appelle un *score*. Et là, c'était vraiment le plus mauvais des *scores*. »

Une polémique est ouverte. Le lendemain, je reçois un fax du docteur Pochard, du Samu 27, qui attire mon attention sur les conditions de l'organisation des secours sur place.

« En effet, écrit-il, au mépris des règles élémentaires de réanimation pré-hospitalière, nous avons pu assister en direct à la prise en charge et à l'évacuation d'un traumatisé du crâne grave, à priori en coma profond : sans assistance ventilatoire (intubation ventilation mécanique), sans *monitoring* cardiaque, sans protection cérébrale (anesthésie générale), sans respect de l'axe cranio-vertébrale (plan dur et minerve)... »

Une chose est hélas certaine, le 18 juillet 1995, dans un col des Pyrénées, le dossard 114 a quitté la course dans la souffrance... et pour toujours.

Le lendemain, les concurrents du tour, meurtris et accablés par le décès brutal de leur camarade, prendront le départ de la dernière étape des Pyrénées (Tarbes / Pau) et effectueront le trajet au ralenti. La minute de silence aura duré huit heures.

J'ai, personnellement, vécu ce drame. J'aimais beaucoup ce garçon, dilettante et parfois ténébreux, qui devisait toujours sur un ton badin et que rien ne semblait atteindre. J'aimais, chaque jour, lors des opérations de départ, bavarder avec lui dans la langue de Dante que j'affectionne. Il semblait un peu s'ennuyer dans ce Tour. Il me parlait de sa petite famille qui venait de s'agrandir. Anna-Lisa lui avait donné un petit Marco, né au printemps. Il avait hâte de les retrouver.

Je me revoyais aussi un peu plus de dix ans plus tôt (c'était en 1984) au Tour de l'Avenir, cette fois, auprès du petit Espagnol du groupe Reynolds, Carlos Hernandez, Maillot jaune, que l'on venait de sortir du ravin, au même endroit, et qui souffrait d'un traumatisme crânien.

Ce sont mes plus douloureux souvenirs du Tour de France.

Tout cela est étonnant car, déjà, en entamant ma carrière journalistique le col de Portet-d'Aspet m'était déjà apparu comme un épouvantail. La descente du col, qu'elle s'effectue par le versant nord ou le versant sud présente des difficultés permanentes pour qui n'est pas vigilant. Il me suffisait d'écouter mes aînés.

Lors de la reprise du Tour, en 1947, au cours de la 14ème étape remportée par le Berrichon Bourlon, le banlieusard parisien René Barret avait effectué deux magistrales cabrioles par-dessus bord lors de la descente par le versant sud, celui où s'écrasa l'infortuné Casartelli. La situation, cette fois, apparaissait ubuesque. Dans *l'Équipe*, l'envoyé spécial Albert de Wetter, racontait la scène[1] :

« Son premier plongeon se termina dans un ravin du Portet-d'Aspet… à vingt mètres au-dessous du niveau de la route. On le croyait mort. Barret se relevait avec une simple égratignure au front. Mais son vélo hors d'usage. Quand il revint sur la route, la voiture de son directeur technique était télescopée par un suiveur maladroit. Pris de peur, Barret sautait à nouveau par-dessus le parapet mais, cette fois, volontairement. À nouveau il s'en tira avec des égratignures ! »

En 1985, Jean-Marie Letailleur, pour le magazine *Collec-Cyclisme* avait recueilli les propos de René Barret sur sa double chute. Il apporte de nouvelles précisions :

« J'étais à cent mètres des premiers, j'ai fait le *forcing* dans la descente pour revenir et, en doublant la voiture du directeur technique de l'équipe de France, Léo Véron, je n'ai pu négocier un virage et je suis passé par-dessus le parapet en effectuant une chute d'environ vingt mètres. Ramené sur la route par les passagers de la voiture, j'ai dû attendre mon directeur sportif, Arsène Alancourt, de l'équipe de l'Île-de-France, pour obtenir un nouveau vélo, sans boyau et avec trois vitesses seulement. J'étais en train de gonfler le boyau que l'on avait pu me passer lorsqu'en levant la tête, j'aperçus une voiture à la sortie du virage qui ne pouvait pas nous voir et éviter le télescopage avec les deux voitures à l'arrêt. Je n'eus que le temps de hurler pour avertir les journalistes

[1] *L'Équipe*, 12 juillet 1947.

et autres suiveurs qui se trouvaient là. Ils grimpèrent sur le marchepied des voitures et moi, je replongeai dans mon ravin. Plus de vélo, car ceux qui étaient sur les pare-chocs arrières des voitures étaient écrasés par la voiture tamponneuse. J'ai dû attendre le camion-balai pour avoir un nouveau vélo que l'on m'a aidé à équiper de son matériel et pouvoir repartir et achever l'étape. Il restait une quarantaine de kilomètres à couvrir après cette scène digne d'un film sans parole. Je ne suis même pas arrivé le dernier[2]. »

René Barret n'en acheva pas moins le Tour de France à la 41ème place. Il est le seul des miraculés de ce col, avec le Nordiste Camille Huyghe (dont nous allons parler quelques lignes plus loin), à avoir inscrit son nom au classement final du Tour.

En 1951, ce fut au tour de Jean-Marie Ciéleska, futur vainqueur de Bordeaux-Paris (1958), sociétaire de l'équipe de l'Ouest-Sud-Ouest de connaître un sort funeste. L'épreuve se déroulait dans le sens inverse de l'édition 1947. Il s'agissait de la 15ème étape Luchon / Carcassonne et le col de Portet-d'Aspet se présentait cinquante kilomètres après le départ. La chaleur accablante venant après les meurtrières étapes des grands cols pyrénéens n'incitait guère la troupe à monter à l'assaut. Même le Portet-d'Aspet ne pouvait rien contre l'apathie des hommes. Les Suisses, au commandement, assuraient une garde vigilante autour de leur *leader* et ce n'est qu'au sommet que Bartali se détacha pour rafler les vingt secondes de bonification. On pensait alors que tout allait rentrer dans l'ordre, mais Bartali et son coéquipier Magni poursuivirent sur leur lancée, stupéfiant les suiveurs par leur adresse (Magni était considéré à l'époque comme le meilleur descendeur du monde). Bobet et Koblet n'en croyaient pas leurs yeux. Ce fut le signal d'une bagarre qui n'allait, certes, durer qu'une dizaine de kilomètres mais qui fit une victime : Jean Marie Ciéleska qui allait heurter un rocher sur la droite de la route, peu avant la localité d'Orgibet . Ensanglanté, touché au bras et surtout à l'arcade

---

[2] Barret termina en effet à la 53ème place sur 57 concurrents, 23'24 après le premier peloton dont le *sprint* était gagné par Robic.

sourcilière droite, il ressemblait à un boxeur, marqué à l'issue d'un impitoyable combat. Son directeur sportif, l'ancien routier Pierre Cloarec, qui se transporta dès l'arrivée à l'hôpital de Carcassonne dira combien il garda un moral extraordinaire et étonna par son cran.

Jean-Marie était un personnage délicieux. Il garda de cet accident une cicatrice que je fixais de temps en temps lorsque nous nous rencontrions, en Bretagne, lors des épreuves cyclistes de gentlemen où il excellait en compagnie de son ami Yves Gallopin, transporteur à Bourges.

En 1956, la 13ème étape Luchon / Toulouse (176 kilomètres) présente dans son profil, en ouverture, à l'image de l'édition 1951, avec la petite montée des Ares, le col de Portet-d'Aspet. Quarante-neuf kilomètres sont franchis lorsque les concurrents abordent la descente. Une fois de plus « l'homme au marteau » va frapper. Le col a marqué la première bataille des grimpeurs. Gaul, Huot, Defilippis, Ockers, Walkowiak, Privat, Bahamontès et Forestier ont pris le large. Leur nom est égrené sur les ondes de *Radio-Tour*, suivi d'une annonce plus douloureuse : le dossard 75, Camille Huyghe vient d'être victime d'une chute. À 70 à l'heure, la tête du courageux Nordiste a heurté la paroi rocheuse. Le docteur Dumas se précipite. La chute a été sévère. Huyghe est aveuglé par le sang qui coule abondamment mais le coureur, littéralement sonné, dans un réflexe, annonce qu'il ne veut pas abandonner. Le médecin du Tour va alors lui bander la tête et après ces soins où il apparaît tel un touareg, le brave Camille va repartir. La tâche apparaît inhumaine. Il reste, en effet, plus de 120 kilomètres à parcourir. Au fil des kilomètres, le poulain de Sauveur Ducazeaux récupère quelques attardés comme le Parisien Stanislas Bober, lâché dès le col des Ares, puis un peu plus tard le coureur de l'équipe du Sud-Est, le Marseillais Roger Chaussabel. Les trois régionaux arriveront un peu plus de 26 minutes après le vainqueur, l'Italien Nino Defilippis qui l'a emporté au *sprint* devant Fernand Picot et Stan Ockers.

Huyghe n'effectuera que ce seul Tour de France. Son courage indomptable aurait mérité mieux. Il terminera à la 80ème place et son autre compagnon d'infortune Roger Chaussabel héritera à la 88ème place de la lanterne rouge.

Nouveau signe du destin : ce col allait marquer la fin de la carrière sportive dans le Tour, de l'Espagnol Federico Bahamontès. C'était en 1965 et le fier Tolédan appartenait toujours à l'équipe Margnat-Paloma dirigé par l'ex-routier Raoul Rémy. Un différend financier, dit-on, avait surgi, la firme marseillaise souhaitant se retirer du cyclisme. Bahamontès n'avait plus le cœur à pédaler. Il commençait à sentir le poids des ans. À 37 ans, il s'affichait comme le plus âgé de sa formation avec André Darrigade. Après avoir, durant la première partie de l'épreuve, effectué un parcours d'une extrême discrétion, il termina avant-dernier de la 9ème étape Dax / Bagnères-de-Bigorre, à plus de 37 minutes du vainqueur, son compatriote Julio Jimenez. Le lendemain, il décidait d'abandonner dans le Portet-d'Aspet qui avait contribué à sa gloire puisqu'il était passé à trois reprises en tête dans ce col (1958, 1962 et 1963).

La scène se passait dans l'étape Bagnères-de-Bigorre / Ax-les-Thermes. Avant d'entamer le col, il avait pourtant attaqué, provoquant une cassure dans le peloton. Baroud d'honneur pour s'en aller par la grande porte ? Hélas, il avait failli sortir par un chemin muletier dans lequel il s'était fourvoyé.

Il était ensuite monté sans la moindre réticence dans la voiture-balai. Sa démarche se voulait celle d'un seigneur revêtu de son survêtement, aussi propre, aussi frais en apparence qu'un coureur se rendant au départ. Dans le fourgon d'infamie, ce 1er juillet 1965, il dira au conducteur, le débonnaire Paulo, responsable de la voiture-balai : « Je suis allé jusqu'au bout de moi-même ».

Dans le Tour 1973, au cours de la 13ème étape et après une journée de repos à Font-Romeu, la course s'enfonçait dans les Pyrénées entre Bourg-Madame et Luchon. Luis Ocana remportait une nouvelle victoire et Raymond Poulidor, à son tour, connaissait les maléfices du col de Portet-d'Aspet. Une cabriole impressionnante l'avait laissé étourdi et ensanglanté, deux mètres en contrebas.

Quand se produisit l'accident, il fermait la marche à cent mètres du groupe Ocana, une trentaine de secondes derrière Fuente. Poulidor suivait mais, dans un virage ni plus ni moins serré que les autres, il arriva trop vite et fut déporté. Sa roue avant buta sur le parapet, le précipitant, tête en avant, dans un buisson d'épines ! Quand Jacques Goddet, en personne, le sortit de là, le sang gicla avec violence. Tremblant sur ses jambes, il avait l'arcade sourcilière ouverte et le cuir chevelu hâché, le sang collé aux temps. Ses blessures étaient plus spectaculaires que profondes, mais Poulidor, hébété, ne réalisait pas encore ce qui lui était advenu quand Jacques Goddet vint l'en sortir.

« Qu'est-ce qui m'arrive, puis-je repartir, dites-moi…

La réponse vient de son directeur sportif Louis Caput, paniqué.

– Allons, Raymond, il vaut mieux arrêter… »

Et Poulidor se résigna, abandonnant à son onzième participation au Tour de France, comme en 1968, en raison d'une chute. Il était alors âgé de 37 ans. Il n'était pas en très grande condition cette année-là et ceci explique peut-être cela.

Le soir, au téléphone, il confie à son manager Roger Piel : « Au fond, j'ai eu de la chance. J'aurais pu me tuer ; mais ça ne fait rien, Roger, je suis décidé à revenir sur le Tour l'an prochain. »

Et alors qu'à Luchon, Ocana savourait son triomphe, Poulidor recevait des soins à la clinique Bergès de Saint-Gaudens dans la chambre occupée par le même Ocana en 1971, après sa chute (tout près du Portet-d'Aspet) du col de Menté.

On vous dira, aussi, que dans ce col de Portet-d'Aspet, en 1912, Octave Lapize dit « le Frisé », écœuré par les manœuvres de l'équipe Alcyon qui multipliait les collusions entre les Belges qui ne s'occupaient plus de l'appartenance à l'une ou l'autre marque, fit demi-tour et descendit la pente en direction de Saint-Girons. Aux journalistes qui l'interrogeaient, le champion de France répondait :

« Comment lutter dans de telles conditions ? Tout le monde travaille pour Alcyon. Les Belges aident tous Defraye, qu'ils soient de son équipe ou non. J'en ai marre et je me tire ! » Le soir même, l'équipe *la Française* abandonnait en bloc.

Le col de Portet-d'Aspet donnait déjà le ton des aventures funestes.

53. JACQUES ANQUETIL :
HOMMAGE À UN PHÉNOMÈNE

Jacques Anquetil, véritable phénomène physiologique, ne se refusait aucun des plaisirs terrestres, mais son insouciance et ses écarts lui ont créé, à un certain moment de son existence, quelques problèmes du côté du muscle cardiaque.

Il marqua un temps d'arrêt lorsque son médecin lui annonça que, si jadis il possédait un cœur de Ferrari, les abus l'avaient réduit à un cœur de 2 CV. Le moment d'étonnement passé, il repartit à l'assaut de la vie avec sa silhouette déliée d'une rare élégance, son visage émacié, ses yeux bardés d'épuisement et d'inquiétude. J'étais d'accord avec Antoine Blondin quand il parlait de lui comme « un génie improvisateur, susceptible de renaître après une nuit de champagne, de cartes et d'amitié ».

Son existence sentimentale connut un certain tumulte. Marié, père d'une petite Sophie, il divorce d'avec Janine, l'épouse des temps de gloire et de fête, si précieuse à ses côtés, et prend pour compagne Dominique dont il aura un fils, Christopher. Pour lui, une autre vie commence. Il découvre l'astronomie mais ne vit pas pour autant sur un nuage. Les pieds dans cette bonne terre normande, il entraîne Dominique à la tombée de la nuit afin d'observer sangliers, renards ou blaireaux, lui recommandant d'oublier parfum et rouge à lèvres, toutes odeurs qui trahissent une présence et font fuir les animaux. « Jacques, confie-t-elle, m'a appris la magie de la nuit. »

Mais la maladie revint peu à peu, plus sournoise que celle qui lui avait causé ses problèmes cardiaques. Il se plaignait, en permanence, de maux d'estomac. Lui-même évoquait un ulcère causé par le stress. La naissance de Christopher le plongea dans une joie irradiante mais il n'acceptait pas pour autant de se soigner. Il ne se soumettra à un examen médical que quelques jours seulement avant le baptême de son fils qui se déroule le 31 mai 1987.

En fin de matinée, le lendemain, il apprend la terrible nouvelle : il souffre d'un cancer de l'estomac. Atterré, il reprend assez vite sa contenance, se déclare prêt à mener le combat (inégal) contre la maladie, se disant que, même s'il ne reste qu'une petite chance de triompher, il ne faut pas la laisser échapper. Ainsi, malgré quelques accès de mélancolie, il repart de plus belle comme directeur de course, ici ou là.

Nous qui le côtoyons restons admiratifs devant l'extraordinaire combativité dont il fait preuve. Il vient commenter le Tour de France avec Robert Chapatte et moi. Il vient avec sa passion et ses commentaires précis, comme si rien ne s'était passé. Dans le travail quotidien, parfois épuisant dans le rythme du Tour, il nous donne une leçon. À Brive, au départ de l'étape, il nous livre : « Cet estomac pourri, je le brûlerais avec plaisir. Il n'apprécie pas le café ? Donnez-moi deux cafés ! »

Ainsi, sa douleur prenait refuge dans une certaine ironie. Jamais il n'émettait la moindre plainte. Il restait ce grand adolescent, équivoque et troublant mais très attachant, avec une certaine émotion dans la familiarité.

Nous voici dans l'étape de Bordeaux. Comme chaque jour, avec Chapatte et lui, peu avant que ne commence le reportage de télé en direct, nous procédons à des essais entre la ligne d'arrivée et la moto-son sur laquelle je me trouve, près des coureurs. Quelle n'est pas ma surprise de l'entendre m'annoncer : « Comme chaque année rendez-vous chez nos amis au château de La Tresne, chez Thierry et Marie-France. Comme d'habitude, Pomerol et foie gras chaud ! »

Il adorait le foie gras chaud. Auparavant, l'étape terminée, il m'a demandé de venir le chercher chez le professeur Bertrand

Dubarry, rue Saint-Geniès, où il a pris rendez-vous pour une endoscopie. Le professeur révèle que son cancer est resté stationnaire. « Alors, risque Jacques, pourrai-je manger, ce soir, un peu plus qu'à l'ordinaire ? » Le professeur sourit, accorde son assentiment. Ce soir-là, le foie gras et le Pomerol aidant, il affirme plus que jamais sa volonté de s'en tirer. Nous baignions dans une douce euphorie et je me souviens lui avoir demandé : « Sais-tu dans quelle décennie tu te trouves ? » Il me regarda, étonné. Je repris : « Ta montre est à droite. Tu m'as toujours dit que tu lui changeais de poignet tous les dix ans afin d'être toujours en mesure de te situer par rapport à la décennie dans laquelle tu vivais… » Il répondit par un sourire mince, reconnaissant que depuis bien des années, il ne l'avait pas changé de place : « Je suis donc dans les nuages ! » confiait-il. Pour ce soir-là, il avait sans doute raison[1].

Le 11 août, il subit une intervention chirurgicale de quatre heures. Dès lors, le professeur Testart, qui s'occupe particulièrement de lui, s'aperçoit que le tissu cellulaire est trop gravement atteint. Jacques est irrémédiablement condamné. Le mal poursuit sa lente érosion. Le 3 octobre, à Colmar, où il se trouve pour assurer la promotion de l'Habitat, il connaît une nouvelle défaillance. Conduit à l'hôpital Pasteur, on sait désormais que la fin est proche. Le cancer s'est généralisé. Il n'y a plus d'espoir. La douleur est devenue insupportable et se localise plus précisément au niveau de la colonne vertébrale, des côtes et des reins.

De la chambre 317 qu'il occupe, il m'appelle pour annoncer qu'il ne pourra répondre présent à la cérémonie de remise des *7 d'Or*, le 9 octobre, sur la scène du Lido. Néanmoins, il veut rendre hommage à Robert Chapatte, appelé à se voir remettre un *7 d'Or* spécial. Il souhaite lui adresser un télégramme et me sollicite pour l'adresser au Lido et trouver « des mots choisis ».

Lorsque je lui soumets le texte, je lui demande ce qu'il aimerait voir figurer en manière de conclusion. « Ajoute, me dit-il, amitiés

---

[1] Il semble que cette affirmation relève un peu de la légende car, à ma connaissance, si en 1954, le Normand portait sa montre au poignet gauche, il lui changea de bras l'année suivante et l'objet resta toujours au poignet droit. Je l'affirme, néanmoins, sous toutes réserves.

et à l'année prochaine. » Le message est lu en direct sur *Antenne 2*. Chapatte, plein d'émotion, dira : « Reviens vite, mon cher Jacques, Jean-Paul et moi nous t'attendons. »

Le 16 novembre, son état s'aggrave et la vie le quitte à 6 h 55, le 18 novembre 1987.

À l'annonce de sa maladie, le premier juin, il avait dit à Dominique : « Je ne verrai plus mes enfants, les fleurs, les arbres que j'ai plantés. Tu te rends compte ? »

Il était souvent froid, lucide et pudique. Il aimait sa terre comme tous les paysans. Il suffit d'avoir une parcelle à soi pour avoir l'illusion d'être immortel.

C'était un sacré type.

54. ADIEU LAURENT

Il avait très vite tapé dans l'œil de Cyrille Guimard, ce jeune banlieusard à lunettes à l'attitude tantôt réservée, tantôt gavroche, original dans sa mise, avec ses lunettes d'intellectuel, son petit bagage universitaire et sa manière particulière de s'exprimer. Le directeur sportif s'y connaissait en hommes, en valeurs et en stratégie. Il l'avait enrôlé dans la formation Renault-Gitane avec son copain Pascal Jules, banlieusard comme lui, à l'accent faubourien.

Le tandem Fignon-Jules ! Une équipe de jeunes incorrigibles farceurs. Auprès de Pascal, Laurent, réservé, aimait s'encanailler car il lui donnait l'assise, la détermination, derrière lesquelles il bâtissait son mur légèrement agressif en raison d'une timidité solidement cimentée.

Il se cuirassait alors d'un humour gavroche et hautain, adoptait des manières douteuses et des cheveux longs qui le faisaient ressembler à ces garçons vagabonds en qui s'incarnait le génie de l'indépendance bariolée. Les deux compères n'avaient peur de rien et se permettaient un brin de persiflage effronté à l'adresse de Bernard Hinault, leur chef de file. Ils se croyaient les maîtres du monde, allaient tout révolutionner. On ne les arrêtait plus.

Il en fallait davantage pour déstabiliser leur aîné qui parfois stoppait leur élan : « Les jeunes, là, rappelez-moi votre palmarès ? » Et la suite s'envolait dans un éclat de rire. Jamais, cependant, Fignon n'a trahi son chef de file. On le disait introverti, il aimait seulement analyser les événements et les hommes et ne se sentait jamais plus à l'aise que dans un petit cercle. Il affectionnait toute forme de méthode, s'attachait à atteindre la perfection. Il semblait difficile de mesurer son courage. Il oubliait seulement de dire que lors de sa plus belle année (1984), il dominait les plaines et les monts sans donner l'impression de donner un coup de pouce à son talent, talent qu'il possédait de manière naturelle, certes, mais qui était également le fruit d'une fulgurante progression.

Je retiendrai aussi à son propos les plus douloureuses injustices. Au Tour d'Italie, alors qu'il « tutoyait » la chaîne des Dolomites, les Italiens toutes équipes confondues se liguèrent contre lui car il fallait à tout prix permettre à Francesco Moser, alors *recordman* du monde de l'heure, de vaincre. On supprima la montée du célèbre et difficultueux Stelvio, on poussa outrageusement le Transalpin dans les cols. J'avais assisté à cette mascarade, écœuré.

Fignon ne se remit jamais, non plus (quoi qu'il ait affirmé le contraire), de ce Tour de France perdu pour huit secondes. Mais le mal était plus profond. On avait autorisé son adversaire, l'Américain Greg Lemond, au début de l'épreuve et à la fin, lors des étapes contre-la-montre, à utiliser un matériel pourtant interdit par le règlement. C'est cette injustice qu'il n'avait pas admise.

Un soir de juillet 2010, au Tour de France, alors qu'en qualité de commentateurs, partis de Rodez nous gagnions Revel, le lieu d'étape suivant, nous nous étions arrêtés pour dîner à Agen, le long de la promenade des Graviers, là où jadis Hugo Koblet avait réalisé son fabuleux exploit. En entrant, il avait dit comme dans un souffle : « À mon âge, c'est un peu jeune de mourir ». Je l'avais entendu.

À voir sa forme, son autorité, ses réparties, son humour incisif qui ne le quittait jamais, je m'insurgeai : « Ta forme, je suis sûr qu'on te l'achèterait ». Et il se prit à rire. Il commanda alors un pastis. Pour un personnage qui ne buvait jamais d'alcool, l'initiative pouvait surprendre. Mais non ! L'indice était là : il reprenait confiance. Entre son chauffeur et le mien, je surpris un regard de connivence. Pour lui Laurent, c'était autant de gagné sur la mort.

Ah ! ces soirs à table où l'on faisait, défaisait et refaisait sa carrière… Il aimait la contradiction quand il avait conscience de s'être montré trop intransigeant. Quand je lui disais, en forçant le trait : « Tu es un monument d'intolérance ! » « Moi, intolérant ? » reprenait-il. Et il s'ébrouait dans une réflexion sur lui-même avec une sorte de cynisme séducteur. Et l'on riait encore. Il adorait la langue française, fustigeait nos deux pilotes, Patrick Chastagner et Éric Salomon, son ancien coéquipier, si d'aventure ceux-ci s'étaient égarés dans des épithètes malsonnantes. Il était prêt à mourir pour une virgule. Il me plaisait. À un supporter qui lui demandait à la sortie d'un critérium, alors qu'il rangeait son vélo dans la voiture : « Dans tout votre bordel, M. Fignon, vous aurez bien une petite photo ? ». Il répliqua sèchement : « Y a pas de bordel chez Laurent Fignon ! » Et il laissa le quidam, interdit, planté sur le macadam.

En 2010, lors de son dernier Tour de France, pour la Télévision, un jour sans doute où son esprit s'enténébrait d'angoisses, il m'avait dit : « J'aurais encore aimé apporter sur l'antenne quelques lumières supplémentaires sur le cyclisme qui m'a tout donné. »

Hélas, cher Laurent, tu ne pourras le faire. Mais peut être que là-haut, Dieu a aussi besoin des hommes.

TABLE DES MATIÈRES

CRÉDITS PHOTOGRAPHIQUES

Couverture : Eric Frotier de Bagneux

Miroir-Sprint : Ib, III, IVh, V, VI, VII, VIII, IX, XII, XIII, XIV, XV / Collection J.-P. Ollivier : Ih, II, IVb, X, XI, XVI, 4e couverture bd / Gérard Coureau : 4e couverture hg / Bernard Le Viavant : 4e couverture hd / Charlotte Sénat : 4e couverture bg.

Éditeur : Henri Belbéoch.
Maquette et mise en page : Magali Penven, Studio Éditions Palantines.
Suivi éditorial : Anne Guirado.
Achevé d'imprimer sur les presses de Cloître, Saint-Thonan
en septembre 2014.
Dépôt légal : 3e trimestre 2014.